光华思想力书系

中国式现代化的
发展逻辑

北京大学光华管理学院　编著

The Development Logic
of Chinese Modernization

Peking University, Guanghua School of Management

机械工业出版社
CHINA MACHINE PRESS

本书荟萃了北京大学光华管理学院专家学者团队的思考与洞察，紧紧围绕中国经济和商业实践的前沿研究成果，从发展新质生产力出发，针对数字经济、对外开放、金融市场、区域协调、人口发展、绿色低碳等关键领域逐一展开，进而落脚于企业创新发展和组织管理等重要议题。本书不仅包含了严谨科学的研究阐述，还融入了扎根中国大地的生动发展故事，积极建言经济社会发展和企业前沿实践。

本书面向政策制定者、学者、企业家以及对中国经济发展趋势感兴趣的广大读者，以期提供理解中国式现代化发展逻辑的新视角，凝心聚力推进中国式现代化建设。

北京市版权局著作权合同登记　图字：01 - 2025 - 0738 号。

图书在版编目（CIP）数据

中国式现代化的发展逻辑／北京大学光华管理学院编著. -- 北京：机械工业出版社，2025. 5. --（光华思想力书系）. -- ISBN 978 - 7 - 111 - 78517 - 0

Ⅰ. D614

中国国家版本馆 CIP 数据核字第 2025WV0330 号

机械工业出版社（北京市百万庄大街 22 号　邮政编码 100037）
策划编辑：朱鹤楼　　　　　　责任编辑：朱鹤楼　蔡欣欣
责任校对：曹若菲　丁梦卓　　责任印制：常天培
北京联兴盛业印刷股份有限公司印刷
2025 年 6 月第 1 版第 1 次印刷
182mm×255mm · 21. 75 印张 · 1 插页 · 379 千字
标准书号：ISBN 978-7-111-78517-0
定价：99. 00 元

电话服务　　　　　　　　　网络服务
客服电话：010-88361066　机 工 官 网：www.cmpbook.com
　　　　　010-88379833　机 工 官 博：weibo.com/cmp1952
　　　　　010-68326294　金 书 网：www.golden-book.com
封底无防伪标均为盗版　　　机工教育服务网：www.cmpedu.com

光华思想力规划委员会委员

丛书序言

很高兴看到"光华思想力书系"的出版问世，这将成为外界更加全面了解北京大学光华管理学院的一个重要窗口。北京大学光华管理学院前身北京大学经济管理系1985年成立，以"创造管理知识，培养商界领袖，推动社会进步"为使命，到现在已经有三十余年了⊖。这三十余年来，光华文化、光华精神一直体现在学院的方方面面，而这套"光华思想力书系"则是学院各方面工作的集中展示，同时也是北京大学光华管理学院的智库平台，旨在立足新时代，贡献中国方案。

作为经济管理学科的研究机构，北京大学光华管理学院的科研实力一直在国内处于领先位置。光华管理学院有一支优秀的教师队伍，这支队伍的学术影响在国内首屈一指，在国际上也发挥着越来越重要的作用，它推动着中国经济管理学科在国际前沿的研究和探索。与此同时，学院一直都在积极努力地将科研力量转变为推动社会进步的动力。从当年股份制的探索、证券市场的设计、《中华人民共和国证券法》的起草，到现在贵州毕节试验区的扶贫开发和生态建设、教育经费在国民收入中的合理比例、自然资源定价体系、国家高新技术开发区的规划等，都体现着光华管理学院的教师团队对中国经济改革与发展的贡献。

多年来，北京大学光华管理学院始终处于中国经济改革研究与企业管理研究的前沿，致力于促进中国乃至全球管理研究的发展，培养与国际接轨的优秀学生和研究人员，帮助国有企业实现管理国际化，帮助民营企业实现管理现代化，同时，为跨国公司管理本地化提供咨询服务，从而做到"创造管理知识，培养商界领袖，推动社会进步"。北京大学光华管理学院的几届领导都把这看作自己的使命。

作为人才培养的重地，多年来，北京大学光华管理学院培养了相当多的优秀学生，他们在各自的岗位上做出贡献，是光华管理学院最宝贵的财富。光华管理学院这个平台的最大优势，就是能够吸引一届又一届优秀人才的到来。世界一流商学院的发展很重要的一点就是靠它们强大的校友资源，这也与北京大学光华管理学院的

⊖ 序言成稿于2018年。

努力目标完全一致。

今天,"光华思想力书系"的出版正是北京大学光华管理学院全体师生和全体校友共同努力的成果。希望这套丛书能够向社会展示光华文化和精神的全貌,并为中国经管教育的发展提供宝贵的经验。

厉以宁

北京大学光华管理学院名誉院长

2018 年 5 月 23 日

前言

思想是发展的钥匙。

一个时代有一个时代独一无二的思想与气质，承载着浑厚底蕴，奔向无限可能的广阔未来。而思想，来自于思考者，来自于成长于这个时代、建设着这个时代、推动着这个时代发展的思考者。他们从过往万象中找寻启示，让理性精神静水流深，为现实需要秉烛前行，把个人的关切上升为社会的关切、国家的关切，最后融入时代的关切，抽丝剥茧，原始见终，去探索真正重要的问题。

"因思想，而光华"，是深植于北京大学光华管理学院的理念和价值观。四十年来，光华管理学院秉承"创造管理知识，培养商界领袖，推动社会进步"的使命，见证并融入中国改革开放的滚滚波涛。随着一代代光华人接续前行，光华管理学院开展了具有中国特色、北大风格、光华精神的一流经济学管理学教育，培育出一大批杰出人才，为经济社会发展贡献了思想与智慧。在中国进入新的发展阶段之际，对于光华管理学院而言，如何坚持、如何发展、如何向前，如何更好地服务于变化发展的新时代，是亟待回答的大问题。这不仅来自光华管理学院要做国际一流商学院的内在要求，更源自流淌在光华人精神血脉中、沉淀在光华人精神谱系里的内生动力。因此，光华给出了自己的答案——"光华思想力"。

2017 年 5 月，光华思想力智库正式成立。这是一个胸怀"国之大者"的平台，它肩负起讲好中国故事，提升商学教育水平，支撑中国实践，贡献中国方案，为国家发展和改革做贡献的责任。

八年来，光华思想力智库围绕与中国经济发展和商业实践的关键问题，以开放的组织形式、前沿的科学方法，去解题、破题、答题，做扎根中国大地的研究，为中国经济社会发展注入源源不断的积极、理性力量。基于光华学者们扎实而有组织的学术研究，光华思想力智库迄今为止立项并开展的百余个课题总结出了一系列富有实效和影响力的研究成果，并推出研究简报、光华思想力书系、课程、案例、白皮书、研究报告等丰富的延伸成果，产生了较大的社会影响力和重要且持续的政策影响力。

问题是研究的原点。

党的二十大报告提出"以中国式现代化全面推进中华民族伟大复兴"。中国式现代化是人口规模巨大的现代化，是全体人民共同富裕的现代化，是物质文明和精神文明相协调的现代化，是人与自然和谐共生的现代化，是走和平发展道路的现代化。

在此论述之下，中国式现代化成为一个个具象的美好场景。对"中国式现代化"宏观旨归的讨论数不胜数，但归根到底，"关于中国未来的各种观点纷争大多可以溯源到对一个最关键问题的不同回答：中国经济未来增长的空间还有多大？"，这个论述代表着我们对"中国式现代化"的直接理解。顺着历史的曲线向前，我们心中设定的高度，将潜移默化地影响我们共同的参照、共同的期待，通过对具体实践的指导，进而不断形塑和改变未来的动线。

我们将要描绘什么样的图景，又该如何抓住关键，如何选择路径，如何部署工作……如何行，如何达，**敏锐的思考者都已明白，时代的大问题既已给出，需要做的便是摆正研究的方向，去回答那些必须回答的问题，不论这些问题是否困难，不论思考的过程是否艰辛。**

敢当是求索的底色。

中国式现代化，这份沉甸甸的伟大事业中，有清醒坚定的先锋者，有耕耘一线的建设者，有敢于追梦的创业者，也有专业可靠的建言者。在前进的道路上，每一个人、每一份力量、每一颗敢当的心，都弥足珍贵。

对于光华人，"敢当"两个字有着独特的意义。创始院长厉以宁先生在一生的办学治学事业中尽显"敢当"的精神品质，厉先生手书的"敢当"二字刻在光华1号楼前的泰山石上，于无形中引领着光华人学术的坚守、思考的方向、求索的深度、行动的步调——要坚持研究中国问题，研究重要的发展问题。

当历史赋予的光荣使命与学院的成长紧密相连，光华人心中那份强烈的责任感、厚重的家国情怀也就自然地转化成创新、发展的原动力。光华思想力智库将学院的研究力量整合并聚焦到最关键的地方去，不断寻找契合时代和国情的最紧要问题，有效识别对学科建设具有重要价值的研究方向，让智慧迸发出更大价值。

八年时间里光华思想力智库发布逾300期研究简报，资政建言，绵绵用力，久久为功，研究力度提升和质量建设都取得显著成效。**恰逢光华管理学院建院四十周年，在这样特殊的时刻，我们精选近年来的研究简报，精编此书，作为献礼。**

本书分为九个部分展开，共收录50篇文章，以《中国式现代化的发展逻辑》命名。本书以深度解读发展新质生产力为开篇，建构高质量发展的内在要求和重要着力点，逐一讨论数字经济、对外开放、金融市场、区域协调、人口发展等关键领域、重要议题，进而对企业创新发展和组织管理提出建议与展望。

"我们必须明白，是时代选择了我们，将它的今天和明天交予我们决定。"科学和理性的精神与温暖和博大的心灵，已经引领我们走到今天，而下一步，我们更要用它们来走出非理性的泥沼和认知的迷思，向我们满怀信心的中国式现代化，再迈进一步。

2025 年 4 月

目录

第一部分

发展新质生产力体制机制

新质生产力是创新起主导作用，摆脱传统经济增长方式、生产力发展路径，具有高科技、高效能、高质量特征，符合新发展理念的先进生产力质态。本质上讲，生产力是人类社会发展的根本动力，也是一切社会变迁和政治变革的终极原因，生产关系必须与生产力发展要求相适应。

本部分深入剖析了发展新质生产力体制机制，从释放中国经济长期增长潜能的讨论出发，具体阐释了新质生产力的战略意义和着力点，通过分析五大关键指标并创造性地提出有效 GDP（Effective GDP）的概念，进一步揭示了推动新质生产力持续发展的关键动能，并对为未来分阶段目标的落实提供理论指引。本部分以新质生产力这一概念为主线，提供了理解中国经济发展路径；对把握中国式现代化的研究和探索具有重要意义。

如何理解中国经济：怎样释放中国经济长期增长的潜能？

刘 俏

观点概览

保持节点行业的投资强度甚至超前投资、保持制造业增加值的 GDP 占比并提升中高端制造业比重、加大基础研究投入推动中国在全球价值链位置向上游迈进、提高居民收入占比发挥消费的基础作用，以及推动乡村振兴和以人为中心的城镇化，都将有力地释放经济增长潜能。

一、问题的提出

中国经济未来增长的空间取决于全要素生产率的增速能否保持在 2.5% 甚至更高的水平。随着工业化进程的结束，中国的全要素生产率已从 1980—2009 这三十年间超过 4% 的年均增速降到 2010—2019 这十年间的 1.8%。然而，中国经济面临的"生产率增长挑战"，与西方主要工业化国家面临的"生产率增长悖论"在本质上有所不同——中国经济社会发展过程中仍然存在大量推动全要素生产率增速实现 V 型反弹的结构性因素；而这些结构性因素所蕴含的力量一经释放，将形成新的一轮对全要素生产率和经济增长的强大推动。

与美国等工业化国家普遍面临的大规模投资机会缺乏、投资相对不足等对生产率增长的制约不同，中国仍然拥有大量的潜在投资机会：中国的人均资本存量（含住房资产）目前虽然已经达到 6.7 万美元（按 2011 年购买力平价计算），但仅仅是德国的 42% 和美国的 55%——中国还有对节点行业和关键领域大量投资的空间，这为新旧动能转换、全要素生产率提升提供巨大的空间。

虽然按人均 GDP 中国已经有一只脚踏进中等收入国家行列，但是我们的发展仍然是不充分、不平衡的：例如，中国在全球价值链的参与度非常高，但在全球价值链上仍处于中、下游位置，在原材料、核心零部件、底层技术等环节难以形成闭环，存在"卡脖子"问题；中国居民消费率不到 GDP 的 40%，远低于发达国家 60% ~ 70% 的水平，未来很长一段时期我们依然面临"如何满足人民群众对美好生活的向往"这一挑战；中国发展仍存在着城乡、区域间的不平衡，城乡居民可支配收入比高达 2.5 左右，在经济相对不发达地区甚至更高……直面并解决这些结构性问题将为生产率增长提供更大的空间。

中国在资源配置效率提升（全要素生产率增长重要来源之一）方面改善空间依然宽阔：过去二十多年，我们上市公司平均的投资资本收益率仅为 3%～4%，远低于美国上市公司过去 100 年平均 10% 的水平；在 2023 年 7 月公布的 2023 年《财富》全球 500 排行榜上中国企业数量（142 家）再次超过美国（136 家），但是中国企业大而不强的问题依然存在——上榜企业平均利润为 39 亿美元，不到美国企业的一半（80 亿美元）；经过多年发展，中国金融行业增加值的 GDP 占比已经超过美国等西方主要工业国家的水平，但是金融中介成本仍然高企，融资难和融资贵的问题尚未解决……

基于投资对全要素生产率（TFP）增速的强大推动作用，释放经济长期增长潜能，需要数量巨大的对基（础）核（心）行业及领域的投资。这些领域往往处于国民经济生产网络的关键位置，牵一发而动全身，具有极高的社会回报，但是这些领域具有极大的不确定性，投资的资本回报并不一定很高。如果只是依赖市场机制来配置资源与要素，这些领域将长期面临投资不足的问题。例如，绿色转型和建立数字化转型网络、收入与发展机会不平等、产业升级与科技进步、基础研究等问题，单靠市场根本无法解决。而对关键领域投资不足不仅带来产业转型的严重滞延，还进一步加深经济社会发展的断层线（Fault Lines）。

中国"政府+市场"的增长范式在释放中国经济长期增长的潜能方面有独特优势。通过顶层设计和产业政策，保持投资强度甚至超前投资，引导资源配置在那些社会回报大于资本回报的领域，有助于形成推动生产率增长的新的节点行业，解决那些长期制约经济社会高质量发展的结构性问题；如果这一过程中发挥好政府投资和政策激励的引导作用，有效带动激发民间投资、推动各类市场主体不断涌现和创新活力的迸发、发挥市场在资源配置中的决定性作用，那么中国面临的生产率增长挑战就有可能得到化解，而经济长期增长的潜能也能顺利释放。

二、保持节点行业的投资强度甚至超前投资

保持一定的投资强度有助于提升全要素生产率增速：①在经济学的内生增长理论（the Endogenous Growth Models）中，干中学（Learning by Doing）效应推动生产率增长，离不开投资和生产规模扩大；②新技术通常附着在新资本中，投资有助于创新及其规模化运用。我们需要更加辩证地看待投资对于中国经济长期增长的作用。本文不认同中国经济已经从投资驱动增长的模式转变为以消费驱动增长的模式这一判断。高

质量发展的核心要义是提高全要素生产率以驱动增长，而提高全要素增长率增速需要一定强度投资的支撑。

在经济下行压力较大时，更需要增加关键领域和行业的投资强度。如果这些投资可以支持中国经济动能转换，有助于全要素生产率增速的提升，超前投资做一些跨周期布局是可以接受的。20世纪90年代中国启动高速公路修建，当时投资额较大，但是路上行驶的车辆并不多；当时人们没有想到的是，在2001年加入WTO后，中国进入了汽车消费的黄金时代。2000年中国汽车产销量只有200多万辆，2022年这一数字已经达到2 680余万辆。更为重要的是汽车行业具有非常长的产业链、供应链，具有典型的节点行业（Nodal Industry）特性，汽车行业的大发展，带动了上、下游众多相关行业的发展，形成对总体经济影响的乘数效应。高铁投资建设、房地产投资的底层逻辑也与此类似。

保持经济长期增长，必须保持投资强度，对于那些在新的发展阶段的"高速公路""高铁""汽车""房地产"等领域甚至需要进行超前投资。在科学技术突飞猛进的当下，全球经济普遍面临产业结构转型、动能转换、驱动全要素生产率提升的新业态和新行业不断涌现的局面。

哪些有可能成为支撑经济发展新的节点行业呢？美国宏观经济学家罗伯特·戈登（Robert Gordon）认为能源、通信和出行方式作为三个具有决定性意义的特征合在一起定义了文明的形态——例如，化石能源的使用、无线通信和现代交通工具区别了农业文明和工业文明。运用罗伯特·戈登的逻辑进一步分析，我提出一个概念性框架（见图1-1）：随着清洁能源的广泛使用和AI人工智能、大数据等数字技术的进一步发展，人类文明有可能进入一种新的形态。这个过程中，新的行业会崛起，新的思想会出现，而几乎所有的现有行业都可以通过"碳中和"和"数智化"再来一次——这是我们理解碳中和以及数智经济的大背景。

以碳中和以及5G/6G的投资为例。碳中和不仅是技术问题，更是经济学、管理学问题。实现双碳目标，本文估测中国在2050年前需要投资近300万亿元。如果这些投资在未来三十年内平均分配，意味着中国每年对碳中和的投资相当于GDP的8%。这些投资将成为中国经济动能转换最大的推动力之一。而围绕着节点行业的投融资、技术变革、产业政策及商业模式创新，将决定中国实现碳中和的路径。

5G/6G作为中国再工业化基础设施的核心组成部分，是需要投资的重要的基础核心领域。本文的估测显示，基准场景下，5G的行业导入在2021—2030年将带来31.21万亿元的新增GDP。如果行业导入创新更积极，市场微观主体的参与更踊跃，

5G 应用场景所带来的新增附加值可能远超过 31. 21 万亿元，甚至达到 60 万亿元。而 5G 带来的价值附加主要集中在 2026—2030 年，之后中国将进入 6G 时代。

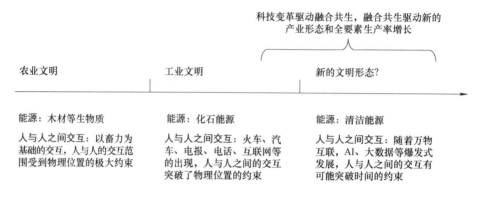

图 1-1　一个文明演进的概念性框架

资料来源：作者分析。

三、保持制造业增加值的 GDP 占比，大幅提升中高端制造业比重

中国在应对中国版的"生产率增长悖论"方面有一定优势，原因之一在于中国制造业的 GDP 占比仍然高达 27. 4%（2021 年）。未来保持制造业增加值的 GDP 占比有助于全要素生产率的增长——经验数据显示，科技变革和规模经济对生产率的推动作用在制造业要比在农业和服务业更为显著。以美国的生产率增长不足为例，一定程度上，长期困扰美国经济的生产率增长不足与其制造业 GDP 占比的大幅下滑有关（见图 1-2）。其实，美国制造业在其工业化过程中一直保持比较大的规模，1970 年制造业增加值占到 GDP 的 24. 3%；但美国制造业增加值在工业化结束之后一直在下滑，其 GDP 占比在 1998 年首次跌破 16%，2020 年只为 11. 2%。

图 1-2 显示，中国制造业增加值占 GDP 比重高于主要发达国家和世界平均水平。2021 年该比例的世界平均水平为 17%，而同期日本制造业增加值占 GDP 比重为 19. 7%（2020 年），德国为 18. 3%。中国制造业增加值目前占全球比重约 30%，比排名第二至第五的美国、日本、德国和韩国的总和还要高。

随着经济生活发展，制造业的 GDP 占比一般会逐渐下降，这与需求端的结构变化有关：随着收入水平的增长，对商品的需求占比一般会下降，而服务消费的占比会逐渐提升（美国目前服务消费占总消费的比例为 67%；日本等国也在 60% 以上）。但是，中国有必要把保持一定的制造业 GDP 占比（例如，23%）作为经济社会发展的一个战略目标。一方面，中国是制造业大国，但还不是制造业强国，中国制造业在未来较长一段时间还需要加快产业升级和质量优化，巩固竞争力和优势；另一方面，实现高质量发展需要保持全要素生产率较高的增速，制造业特别是高端制造业、装备制造业、智能制造业是未来全要素生产率提升的重要来源。根据世界银行的数据（2019 年），中国中高端制造业占制造业比重为 41.5%，美国为 47.1%，日本为 56.6%，德国为 60.7%，虽然我国 41.5% 的比例远远超过 24.9% 的世界平均水平，但距发达国家水平仍有差距。到 2035 年我们基本实现现代化的时候，我们能否将中高端制造业比重从目前的 41.5% 大幅提升到 55%？

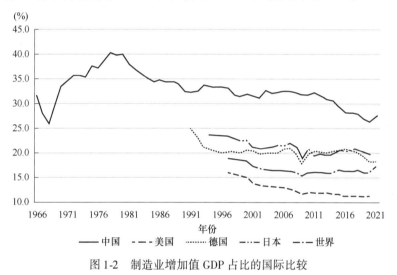

图 1-2　制造业增加值 GDP 占比的国际比较

资料来源：世界银行；光华思想力课题组分析。

有必要占一点篇幅讨论生产性服务业，按照《国民经济行业分类》（GB/T 4754—2017），交通运输和仓储业、软件和信息技术服务业、批发零售贸易业、金融业、租赁与商服业、科学研究和技术服务业、水利环境和公共设施管理等 7 个部门归类为生产性服务业。虽然被归类为服务业而非第一、二产业，大幅投资生产性服务业领域对提升全要素生产率增长意义重大：①生产性服务业相较于其他服务业有较高的生产率增速；②发达的生产性服务业有助于高端制造业的发展，有利于提升资源配置效率和农业的全要素生产率增速；③中国目前在生产性服务业方面还有很多短板，例如工业软件、人工智能算法与算力等方面的巨大瓶颈、高企的物流和金融中介成本等。美国的生产性服务业占到服务业的 70%，其产值占 GDP 的 50% 以上，而中国 2020 年生产性服务业产值只占 GDP 的 31.7%、占服务业增加值的 58.2%，而且存在严重的结构性短板（例如，工业软件）。中国必须在保持现有制造业的 GDP 占比的同时，大力投资生产性服务业，提升其在服务业中的占比。

四、加大基础研究投入，推动中国在全球价值链位置向上游迈进

中国的工业化进程受益于全球化的高歌猛进。中国积极参加全球的产业分工，成为全球价值链的重要参与者。国际上在统计贸易数据时一般把一国出口中的国外成分的比例（一国的出口中用到了多少的外国中间品）和本国中间品比例之和定义为全球价值链参与度。全球价值链参与度从增加值的角度衡量了一国参与国际分工的深度，中国目前的全球价值链参与度高达62.6%，远高于美国的46.9%和日本的47.8%（均为2018年数据）。这个指标的对比显示中国参与全球分工的广度、深度已经超过美国和日本等主要工业化国家，说明了国际大循环对中国经济社会发展的重要性。

在国内外环境发生剧烈变化的当下，我们更应该关注的是另一个指标，全球价值链上游程度。价值链上游程度定义为本国中间品出口占总出口的比重（上游指标）减去本国出口中包含的外国中间品比重（下游指标）。价值链上游程度的取值越高，表明一国在全球价值链的位置越偏上游，这个国家在原材料、专利、核心零部件等领域有较大的控制权；而上游程度取值越低，则表明一国在全球价值链中位置偏中、下游，对外国中间品（例如，能源等原材料、核心技术、核心零部件等）的依赖度比较高。

2001年加入WTO以来，中国在全球价值链中的位置一直在改善，逐渐从价值链的下游向中游迈进。但是横向比较却提醒我们，中国在全球价值链中的位置相较于美国等主要工业化国家要不利得多。2018年中国价值链上游程度的取值为0.01，同期美国为0.29，德国为0.14，日本为0.08（见图1-3）。如果只对数值进行机械解释，美国价值链上游程度是中国的29倍，德国和日本的价值链上游程度分别是中国的14倍和8倍。数值大小的强烈对比表明美国等工业化国家在全球经济分工中非常明显地处于上游位置，它们控制了原材料、核心技术、核心零部件等，能够相对容易地对处于全球价值链中、下游的国家或经济体形成"钳制"。在逆全球化思潮之下，西方主要国家对中国采取一系列"去风险化"举措，对关键原材料、核心技术、核心零部件等实施封锁、禁运，而且范围还在动态调整并倾向扩大，这让中国处于价值链中、下游位置的弊端暴露无遗。

中国必须向全球价值链上游迈进，在供应链、产业链上形成相对闭环，以应对极端场景的出现。为此，我们需要加大创新投入，不仅增大研发强度，而且更需要优化研发结构，大力提升基础研究的研发费用占比。本文的分析显示，过去三十年，

中国的研发强度（研发费用的 GDP 占比）和全要素生产率之间有高达 90% 以上的相关性，提升研发强度对推动生产率增长意义重大。

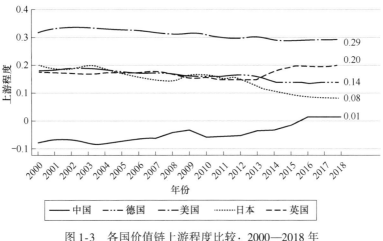

图 1-3　各国价值链上游程度比较：2000—2018 年

资料来源：联合国贸易和发展大会；光华思想力课题组分析。

中国研发费用的 GDP 占比从 1995 年的不到 0.6% 快速增长到 2020 年的 2.4%，达到了工业化国家的平均水平。2022 年，中国研发费用首次突破 3 万亿元，研发强度也达到迄今最高的 2.55%。然而，中国 2.55% 左右的研发强度和同期美国的 3.45%、日本的 3.26%、德国的 3.14% 的水平相比还有较大差距，而且中国研发起步较晚、研发强度的起点比较低，虽然近三十年不断投入，2012 年以来更是加大力度增加投入，但是中国研发投入所形成的基础和沉淀还相对薄弱。既然大国博弈最终是科技创新方面的竞争，中国有没有可能将研发强度提升到 3% 以上？

研发结构是更值得关注的问题。中国 2021 年基础研究的研发投入占比只有 6.5%（见表 1-1）。基础研究是科技创新的源头和科技自立自强的根基。过去的十多年，中国对基础研究的投入在不断增加，基础研究投入从 2012 年的 499 亿元增加到 2022 年的 1951 亿元（占总研发费用的 6.3%，与表 1-1 中 2021 年的数字相比略有下降）。作为对比，发达国家基础研究投入占研发费用的比例基本稳定在 12% 以上，而美国大约为 15%（2019 年数字），基础研究投入大幅超过我国。我国基础研究占研发经费比例相对不足的结构问题亟待改变。"十四五"规划已把到 2025 年将我国基础研究投入占比提升至 8% 以上作为政策目标。如果我国能够以这一目标或更大力度增加基础研究投入，将有力推进我国实现科技高水平自立自强，提升我国在全球价值链的位置，为我国在新的发展阶段保持全要素生产率增长创造有利条件。

表1-1 研发结构的国际比较

项目	中国	法国	德国	日本	韩国	英国	美国
1. 按经费来源分（%）	2021	2019	2019	2020	2020	2019	2019
来源于企业资金	76.9	65.9	68.9	78.7	79.1	67.4	74.9
来源于政府资金	13.3	12.3	13.7	8.3	10.1	6.9	9.5
来源于高等学校资金	7.8	20.1	17.4	11.7	9.0	23.5	11.5
2. 按执行部门分（%）	2021	2019	2019	2020	2020	2019	2018
企业部门	76.4	65.9	68.9	78.7	79.1	67.4	73.4
政府部门	13.9	12.3	13.7	8.2	10.1	6.9	9.9
高等教育部门	8.1	20.1	17.4	11.7	9.0	23.5	12.3
其他部门	1.6	1.6		1.4	1.8	2.2	4.4
3. 按研究类型分（%）	2021	2019		2020	2020	2019	2019
基础研究	6.5	22.7		12.3	14.4	18.3	15.0
应用研究	11.3	41.4		18.6	21.6	43.2	19.4
试验发展	82.7	36.0		64.9	64.0	38.5	63.9

数据来源：2021年全国科技经费投入统计公报；OECD；光华思想力课题组。

基础研究难度大、周期长、风险高，如何加大对基础研究的投入？首先，我们需要发挥好财政，尤其是中央财政的积极作用。基础研究是一个长期的过程，它带来了对自然、社会及其规律的普遍认识和理解。大学和研究机构把大部分的研究工作投入到拓展知识的前沿，这些机构提供了最有利于创造新的科学知识的环境，它们不承受立即和实际成果的压力，有利于原创基础研究成果的产生。加大基础研究投入，需要加强对高校和研究机构的基础研究中心的支持，长期的公共资金投入尤其重要。我国具备大规模发行国债的条件和政策空间，而当前宏观政策正处于发力窗口期。我国可将发行长期"特别国债"等作为重要的政策选项，所获资金直接用于支持基础研究中心，大幅提升基础研究在研发中的占比。

其次，加大基础研究投入，我们还需要充分调动市场力量。表1-1显示，2021年我国76.9%的研发经费来源于企业资金，而由企业执行的研发也占到研发总费用的76.4%。然而，企业研发主要集中于研发的"发"（应用研究和试验发展），而非研发的"研"（基础研究）。基础研究具有公共品属性，是典型的社会回报大于资本回报的领域，只依靠企业和市场，将面临经典的投资不足问题（Under-Investment Problem）。

要调动企业投资基础研究的积极性，需要将基础研究中社会回报大于资本回报的部分以一定方式呈现出来并返还企业。政府可以通过税收优惠和更有效率的专利制度为企业等市场主体提供激励，以促进基础研究领域的研发。更重要的是我们需要重塑资本市场估值体系，将企业的基础研究投入纳入市场估值，以溢价形式反映出来。目前，上市公司的 ESG 溢价正在我国资本市场形成，基础研究所带来的社会回报大于资本回报部分应该成为具有中国特色的 ESG 构成部分，反映在企业估值之中。为此，需要大力发展以新的估值体系为价值引领的机构投资者，通过这些机构的投资引领那些重视基础研究的企业的价值发现；同时，推出相关指数 ETF 产品，逐渐改变市场估值逻辑。

五、提高居民收入占比，发挥消费的基础作用

中国的"十四五"规划纲要特别强调建设以国内大循环为主体的新发展格局，强调以国内大循环为主体意味着强大的国内市场和不断提升的居民消费率在经济社会发展中的作用将越来越重要。建立新发展格局背后主要有两方面的考虑。首先，自从中国加入 WTO 之后，进出口成为推动经济增长重要的引擎，集中反映在外贸依存度上。中国的外贸依存度（一国或地区进出口总额占 GDP 的比重）2006 年达到创纪录的 64%，其中出口占到 GDP 的 35%，这意味着中国的产品和服务有 35%是为外国消费者提供的。通过对 OECD 国家的计量分析，本文发现随着人均 GDP 的提升，一个国家的外贸依存度会下降，这是大国经济演进的客观规律，也得到了来自中国的实证数据的支持：2006 年至 2022 年我国的 GDP 人均和总量都大幅提升，其中 GDP 总量更是从 22 万亿元提升到 120 万亿元，这一阶段，中国进出口总值与GDP 的比例从 2006 年的 64% 下降到 2022 年的 35%，其中出口大约为 GDP 的18%——出口与 GDP 比例的逐渐下降是长期趋势，与之相适应，中国的国内市场和国内消费就变得越来越重要，国内大循环的重要性也就彰显出来了。

其次，畅通国内大循环，发挥消费的基础作用对提升全要素生产率增速有重要价值。从基本面分析，中国居民消费率偏低主要与居民可支配收入低、消费供给侧发展不充分、公共服务和社会保障体系覆盖长期滞后等相关。提升居民可支配收入、改善消费供给端与有支付能力的需求端错配的情况、改善公共服务和社会保障体系等都需要大额投资和供给侧结构性改革，包括收入分配机制、金融体系供给侧、户籍制度、保障性租赁住房制度等改革（具体在下文专门论述）。投资和供给侧结构改革无疑有利于全要素生产率的增长。

中国现在的居民消费率比较低，居民消费只占 GDP 的 38% ~39%；而美国和日

本等工业化国家居民消费都占 GDP 的 60% 以上，2021 年美国的这一数据更是高达 68%。当然，中国居民消费率偏低有统计方法的原因。例如，在统计 GDP 时，中、美两国都将居民自有住房的虚拟租金（即住房消费）纳入统计，但中国在计算租金时采用的是成本法，而美国采用的是市场租金法。成本法根据建造成本乘以 2% 的折旧来计算虚拟租金，建造成本与住房的市场公允价值之间差额巨大，尤其是过去二十年中国各地房价快速上涨，用成本法计算大大低估了居民房地产相关的实际消费。本文估测如果按照市场租金法，中国的住房消费将带来 GDP 7%～8% 的增长——由此调整的中国居民消费率将从统计数字中的 38% 增加到 45% 左右。

即使是 45% 的居民消费率，距离工业化国家平均 60% 以上的居民消费率还是有很大差距。本文预测，随着强大的国内市场的形成、消费在经济社会发展中的基础作用的发挥以及居民可支配收入的增加，中国居民消费率在 2035 年将从目前调整后的 45% 增加到 60% 以上，其中服务消费在总消费的占比也将从目前的 50% 左右提高到 60% 以上（美国目前私人服务消费占总消费 67% 左右）。在大幅提升的居民消费率中，服务消费的几个大项包括医疗健康、金融服务、居民养老、餐饮酒店、文化教育等都将获得极大的发展空间，这意味着中国未来产业格局将发生深刻的变化。

居民消费率不够高与消费的供给侧发展不足有关，但最重要的原因还是居民可支配收入的 GDP 占比过低。图 1-4 显示 2012—2021 年这十年间我国居民可支配收入的 GDP 占比在 41.5%～44.8%，大部分年份为 43% 左右，远低于美国同期 70% 的水平。这个指标的全球均值为 60%，在德国是 61%。除了 GDP 占比低之外，我国居民可支配收入的分布也不均衡：国家统计收入五等份分组的居民人均可支配收入数据显示，2021 年，我国低收入组家庭居民人均可支配收入为 8 333 元。也就是说 2021 年，有超过 2.8 亿的中国人月均可支配收入还不到 700 元。居民可支配收入不足极大地影响了居民的消费意愿和能力。

提高居民可支配收入需要提高国民收入初次分配中劳动所得的占比，这最终取决于劳动生产率（与全要素生产率高度相关）水平的大幅提升；同时，需要提高财政转移支付的规模和效率，并充分发挥第三次分配的积极作用；此外，值得关注的是，我国目前居民人均财产性收入为人均 GDP 的 4%，远低于美国的16%。如果我国居民财产性收入达到美国的水平，我们居民可支配收入的 GDP 占比可由目前的 43% 左右提升到 55% 左右，将极大提升居民消费率水平——这对金融供给侧改革和住房市场改革的推进提出了迫切要求。

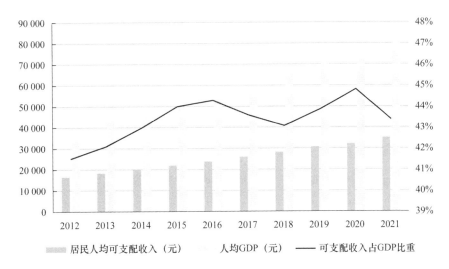

图 1-4 我国居民人均可支配收入相较人均 GDP 的变化：2012—2021 年

资料来源：国家统计局；光华思想力课题组。

六、从 18% 到 0：推动乡村振兴和以人为中心的城镇化

收入和发展机会不平等一直是制约中国现代化进程的痼疾。然而，挑战也是机会——直面并解决这一结构性问题将释放出大量的投资机会和全要素生产率提升的巨大空间。中国的收入和机会不平等集中体现为城乡二元结构。图 1-5 显示，虽然中国的城乡居民可支配收入比自党的十八大以来一直处于下降趋势，但是 2021 年城镇居民可支配收入仍然是农村居民的 2.5 倍。

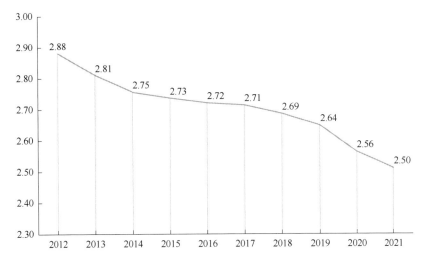

图 1-5 中国城乡居民可支配收入比：2012—2021 年

资料来源：国家统计局；光华思想力课题组。

中国城乡二元结构的形成主要有两个原因：农业全要素生产率水平相对较低和农业转移人口无法实现真正的市民化。首先，正如表1-2所示，中国2020年农业附加值的GDP占比为7.4%，但是农业就业人口占到中国7.5亿总就业人口的24.6%，农业就业人口占总就业人口比例高企表明农业的全要素生产率比较低；庞大的农业就业人口和有限的人均用地也说明农村用地没有真正流转起来，妨碍了通过集约化生产提升农业的生产率；而土地使用权不能有效地通过市场进行交易不利于农村居民财产性收入的提高——2020年中国农村居民的财产性收入仅仅为可支配收入的2%，同期城镇居民的财产性收入为可支配收入的10%（如前文所述，农村居民和城镇居民财产性收入合在一起占中国GDP的4%左右）。

表1-2 产业结构的国际比较

	分类	德国 1998 年	法国 2001 年	英国 2003 年	日本 2004 年	中国 2020 年	中国 2035 年预测值
农业	产业占比	0.93%	2.11%	0.77%	1.24%	7.40%	3.00%
	就业人口占比	2.80%	4.10%	1.30%	4.60%	24.60%	6.00%
工业	产业占比	28.44%	20.94%	20.26%	30.30%	38.70%	32.00%
	就业人口占比	34.40%	26.00%	23.30%	28.70%	28.00%	26.00%
工业中的制造业	产业占比	20.50%	14.03%	10.75%	21.33%	28.70%	23.00%
	就业人口占比	—	—	—	—	—	—
服务业	产业占比	61.28%	66.93%	69.01%	68.51%	53.90%	65.00%
	就业人口占比	62.80%	69.90%	75.40%	66.70%	48.40%	68.00%

资料来源：世界银行；光华思想力课题组。

其次，中国数量庞大的农业转移人口并没有实现完全的市民化。2021年中国常住人口的城镇化率已经超过65%，但是按户籍人口计算的城镇化率只有47%，两者之间存在着18个百分点的差距——有2.55亿人生活在城市但是并没有城市户籍。有无户籍这个身份认同带来禀赋资源（例如，教育、医疗资源、就业机会、跨越阶层的可能性等）的差异，以及在此基础上的收入和发展机会不平等。以中国2.9亿~3亿的农民工中近2亿的异地打工者为例。因为城市户籍或是"市民"身份的缺失，他们的平均有效工作时间（Effective Working Hours）只是一个城镇就业人员的一半左右：相较于城镇就业人员一生平均45年左右的工作时间，农民工在45岁以后由于子女教育、就业机会等原因将很难在城市里继续工作，这减少了三分之一的有效工作时间（15年）；因为异地打工，每年春节或是农忙时节他们一般在老家要待两个月，相较城市就业人员而言又少了六分之一的工作时间。

只是因为身份差异，就带来平均两倍左右的收入差距；此外，我的团队的研究显示没有户籍的居民对自身的身份认知是非常敏感的，他（她）们更关心当下，相对而言不愿对未来做长期投资（例如，人力资本），对长远的发展机会缺乏关注，这一切进一步拉大了城乡居民收入差距。

常住人口城镇化率与户籍人口城镇化率18个百分点的差距能否逐渐缩小并最终趋近零，我认为应该成为衡量中国现代化程度的重要指标之一。

消除收入和机会不平等与乡村振兴和以人为中心城镇化紧密相连。我在表1-2中对2035年中国的农业和农业人口做了预测。预测的基础是假设2035年基本实现现代化的时候，中国农业和农业就业人口的情况大致与主要工业国家实现现代化时相似。如表1-2所示，到2035年，中国农业增加值的GDP占比预计将降到3%左右，农业就业人口也将降到总就业人口的6%，这意味着：未来十多年因为乡村振兴的各项举措，中国对农村、农业和农业人口的投资将大幅提高，大量资金、技术、人才、信息、设施、装备等向农业产业融合聚集，将极大地提高农业的全要素生产率；更为重要的是，到2035年，将有1.44亿农业就业人口会从农业转移出来，实现跨行业甚至跨城乡的转移——他（她）们中的绝大部分将完成向城市的迁移。

中国目前在城市常住但无户籍的2.55亿人与未来从农业转移的1.44亿人合在一起有4亿人，实现这4亿人彻底的"市民化"将彻底地证明"我国城镇化进入减速阶段"是个十足的伪命题。城镇化一直都是经济学者和政策制定者心目中生产率增长的重要来源。通过制度层面的改革，消除对这4亿人的各类软、硬性约束——比如户籍制度改革、社保和公积金制度改革、保障性租赁住房建设等——未来这4亿新市民的生存与发展将带来大量的投资机会和生产率增长的巨大空间，原因在于：① 人口向城市的聚集将产生各种需求和满足需求的供给，促进新的业态尤其是服务业的发展，创造出大量就业机会，提供进一步消纳迁入人口的空间，形成人口迁移的闭环；② 真正彻底的市民化使得目前近2亿的异地打工者不用辗转于城市与乡村之间，这2亿人每人补上的二分之一的有效工作时间，是否相当于中国将比目前多出整整1亿的劳动力？与此同时，未来新增的1.44亿农业转移人口也将大大增加中国有效劳动力的供应；③ 在城市真正生活下来之后，这4亿人会产生进一步投资自身人力资本，激发沿社会阶梯向上努力的内在动力；④ 这4亿人真正在城市住下将带来基础设施、公共服务体系、保障性住房等大量的投资机会……

以保障性租赁住房为例，基于对现有政策性人才公寓投资收益测算，我的团队的分析显示每年 4080 亿元投资租赁住房，能够解决 180 万个家庭的住房问题（50 平方米，三口之家），而且投资的收益率能够达到 8% 左右。为 4 亿人提供有保障的住房将在未来十二年（至 2035 年）带来每年 2.5 万亿元，合计 30 万亿元的投资。而且，按照支出法统计 GDP，根据美国的经验数据，归类到消费的住房消费一般是归类到投资的住房投资的 2.5 倍。以此为参照简单估算，保障性租赁住房一年投资为 2.5 万亿元（注：这里的投资不一定是新建），带来的增加值大约为 1.4 万亿元（按美国经验数据），而相关住房消费带来的增加值将达到 3.5 万亿元（1.4 乘以 2.5），每年保障性租赁住房投资及消费合计带来的增加值大约是 4.9 万亿元，仍将占到未来中国 GDP 较高的比例。房地产相关行业在未来很长一段时间仍将是中国重要的节点行业之一，但其商业模式和整个业态将发生根本改变。

七、尾声：增长是一种信仰

投资和增长是理解中国经济的关键。改革开放以来中国经济取得巨大成功的重要原因是对关键领域和节点行业大量投资带来的全要素生产率的快速增长。虽然中国有阶段性的总需求不足问题，但对供给侧的投资和结构性改革一直是中国经济增长的重要来源。

从更长的时间维度看，中国经济社会发展最大的风险还是在于因产业和经济层面缺乏投资机会所带来的投资率下滑和生产率增长的停滞。增长虽然不是万能的，但没有增长是万万不能的。我们必须把增长当作一种信仰，而当增长成为一种信仰时，以更大的决心和勇气投资不确定性就变成一种必然：投资未来节点行业具有不确定性，聚焦解决关键结构性问题同样具有不确定性。只有直面我们经济社会发展过程中的机会和挑战，以实事求是的态度和创新的方法解决那些重要的第一性问题，我们才有可能控制住增长停滞带来的风险。

发展新质生产力的战略意义与着力点

龚六堂

观点概览

进入新的发展阶段，我国经济面临的外部环境复杂性、严峻性、不确定性上升。

我国进入新的发展阶段，经济增长的动力发生改变，从传统的要素驱动转变到开始以创新为驱动力，为此，我国经济发展要进行相应的战略调整。

新阶段的发展动力改变，需要新的理论指导，新质生产力的提出适应了这一理论需求，对促进我国高质量发展具有重要的战略意义。

发展新质生产力关键在于提升全要素生产率，需要加快构建现代产业体系，推进全国统一大市场，实现更高水平的对外开放，以形成新的比较优势。

习近平总书记在二十届中央政治局第十一次集体学习时强调："发展新质生产力是推动高质量发展的内在要求和重要着力点。""必须继续做好创新这篇大文章，推动新质生产力加快发展。"从经济学角度来看，新质生产力代表一种生产力的跃迁。基于国际形势的变化和我国经济发展阶段的变化，当前亟需新的经济增长动力和新的增长理论，新质生产力的提出适应了这一需求。新质生产力是促进经济高质量增长的内在要求，是实现中国式现代化的重要途径，具有重要战略意义。

一、高质量发展对我国经济增长提出更高要求，需要新的增长动力

（一）保持 GDP 的合理增长速度是实现新发展阶段任务的根本保证

2019 年我国人均 GDP 达到 1 万美元，2023 年我国人均 GDP 为 1.27 万美元，与高收入国家门槛的距离进一步缩小，但这也对我国经济增长提出了新的要求。因此，保持 GDP 增长的合理水平对我国社会主义现代化国家建设任务有着重要意义。

（二）避免"增长陷阱"需要我国保持经济增长的合理速度

从世界各国经验来看，人口规模比较大的国家，人均 GDP 超过 1 万美元后，各国经济增长速度出现比较大的分化，出现了所谓的"增长陷阱"问题。避免"增长陷阱"同样需要我国保持经济增长的合理速度。

二、国际形势的变化和我国经济增长阶段的变化，需要新的发展理论

（一）进入新的发展阶段，我国经济面临的外部环境复杂性、严峻性、不确定性上升

首先，世界经济增长出现分化、经济增长预期下降，世界贸易水平下降。一是从总体来看，世界经济增长放缓，而且呈现分化趋势。各国货币政策调整对世界经济产生不利影响，世界经济预期下降，世界各国经济增长放缓。二是世界经济放缓的预期影响需求，各国需求呈现放缓趋势，世界贸易会下降。其次，世界呈现高利率、高风险的态势。一是世界通货膨胀水平呈现复杂态势。发达国家的通货膨胀有所缓解，但还处于比较高的水平。二是发达国家的利率水平处于高位，世界经济风险、金融风险加剧。最后，世界经济增长的分化和通货膨胀水平的复杂使得各国货币政策调整不确定性增加。一是以美国、欧元区为代表的发达国家 2024 年货币政策会转向。二是日本、韩国等东亚国家的货币政策调整具有极大不确定性，日本在 2024 年 3 月就改变了 20 年以来一直实施的负利率政策。

（二）我国进入新的发展阶段，经济增长的动力发生改变

改革开放以来，经过 40 多年的发展，我国已经成为世界第二大经济体，2023 年 GDP 总量达到 126.1 万亿元，成为制造业第一大国，占世界制造业比重约 30%；同时我国的货物贸易第一大国、服务贸易第二大国、外汇储备第一大国等地位进一步巩固提升。我国进入新的发展阶段，经济增长的动力发生改变，从传统的要素驱动（资本和劳动力驱动）转变到开始以创新为驱动力，为此，我国经济发展要进行相应的战略调整。

进入新的发展阶段，我国提出了新发展理念，加快构建新发展格局。基于世界百年未有之大变局和我国经济发展的新阶段，我国的比较优势开始改变，从以出口为导向转为利用国内市场规模优势，为此，党的二十大报告进一步强调了要完整、准确、全面贯彻新发展理念，加快构建以国内大循环为主体、国内国际双循环相互促进的新发展格局。同时强调要把实施扩大内需战略同深化供给侧结构性改革有机结合起来，增强国内大循环内生动力和可靠性。

（三）新阶段的发展动力改变，需要新的理论指导，新质生产力的提出适应了这一理论需求，对促进我国高质量发展具有重要的战略意义

新质生产力理论是对传统经济增长理论的丰富和拓展。传统经济增长理论强调

要素投入（包括资本、劳动、土地等）和全要素生产率对经济增长的重要性。经济增长理论的发展过程是人们对全要素生产率认识深化的过程。狭义的全要素生产率主要是指技术创新，广义的全要素生产率是指除资本、劳动和土地以外，对生产有影响的全部因素，包括技术创新、制度环境、人力资本水平等。基于中国经济实践构建的新质生产力理论从微观、中观和宏观三个层面进一步加深了人们对全要素生产率的认识，这不仅丰富了经济增长理论，也为其提供了新的拓展方向。

新质生产力理论是在实践中形成的，对高质量发展具有强劲推动力、支撑力和指导意义。面对世界百年未有之大变局，新一轮科技革命与产业变革加速演进，加快发展新质生产力，我国具有的社会主义市场经济的体制优势、超大规模市场的需求优势、产业体系配套完整的供给优势、大量高素质劳动者和企业家的人才优势将会进一步凸显，新质生产力理论的形成有利于将综合优势加速转化为新的比较优势。

三、发展新质生产力的着力点

（一）发展新质生产力关键在于全要素生产率的提升

新质生产力本质上是摆脱传统经济增长方式、生产力发展路径，具有高科技、高效能、高质量特征，关键在于 TFP 的提升。因此，一个经济体保持可持续的经济增长，一要不断提升 TFP，二要引入新的生产要素，三要对传统要素进行改造升级。根据分析，发达国家在人均 GDP 超过 1 万美元以后增长出现差异的根本原因在于这些国家的 TFP 的差异，因此发展新质生产力最重要的是不断提升全要素生产率，同时需要在经济中引入新的生产要素（如数据），新的生产要素的引入为经济增长和经济发展提供新的动力。另外，还需要传统要素的升级改造。无论是新的要素的引入、传统要素的升级，还是全要素生产率的提升都需要科技创新投入的不断增长和科技创新投入结构的不断改善。

（二）发展新质生产力需要加快构建现代产业体系

一般地，在经济发展的第一阶段，第一产业增加值不断下降，第二产业增加值不断上升，第三产业开始起步；同时，第一产业的劳动力数量不断下降，第三产业的劳动力数量不断上升。在经济发展的第二阶段，第一产业增加值继续下降，第二产业增加值下降，第三产业增加值上升；同时，第一产业、第二产业的劳动力数量不断下降，第三产业的劳动力数量不断上升。在经济发展的第三阶段，第一、二、三产业增加值份额保持稳定；第一、二、三产业劳动力数量保持稳定。

从第一、二、三产业的增长率比较来看，一般地，第一产业增长率和第三产业增长率会比第二产业增长率低。从改革开放初期到党的十八大以前，我国经济发展已经完成第一阶段，党的十八大以来我国经济正在经历第二阶段，要保持经济增长，就需要保持第一产业、第二产业、第三产业劳动生产率比较高；通过创新促进第二产业升级，保持第二产业增长值处于合适的份额和保持比较高的增长率；发展现代服务业，保持第三产业增长率比较高。

（三）发展新质生产力需要加快构建全国统一大市场，加快推进区域发展战略

全国的经济增长需要各个区域的经济增长来支撑。过去让一部分地区先发展起来，但是经济发展到一定程度以后，这些先发展起来的地区经济增长速度会放缓。这样，经济增长就需要欠发达地区、后发展地区、农村地区的经济增长来推动。如何推动欠发达地区、后发展地区的增长？需要从制度层面也就是生产关系着手，加快全国统一大市场的建设。畅通要素的流动，构建统一大市场，提高要素的效率，可以促进经济增长，加快发展新质生产力。

（四）发展新质生产力需要加快推进更高水平的对外开放，加快形成新的比较优势

经济增长需要内需（国内消费和投资）和外需（进出口）的共同作用。在关注内需扩大的同时，也需要关注外需对我国经济增长的作用，关注进出口对我国经济增长的影响。近年来，我国进出口对经济增长的贡献率在下降。因此，发展新质生产力需要我国实现更高水平的对外开放。

四、发展新质生产力的政策建议概要

（一）不断提升我国的科技创新水平，促进全要素生产率持续增长，保持我国 GDP 中高速增长

持续提升我国 R&D 投入水平，不断提升我国科技创新水平。一是拓展 R&D 投入来源，一方面增加政府投入水平，另一方面鼓励社会各界增加 R&D 经费投入，确保 R&D 经费来源的多元化。二是改善我国政府 R&D 投入结构，提高中央政府的 R&D 投入水平。目前 R&D 经费投入中中央政府投入占比小，这导致我国 R&D 地区差异较大，地区发展不平衡。三是加大对农村技术创新的支持。我国整体的 R&D 投入强度已经达到 2.64%，但存在较大的行业差距，2022 年我国农副食品加工业的

R&D 投入强度只有 0.58%，食品制造业的 R&D 投入强度只有 0.72%，酒、饮料和精制茶制造业的 R&D 投入强度还只有 0.40%。

改善我国 R&D 投入的结构，加大 R&D 经费中的基础研究投入。一要发挥新型举国体制优势，持续加大基础研究投入的力度。二要鼓励企业加大对基础研究的投入。我国基础研究投入中 98% 以上来源于政府支出，企业对基础研究的投入很少，需合理运用财政补贴、税收优惠、信贷支持等多维政策工具鼓励企业增加基础研究投入。

改善我国 R&D 经费的执行结构，放大科技创新的溢出效应，加快形成创新产业链。我国的基础研究以高等教育学校、研究与开发机构为主，其在 R&D 基础研究中的占比分别是 44% 与 49%，企业只有 7%，应进一步加大企业基础研究力度，丰富基础研究机构类型，拓展创新产业链。

（二）发展数字经济，充分发挥数据要素对经济增长的推动作用

以国家数据局成立为契机，进一步完善职责定位，加快数据要素市场的基础性制度建设。统筹数字化基础设施建设布局，推动数字政府建设，对数据交易与流通进行有效监管，构建起上下联动、左右贯通的多维数据治理生态。推动"三权分置"数据产权制度的有效落实，加快完善数据资产评估、数据流通交易、数据安全、跨境传输等基础市场制度，实现数据要素市场的高质量发展。

完善我国数字基础设施建设，打造具有国际竞争力的数字产业集群，夯实我国数字核心技术的优势。要加快推进数字基础设施建设，优化算力基础设施布局，促进东西部算力高效互补和协同联动，引导通用数据中心、超算中心、智能计算中心、边缘数据中心等形成梯次布局。完善数据循环基础设施建设，鼓励各类企业主体积极参与。

大力发展新模式新业态。一是对数字经济的新模式、新业态坚持"鼓励创新、包容审慎"的原则，鼓励大数据、人工智能、算法开发等新型产业的发展，培育壮大基于平台经济、共享经济的新型就业模式。二是通过大范围实施"数据要素 ×"行动，推动数据与劳动和资本等传统要素协同，发挥数据规模报酬递增、低成本复制等特点，改善传统产品和服务，催生和培育数据型新产品、新服务，以数据流引领技术流、资金流、人才流，从而全面提升全要素生产率。

（三）加快构建现代产业体系，提高劳动生产率

完善数字经济结构，促进三次产业数字化发展，提高劳动生产效率。一是不断

提升我国农业产业化水平。2022 年我国农业的数字化程度只有 10.5%，还有较大的提升空间。应利用数字经济的优势，发展农业现代化，提升农业劳动生产率。二是不断提升我国第二产业的数字化水平，加快产业转型升级。三是建设良好的数字生态，促进我国中小企业数字化转型。由相关部门牵头，联合平台、行业协会、专家智库等组成产业数字化促进中心，引导企业数字化转型。

加强现代服务业的建设，提升我国服务业的劳动生产率。一是大力发展生产性服务业，推进生产性服务业与先进制造业、现代农业深度融合。二是推进生产性服务业结构优化。我国生产性服务业在第三产业中的占比并不算低，但从其结构来看，不同于美国的专业和商业服务业占比较高，我国金融业的占比偏高，商业服务、科学研究和技术服务业的占比偏低。三是加快我国服务业的开放，通过开放促进我国服务业产业升级。总体来看，我国服务贸易发展还不够，服务业生产率还有较大的提升空间。

（四）加快推进全国统一大市场建设，促进区域发展平衡

进一步降低地区之间的贸易成本，特别是降低地区之间的物流成本。一是降低物流成本。我国的物流成本占 GDP 的比重一直很高，是发达国家的 2 倍左右。近几年虽然有所降低，但 2023 年我国物流总费用 18.2 万亿元，占 GDP 的比重为 14.4%，远高于发达国家。二是利用数字经济来打破贸易保护，畅通地区之间的贸易。数字经济的发展为我国货物和服务在地区之间的流动提供了便利，可以降低库存成本从而降低货物贸易的成本。

切实降低地区、行业之间的劳动力流动成本，为劳动力的流动提供便利条件。一是进一步深化户籍制度改革。东部发达地区的户籍制度需要进一步调整，为劳动力的流入提供便利条件，中西部、东北三省需要为劳动力的流出提供便利条件。二是为人口流动提供保障机制。要加强基本社会保障和医疗保障制度一体化建设，为人口在地区之间的流动提供保障。三是为跨地区、行业灵活就业的新业态人员提供社会保障服务。

深化区域发展，促进区域协调发展。深入实施区域协调发展战略、区域重大战略、主体功能区战略、新型城镇化战略，优化重大生产力布局，构建优势互补、高质量发展的区域经济布局。

（五）加快推进乡村全面振兴，促进城乡融合发展

推进乡村全面振兴，提高农业劳动生产率，降低城乡差距。一是落实城乡融合

发展，畅通城乡要素流动。二是推动乡村产业、人才、文化、生态、组织振兴。三是深化农村土地制度改革，促进土地有序流动。保障进城落户农民合法土地权益，鼓励依法自愿有偿转让。

降低城乡要素流动、产品流动的成本。近几年，我国城乡之间劳动力流动的成本在下降，但还是处于比较高的水平，还有进一步降低的空间。另外，我国城乡资本的流动成本很高，需要加大力度促进城乡之间资本流动，引导社会资本进入农村，提高农村投资水平。

促进我国农村、农业投资水平提升。一是加强农村的基础设施建设，2023 年年末我国城镇化率为 66.16%，还有 33.84% 的人口生活在农村，加大农村的基础设施建设对改善农村的消费和投资环境有重要意义。二是加强农村的新基础设施建设，我国新基础设施建设具有一定的优势，但是存在比较大的城乡差距，如城乡的互联网普及率、新能源基础设施建设等存在差距。通过农村新基建可以拉动农村投资和新消费的增长。

（六）扩大高水平对外开放，形成新的比较优势

发挥我国超大规模市场的吸引力，稳定我国进出口水平。一是坚持在扩大内需战略的同时，实现高水平的外需扩大战略；二是进一步降低关税水平；三是进一步实现多元化的对外进出口战略。

要充分认识到外商投资对我国经济增长的促进作用，把吸引外商投资放在更加重要的位置，落实外资企业优惠措施。改革开放四十多年中，外商投资对我国经济的拉动作用非常明显。在构建新发展格局中要进一步强调外资企业对我国经济的拉动作用。稳步推进制度型开放，主动对标国际高标准经贸规则，深化国内相关领域改革。

大力发展跨境电商，完善跨境电商结构，推广跨境电商的人民币支付。一是优化我国跨境电商结构。2022 年我国跨境电商 B2B 的规模占比达到 75.6%，而 B2C 的规模占比为 24.4%，未来应大力发展 B2C 跨境电商。二是加大我国跨境电商中进口的规模。我国跨境电商中的进口规模不大，2023 年跨境电商进口额为 5483 亿元，同比增长 3.9%，而跨境电商出口额为 1.83 万亿元，同比增长 19.6%。三是在跨境电商中推广人民币的使用，利用跨境电商推进人民币国际化，规避汇率风险。

加强国际合作，形成高水平的开放合作创新产业链。一是加强知识产权的保护与合作，提高我国知识产权的进出口服务贸易。二是加强数字经济国际合作，实现共赢。利用《数字经济伙伴关系协定》，实现跨国电子商务便利化、数据转移自由

化、个人信息安全化，加强人工智能、金融科技等领域的国际合作。三是加快我国金融市场的开放。更高水平的开放需要更高水平的金融服务，国际化的金融服务是我国构建新发展格局的基本要求之一。

（七）加快推进金融强国建设，解决我国企业融资难的问题

加快金融市场改革，构建多层次的金融体系，切实提高直接融资的规模。不同层次的金融机构对应不同类型、不同大小的企业，如中小金融机构服务中小企业的融资。一是拓宽企业融资途径，解决融资难的问题，二是完善我国股票市场改革，解决上市公司融资问题。

推进利率市场化改革，持续释放贷款市场报价利率（LPR）的改革效能。一是加强存款利率监管，充分发挥存款利率市场化调整机制的重要作用，推动利率市场化程度的提高。二是减少对存款和贷款基准利率波动幅度的管制，健全利率走廊体系，促进金融市场稳定健康发展。

规范资本市场，保障居民通过资本市场得到合适的回报。近年来，我国居民的理财回报率明显下降，从2018年的5%左右下降到2022年的2.09%，接近于两年期存款的平均利率（2.1%）。2023年有所回升，达到2.94%，也只是三年期存款的平均利率水平。

应用大数据和系统科学，加快风险预警和评估，实现对资本市场全面的健康监控与预警。目前，我国缺乏对整个资本市场进行有效、全面评估预警的理论与技术，亟需融合大数据技术，研发发现错综复杂市场内的关联机制、异常市场行为检测、风险评估以及健康状态评估等关键理论模型，实现对资本市场系统性风险和健康发展状态全面的监控与预警。

（八）强化居民可支配收入增长目标，不断提高居民可支配收入占GDP比重

强化居民收入增长目标，严格落实居民收入增长与GDP增长基本同步。最近几年我国农村居民收入保持较高的增长，但城镇居民收入的增长一直比GDP的增长速度低，需要特别关注。

完善要素市场分配机制，在初次分配中提高劳动者报酬占GDP比重。继续保持劳动者报酬与GDP增长同步，保证居民工资性收入增长与经济增长同步。

改善居民收入结构，提高居民尤其是农村居民财产性收入占比。要完善资本市场基本制度，保证居民能够通过资本市场增加财产性收入。鼓励财富管理行业的发

展，合理引导居民配置财富资产。进一步加快农村农用地、宅基地改革，让农民通过农用地、宅基地以及各类农产品的流动获得收入。

（九）深入实施人才强国战略，构建与新质生产力发展相适应的人才队伍

打造新型的劳动者队伍，包括能够创造新质生产力的战略人才和能够熟练掌握新质生产资料的应用型人才。一是在基础教育领域引入人工智能、机器人等新技术相关课程，在高等教育研究领域加强人工智能、数字技术等关键技术的研发，鼓励跨学科人才培养，实现关键技术与人才培养的自给。二是完善学科体系，出台培养人工智能、数字技术方面的各类学位项目。三是加大应用型人才的培养力度，鼓励地方高校根据地方产业发展需求，培养符合地方产业发展需求的人才。四是加大在职培训力度，推进制造业相关领域人才的在职培养。五是加大农民工培训力度，助力提升我国农业产业的数字化程度。

推进教育均等化建设，提高我国整体的人力资本水平。一是通过教育水平的不断提高来提高我国整体人力资本水平，促进传统产业的升级。二是推进我国教育均衡化建设，优化全国人才资源的配置，通过高效的劳动力市场信息系统，加强人才在全国范围内合理流动和配置，同时对边远地区和欠发达区域提供人才支持和激励措施。

从五大关键指标看中国式现代化的目标、方向和路径

刘　俏[一]

观点概览

　　本文重点阐释了五大关键指标——全要素生产率及其增速、全球价值链上游程度、居民消费率和可支配收入、常住人口城镇化率与户籍人口城镇化率之间的差异以及"超越 GDP"的经济指标。值得一提的是，光华学者们突破传统 GDP 的局限性，创造性地提出有效 GDP（Effective GDP）的概念，通过调整因子构造出有效 GDP 这一反映中国式现代化本质要求的经济总量衡量指标。

一、两大课题组聚焦重大时代议题

　　党的二十大报告提出"以中国式现代化全面推进中华民族伟大复兴"，特别提到中国式现代化的"五大特征"：中国式现代化是人口规模巨大的现代化，是全体人民共同富裕的现代化，是物质文明和精神文明相协调的现代化，是人与自然和谐共生的现代化，是走和平发展道路的现代化。

　　那么，基于这五大特征的中国式现代化，究竟是什么样的具体图景？实现中国式现代化又需要何种路径选择、做出哪些关键工作部署？

　　为此，光华管理学院的两个课题组分别围绕"中国式现代化发展目标及评价指标体系研究"和"超越 GDP"展开有组织的科研，回应重大时代议题、回应中国式现代化建设。

　　其中，"中国式现代化发展目标及评价指标体系研究"，重点关注中国式现代化指标体系，用 55 个[二]指标从经济、社会、政治、生态四个维度描绘中国式现代化的图景，为未来分阶段目标落实的步骤、重要战略导向和重大政策选择提供参考。

　　"超越 GDP"则是研究反映中国式现代化本质要求的经济总量的衡量指标。该

[一] 刘俏教授在 2024 年 1 月举办的"第二十五届北大光华新年论坛"上代表光华管理学院课题组发布了《中国式现代化目标、方向和路径研究报告》。报告从四个维度——经济、社会、政治、生态，共计 55 个指标来反映中国式现代化的五大特征，并聚焦实现现代化目标亟需关注和解决的重要问题。本文在演讲全文基础上略有修订。

[二] "中国式现代化发展目标及评价指标体系研究"内含 54 个指标，与下文"超越 GDP"指标合计为 55 个。

项研究也是响应联合国秘书长古特雷斯的呼吁，作为构成 2030 可持续发展议程重要的改革举措。目前研究已取得阶段性进展。研究团队在指标构建选取方面突破传统 GDP 指标的局限性，合理延伸了 GDP 的内涵，创造性地提出"GDP 调整因子概念"和"有效 GDP"的概念。

"为更好地推进、实践中国式现代化，理解和把握其目标内涵、发展方向以及路径选择，指标体系的构建十分关键。"展望未来，作者研究团队将根据不同的发展阶段构建不同的指标体系，以反映处于不同发展阶段的国家（地区）的差异性，从而更好地评价不同发展路径下人民的福祉水平，一方面服务于中国式现代化建设，另一方面也将为国际经济社会高质量可持续发展提出科学、可行的政策建议。

二、从五大关键指标理解中国式现代化

根据中国式现代化的五大特征和底层逻辑，在所构建的 55 个指标中再聚焦，可以重点关注以下五个指标，以帮助我们理解和判断中国经济社会到底处于什么样的发展阶段，中国高质量发展存在哪些挑战。

（一）关键指标 1：全要素生产率

党的二十大报告进一步对经济高质量发展提出了迫切且具体的要求，特别强调"着力提高全要素生产率"。提高全要素生产率是促进中国经济增长的主要动力，也是我国未来不断形成新质生产力的源泉。中央财办有关负责人在解读 2023 年中央经济工作会议精神时提到了"新质生产力是以全要素生产率提升为核心标志"。

全要素生产率为何如此重要？其基本逻辑可追溯到"增长理论"。根据罗伯特·索洛提出的索洛模型，一个国家的经济增长可以由要素（资本、劳动力）增长和全要素生产率的增长来解释。改革开放的前三个十年，中国强力推进工业化进程，推动经济增长最重要的驱动因素——全要素生产率的增速一直保持在 4% 左右，而全要素生产率的增长同期贡献了近 40% 的 GDP 增长。这也解释了中国经济为什么在 1980—2009 这三十年能够保持年均 10% 的经济增长。

中国传统意义上的工业化进程进入尾声甚至可以说已经基本结束，中国的全要素生产率增速开始下降，从工业化阶段的年均 4% 逐渐下降到 2% 以内。西方现代化过程中还没有任何一个国家或是经济体在完成了工业化之后还能保持 2.5% 左右的全要素生产率年均增速。以美国为例，美国在 20 世纪六七十年代基本完成工业化进程，美国的全要素生产率增速只维持在 1% 以内，最近几年甚至降至 0.4% 左右，这也解释了为什么美国长期增长率只能维持在 1.5% 左右。

传统观点认为在我国全要素生产率下降到 2% 以下后，我国长期增长率大约为 3% ~4%，将长期面临与西方国家一样的生产率增长的挑战。在本文作者看来，在工业化进程结束后，中国依然能够找到一系列驱动全要素生产率增长的结构性因素，从目前低于 2% 的水平反弹，在未来十几年保持 2.5% 或以上的全要素生产率增速，从而实现 5% 左右的中长期 GDP 增速。对全要素生产率未来增速的判断，很大程度上决定了作者研究团队对中国经济未来增长空间的判断。这也是为什么作者研究团队会选择将全要素生产率增速作为最核心的评价指标的原因。

"在未来十几年，投资很重要。"本文作者在谈到如何保持全要素生产率增长时强调，通过对 1978—2017 这四十年间的数据分析，中国投资率每增长 10 个百分点，会带动整体经济的全要素生产率增长 1.18 个百分点，两者有非常显著的正相关关系。

考虑到中国经济增长模式的特点，聚焦节点行业和节点领域的"政府 + 市场"模式，具有拉动上下游市场主体的巨大能力，因此我们想要保持投资强度，就需要在未来一段时间内，对现在的或是未来的节点行业和节点领域保持一定的投资强度。

2023 年中央经济工作会议在强调发展新质生产力的同时，也提出"打造生物制造、商业航天、低空经济等若干战略性新兴产业，开辟量子、生命科学等未来产业新赛道"。这些行业和领域都有望成为节点行业和节点领域。

通过顶层设计和产业政策，保持投资强度甚至超前投资，引导资源配置在有助于形成推动生产率增长的新的节点行业和领域，进一步解决长期制约经济社会高质量发展的结构性问题。如果在这一过程中发挥好政府投资和政策激励的引导作用，有效带动和激发民间投资、推动各类市场主体不断涌现和创新活力的迸发、发挥市场在资源配置中的决定性作用，那么我国可能面临的生产率增长挑战就有可能得到化解，而经济长期增长的潜能也能顺利释放。

综合来看，全要素生产率提升可依赖的路径主要来自两个：一个是未来战略性新兴产业和未来产业的发展；另一个是进一步解决制度性障碍，通过体制改革和进一步高质量开放，破解制约中国经济增长、制约全要素生产率增速的结构性问题。

（二）关键指标 2：全球价值链

过去几十年，我国积极参加全球的产业分工，成为全球价值链的重要参与者。我国目前全球价值链的参与度高达 62.6%，远高于美国的 46.9% 和日本的 47.8%（均为 2018 年数据）。我们除了关注全球价值链的参与度，更要关注在全球价值链中的位置。如果一国处于全球价值链的中下游，其发展很容易被处于上游的经济体或者国家遏制。

根据测算，2018 年，中国价值链上游程度的取值为 0.01，同期美国为 0.29，德国为 0.14，日本为 0.08。横向比较提醒我们，我们在全球价值链的位置相较于美国等主要工业化国家要相对不利得多。在全球化进展顺利的时代，这可能不是一个很重要的问题，然而，随着国内外环境的剧烈变化，双边、多边关系之间的科技、经济、安全等格局都在发生深刻调整，其重要性就愈发凸显。我们强调产业链供应链的韧性和安全，强调"中国式现代化是走和平发展道路的现代化"，这种情况下中国在全球价值链上的定位非常重要。所以"全球价值链"这一指标本身也是关注现代化进程和发展质量很重要的指标之一。

"中国在全球价值链上的位置需要往上游走，达到日本、德国甚至是美国的水平，未来十几年时间需要做非常多的努力，最重要的就是研发，尤其是在基础研究领域。"从投入总量上看，2022 年，中国研发费用首次突破 3 万亿元，研发强度也达到迄今最高的 2.55%，达到了工业化国家的平均水平，但和同期美国 3.45%、日本 3.26%、德国 3.14% 的水平相比还有较大差距。在基础研究领域，欧美发达国家基础研究投入占研发费用的比例基本稳定在 12% 以上，美国大约为 15%，基础研究投入大幅超过我国。2022 年，我国基础研究经费投入刚刚突破 2 000 亿元，美国用于基础研究的经费换算成人民币应该是 1 万亿元以上，是我们的 5 倍。我国基础研究投入占比 2022 年为 6.3%，仍远低于主要经济体 12%～25% 的水平。因此，在加大总量投入的同时，我国基础研究占研发经费比例相对不足的结构问题也亟待改变。

基础研究是一个国家在全球竞争中真正掌控高点最重要的基础，事关推进我国实现科技高水平自立自强，提升我国在全球价值链的位置。基础研究难度大、周期长、风险高，在这个过程中，需要发挥好财政，尤其是中央财政的积极作用、引导作用，通过发行长期国债等方式将所获资金投入难以仅依靠市场力量的底层、重大、前沿技术创新领域。与此同时，需要充分调动市场力量，进一步完善科技创新估值体系，把基于基础研究带来的社会回报大于资本回报的部分纳入企业估值体系之中，实现对科技创新的估值溢价，以有效激发创新主体投资基础研究的积极性，进而促进全社会实现创新发展。

（三）关键指标 3：居民消费率和可支配收入

从"十四五"规划纲要强调"加快构建以国内大循环为主体、国内国际双循环相互促进的新发展格局"，到党的二十大报告提出"增强国内大循环内生动力和可靠性，提升国际循环质量和水平"，再到中央经济工作会议对于 2024 年扩大国内需求的着重部署，都显示了强大的国内市场和不断提升的居民消费率在中国经济社会发展中的作用越来越重要。

从基本面看，中国现在的居民消费率占 GDP 比重约为 38%～39%。从国际比较看，这一比重与美国约 70%、日本约 65% 的水平相比明显偏低。我的团队预测，随着强大国内市场的形成、消费在经济社会发展中的基础作用的发挥以及居民可支配收入的增加，中国居民消费率在 2035 年将提升至 60% 以上，其中服务消费在总消费中的占比也将提高到 60% 以上。居民消费率对于我们理解中国式现代化的方向，评估中国现代化的进程具有重要意义。

居民消费率偏低背后的关键因素，是居民可支配收入占 GDP 比重过低。2012—2021 年这十年间我国居民可支配收入的 GDP 占比为 42%～45%，大部分年份为 43% 左右，远低于美国同期 70% 的水平。这个指标的全球均值为 60%。在未来，我们能否把这个指标也提高到 60% 甚至更高一些，对评估经济发展的质量有着重要意义。

那么，如何提高居民可支配收入占比？有很多环节可以优化，比如：在国民收入的初次分配中，劳动所得的占比能否提高？在第二次分配中，在税收方面能否以转移支付等形式，增强城乡居民的消费能力？此外，我国目前居民人均财产性收入为人均 GDP 的 4%，远低于美国的 16%。如果我国居民财产性收入达到美国的水平，我们居民可支配收入的 GDP 占比可由目前的 43% 左右提升到 55% 左右，这将极大提升居民消费率水平。

（四）关键指标4："18%到0"，推动乡村振兴和以人为中心的城镇化

收入和发展机会不平等是制约中国现代化进程的痼疾。中国式现代化是全体人民共同富裕的现代化，让现代化建设成果更多更公平地惠及全体人民，是推进全体人民共同富裕的题中要义。这也是我们将"推动乡村振兴和以人为中心的城镇化"作为最重要的指标之一的原因。

中国的收入和机会不平等集中体现为城乡二元结构。党的十八大以来，我国城镇居民与农村居民可支配收入的差距不断缩小。2021 年，我国城镇居民的可支配收入依然是农村居民的 2.5 倍左右。即便在共同富裕示范省浙江，这个数字最低，但也有 1.7 倍的差距。到 2035 年基本实现社会主义现代化之时，这种差距应该降到非常低的比例，才能实现真正意义上的共同富裕。

为什么会有如此大的城乡收入差距？一方面是农业的全要素生产率比较低。2020 年农业附加值在 GDP 中的占比为 7.4%，但是农业就业人口仍然占用 24.6% 的

总就业人口，几乎相当于 7.5 亿总就业人口的四分之一。如此庞大的就业群体贡献比重如此低的附加值，这表明农业全要素生产率水平是较低的，也说明农业改革、乡村振兴迫在眉睫。

根据我的团队的测算，到 2035 年，如果要达到现代化国家的水平，农业就业人口可能要下降到 6% 左右的水平，意味着未来十来年将有 1.4 亿农业就业人口需要跨行业转移。

另一方面，也有农业转移人口市民化程度较低的原因。2021 年，我国户籍人口城镇化率（非农业人口与户籍总人口之比）为 47%，而常住人口城镇化率（在城镇生活六个月以上的人口数与年末总人口之比）为 65%。两者中间有 18 个百分点的差距。这意味着，中国有 2.55 亿人居住在城市，但是没有户籍。加上未来还有 1.4 亿人要从农村转移到城市，总计未来可能有 4 亿人需要在城市里居住下来，完成社会身份的变迁。

当城市有了大量的人口流入，他们的消费对当地的产业结构、公共服务领域的投资效率都将带来影响。比如，在房地产领域，这些新市民首要的选择可能不再是购买商品房，而是考虑保障性住房，或者保障性租赁住房，这就会带来全新的房地产发展模式。

常住人口城镇化率与户籍人口城镇化率 18 个百分点差距能否逐渐减少并最终趋近零，应该成为衡量中国现代化程度的重要指标之一。

（五）关键指标 5："超越 GDP"的经济指标

中国式现代化的五大特征决定了中国经济政策目标体系不应局限于传统 GDP 指标或增速。GDP 是用来衡量一个国家（或地区）经济运行规模的宏观经济指标，具有全面性、系统性、科学性、连贯性、可比性等特点，被广泛应用于政治、经济、外交等领域。曾有经济学者将 GDP 誉为 20 世纪最伟大的发明之一。然而，将 GDP 用作衡量人类福祉的指标并非完美。例如，GDP 无法衡量非物质福利，无法衡量增长的质量，忽略了负外部性问题，在发展中国家的适用性、准确性也受到质疑。

在此背景下，光华管理学院的研究团队采用了类似金融学的研究方法，在指标构建选取方面突破 GDP 的局限性，创造性提出"GDP 调整因子"概念和"有效 GDP"的概念。其中，有效 GDP 反映"理想发展模式"理念下各国的真实发展水平；GDP 调整因子是一系列重要的、衡量人们生活质量或福利水平的指标的函数，可以作为各国发展水平对标"理想发展模式"的折现因子，对 GDP 起到调整、修正的作用。

　　构成 GDP 调整因子的指标体系包括七个方面：劳动生产率、基尼系数、出生时预期寿命、全要素生产率增长（五年平均）、家庭可获得基本公共服务的人口比例、国际贫困线以下的就业人口占比、客运量。需要强调的是，基于以上七个指标且体现中国式现代化发展理念、发展特征的 GDP 调整因子，与联合国 2030 可持续发展目标（SDGs）的 200 多个指标关联性非常高，相比 SDGs 指数的解释力更强，在衡量高质量可持续发展水平的效率上更具优势。研究团队对公开数据的整理和测算得出的初步结果显示，这一方法论对传统 GDP 和现有超越 GDP 指标体系从新的角度进行了补充和改善，创造性地构造了一个衡量人类福祉水平的指标。

　　"超越 GDP" 的经济指标是未来我们评估中国发展水平的一个总汇指标，它体现的是中国式现代化的发展理念、发展方向以及路径。

提升新质生产力的结构性力量

北京大学光华管理学院"'十五五'时期经济社会发展目标指标研究"课题组⊖

观点概览

发展新质生产力是推动高质量发展的内在要求和重要着力点，其核心标志是全要素生产率的大幅提升。2035 年要基本实现社会主义现代化远景目标，要求 GDP 增速保持在 5% 左右，这需要全要素生产率增速从目前的平均 1.8% 甚至更低一些的年增速回归到 2% 甚至更高。

我国存在推动全要素生产率持续增长的动能，包括："再工业化"、"新"基建投资、大国工业、改革开放和高水平社会主义市场体制的建设带来的资源配置效率的提升、碳中和目标的实现等。

预测我国"十五五"期间全要素生产率增速能够从目前低于 1.8% 的水平回归到 2% 以上。基准情形下中国 TFP 年均增速为 2.1%；乐观情况下有望达到 2.4%。如果新质生产力发展未能达到预期效果，加之关键改革举措滞后推出，预测 TFP 增速为 1.5%。

2023 年 9 月，习近平总书记在黑龙江考察时强调，整合科技创新资源，引领发展战略性新兴产业和未来产业，加快形成新质生产力。当前，新一轮科技革命方兴未艾，推动中国式现代化建设，实现高质量发展，需要新质生产力的提升、全要素生产率的增长来做最终驱动。

一、提升全要素生产率增速是推动高质量发展的核心之义和发展新质生产力的核心标志

"新质生产力是由技术革命性突破、生产要素创新性配置、产业深度转型升级而催生的当代先进生产力，它以劳动者、劳动资料、劳动对象及其优化组合的跃升为基本内涵，以全要素生产率提升为核心标志。"⊖党的二十大报告强调"着力提高

⊖ 课题负责人：刘俏；课题组成员：周黎安、陈玉宇、张峥、刘晓蕾、沈俏蔚、滕飞、任菲、仲为国、张庆华、卢瑞昌、翁翕、任润、颜色、唐遥、王辉（应用经济系）、王锐、韩鹏飞、张琳、张佳慧、王贵东、赵子溢。

⊖ 发展新质生产力是推动高质量发展的内在要求和重要着力点，《求是》，2024 年 6 月 1 日。

全要素生产率"，提高全要素生产率是促进国民经济增长的主要动力，也是我国未来不断形成新质生产力的主要努力方向。2024 年 1 月，习近平总书记在主持中共中央政治局第十一次集体学习时系统阐述了新质生产力的理论内涵和主要特征，强调新质生产力具有高科技、高效能、高质量特征，以全要素生产率大幅提升为核心标志。

　　加快形成新质生产力，是新时代新征程上中国式现代化建设的核心支撑。我国经济正处在转变发展方式、优化经济结构、转换增长动力的攻关期，高质量发展是全面实现社会主义现代化国家的首要任务，发展新质生产力是推动高质量发展的内在要求和重要着力点，其核心标志是全要素生产率的大幅提升。

二、工业化进程中的生产率增长是中国经济高速增长的基础

　　20 世纪 50 年代，经济学家罗伯特·索洛（Robert Solow）提出具有规模报酬不变特性的总量生产函数和增长方程，形成了全要素生产率这一概念。全要素生产率是指所有资源的开发利用效率，等同于一定时间内国民经济总产出与要素总投入的比值。全要素生产率增长率并非是指所有要素的生产率增长部分，而是指经济增长中不能归因于有形的生产要素的增长部分，只能用来衡量除去有形生产要素以外的纯技术进步或是资源配置效率提升所引致的生产率增长。因此，全要素生产率增长率是指全部生产要素（包括资本、劳动、土地等）的投入量都不变时，生产量仍能增加的部分。一般认为，全要素生产率有三个来源，分别是效率改善（宏观上国家体制和政策的优化，以及微观上企业科学化管理水平的提升）、技术进步（各种科学技术的发展与应用）以及规模效应（通过增大规模带来经济效益的提高）。

　　改革开放至今，中国经济高速增长，创造了人类经济史上的一个奇迹——1978—2022 这 45 年间，中国 GDP 平均年增速高达 9.1%；即使是 21 世纪第二个十年 GDP 年均增速已经降到 7.54%（2010—2019），中国在这个阶段的绝大部分年份仍然贡献了全球 30% 以上的增长。通过对制造业、出口部门、基建、房地产、公共服务等节点行业和关键领域的高强度投资，加上改革开放带来的人的活力释放，中国快速推进工业化进程，全要素生产率的平均年增速长期保持在 4% 以上，这解释了 1978 年迄今中国平均逾 9% 的经济年增速和超过 1.8 亿个生机勃勃的市场主体的奔涌而出。然而，在 2010 年左右基本完成工业化之后，我国的全要素生产率增速开始下降，最近十年已经降到 1.8% 以下。与生产率增速下滑相伴而来的是传统动能作用式微，具备大规模生产和规模经济特征的产业开始出现产能过剩，而新的节

点行业尚未完全形成，等等。

三、中国经济社会发展的最大挑战——保持全要素生产率增速

经济增长放缓是全球性命题，其集中体现在全要素生产率增速长期停留在低位。根据美国经济学家罗伯特·索洛提出的索洛模型，一个国家的经济增长可以由要素（资本、劳动力）增长和全要素生产率的增速来解释：

$$\Delta GDP = \Delta K + \Delta L + \Delta TFP$$

实证研究显示，全要素生产率增速一般占到一国经济增速的 40% 左右，世界主要经济体增长面临的压力可以由全要素生产率增速的下滑来解释（见表 1-3）。经济学家罗伯特·戈登（Robert Gordon）在《美国增长的起落》（*The Rise and Fall of American Growth*）一书中详细论证：经济增长的驱动力是技术革命带来的生产率提升，而人类历史上最为重大和最能提高生产率的发明比如电和内燃机都已经发生了，技术前沿的停滞再加上逐渐在经济生活中占主导的服务业难以实现机械化和规模经济，一个国家在工业化之后再难维持生产率的持续增长。与罗伯特·戈登的分析一致，我们的研究显示（见表 1-3）：美国等主要工业化国家全要素生产率增速最近十多年已经降到 1% 以内；美国近年全要素生产率的平均年增速只有 0.4%（2013—2019 年）。事实上，美国进入 21 世纪以来 TFP 的年增速大约为 0.7%，考虑到全要素生产率增速对 GDP 增速大约 40% 的贡献率，美国的长期 GDP 增长率大约在 2% 的水平。

表 1-3　各国 TFP 年均增长率　　　　　　　　（%）

时期	加拿大	法国	德国	日本	韩国	英国	美国
1991—2001 年	1.01	0.88	1.23	0.44	3.40	1.46	1.01
2002—2007 年	0.35	0.60	0.68	0.69	3.41	1.29	1.32
2013—2019 年	0.72	0.40	0.59	0.72	1.47	0.40	0.40
2020 年	3.39	-2.41	-1.14	-2.44	0.72	-0.74	0.90

资料来源：课题组分析。

对于发展中国家来说，全要素生产率的提升更是至关重要。我国经济高速增长阶段伴随着工业化进程的推进，资本增长率（ΔK）、劳动力增长率（ΔL）、全要素生产率增长率（ΔTFP）都保持了非常高的水平，合在一起解释了中国长达 40 多年年均 9% 以上的增速（ΔGDP）。一个国家在完成工业化过程中通常能够保持较高的

TFP 增速，而在工业化结束之后，服务业占比大幅提升时，再保持全要素生产率的高速增长就变得比较困难。因为在发展中国家经济快速增长的初级阶段总是伴随着巨大的资本投入和人口红利，但这种依靠资本和劳动力堆积带来的经济增长是无法持续的。人口红利终会消失，人口老龄化问题会导致劳动力投入不再增加，同时资本边际报酬递减，资本积累也会达到饱和，因此需要转变经济发展方式，促进全要素生产率的增长。技术革新、规模经济、生产组织方式及激励机制的创新等推动全要素生产率增长的主要驱动因素，其对生产率增速的边际推动作用在完成工业化之后会逐渐变弱。2010 年我国基本上完成了工业化进程，此后全要素生产率增速在一定程度上有所下降。我国在改革开放的前三个十年全要素生产率增速表现出色，1980—1989 年全要素生产率平均增速为 3.9%，1990—1999 年为 4.7%，2000—2009 年为 4.4%，但 2010—2019 年期间 TFP 增速已经下降到 1.8%（见图 1-6）。

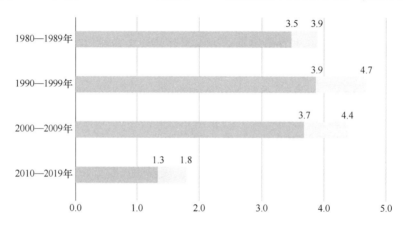

图 1-6 中国全要素生产率年增速（十年平均,%）

注：深色实线数据为光华管理学院课题组测算，浅色虚线数据为根据文献整理的其他学者的测算。

图 1-7 显示了 1979—2022 年间我国 GDP 年增速和全要素生产率年增速情况，两者的相关性系数高达 81%，即全要素生产率增速能够解释 65% 以上的 GDP 增速。两者的相关系数在 1979—2009 年我国全力推动工业化进程、经济高速增长期间更是高达 90% 以上。2035 年要基本实现社会主义现代化远景目标，要求 GDP 增速保持在 5% 左右，这需要全要素生产率增速从目前的平均 1.8%（注：根据我们测算）甚至更低一些的年增速（注：现有文献中相对一致的测算数值为 1.3% 左右）回升到 2% 甚至更高。经济社会高质量发展更多要依靠全要素生产率的提升，这是高质量发展的核心标志。

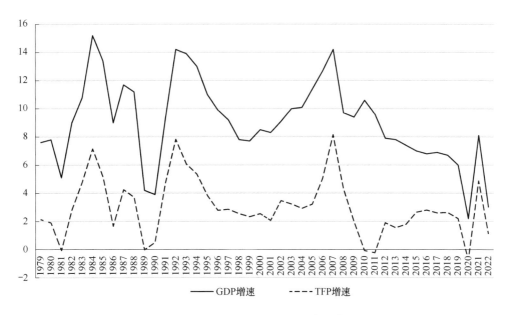

图 1-7　我国 TFP 增速和 GDP 增速历年走势图（%）

资料来源：课题组整理。

四、推动我国全要素生产率持续增长的动能

培育新质生产力要重点关注全要素生产率增速，这是中国经济未来增长这个宏大叙事中最重要的章节。我们的测算显示，到 2035 年我国基本实现社会主义现代化的时候，中国的总量和人均 GDP 大约比 2020 年需要翻一番，在 2035 年前大约需要保持 5% 的 GDP 增速。对于一个现代化的经济体，实证研究显示全要素生产率增长大约贡献 40% 左右的经济增长；在工业化进程结束和人口红利消失的大背景下，我国全要素生产率增速对增长的贡献需要从过去的平均 35% 左右提升到 40% 甚至更高，这就要求未来我国的全要素生产率增速保持在 2% 甚至更高的水平。

从历史演进的视角看，全要素生产率是个内生变量。全要素生产率能否持续增长取决于我们能否找到中国经济新的增长动能以及如何通过有效的政策和更加彻底的改革开放举措释放这些动能。我们的分析显示，推动全要素生产率持续增长的动能是实实在在存在的。

第一，中国仍然拥有"再工业化"所带来的巨大的生产率增长空间。中国的"再工业化"与美国解决生产率增长不足所采取的"再工业化"不同：奥巴马政府和特朗普政府"再工业化"的核心是恢复和发展高端制造业，弥补美国 20 世纪 70 年代以来的"去工业化大潮"所带来的经济"空心化"、失业率上升等问题；而中国的"再工业化"更多指的是"产业的数智化转型",即任何行业都可以通过数智化再做一次。通过5G/6G、大数据、人工智能、大模型等驱动产业的变革,将带来全要素生产率提升的空间。

第二,"新"基建投资——实现再工业化和改善民生所需的基础设施。"新"基建是相较于传统基建而言的,它首先包含"再工业化"的考虑。围绕"再工业化"的"新"基建涉及跟产业变革以及跟产业互联网相配套的基础设施建设,如5G基站、数据中心、云计算设备等。除了上述基建之外,推进中国式现代化也急需继续投资跟民生密切相关的基础设施,比如旧城改造、租赁住房、城市公共设施的投资等。这些领域不仅投资规模可观,而且如果能够通过市场化的方式吸引民营资本投入,是可以进一步提升投资效率和全要素生产率的。

第三,大国工业。我国已经建成全世界最完整的工业门类,制造业的GDP占比达到27%,远远超过美国的11%。虽然我们已建成全世界最完整的工业门类,但是在一些关键的零部件和底层技术上还无法形成"闭环",我们的大国工业还有发展的空间。未来中国的制造业的GDP占比需要维持在23%左右。而大力推进新型工业化,建设制造强国、质量强国、航天强国、交通强国,将为全要素生产率增长带来开阔的空间。

第四,改革开放和高水平社会主义市场体制的建设带来的资源配置效率的提升。全要素生产率增长主要有两个来源:技术变革和资源配置效率提升。除技术变革外,"彻底的改革"和"高水平的开发"能形成一个庞大的制度红利空间,带来资源配置效率提升的巨大空间,从而推动生产率的进一步增长。

第五,碳中和目标的实现。碳中和不仅仅是单纯的能源革命,而是一场比能源革命要更深刻、更彻底的经济社会的系统变革。国际可再生能源署(IRENA)在2021年发布的年度报告中估测,为了达成2015年《巴黎协定》的规定,实现全球平均气温较1850年升高的幅度低于1.5℃,全球需要在2050年实现温室气体净零排放。要实现这一目标,IRENA测算2021—2050年全球的总投资规模至少需要约131万亿美元。我国温室气体排放规模到碳达峰时估计会占到全球的30%。如果将全球实现碳中和所需的131万亿美元投资等比例分配,我国实现碳中和需要投资的规模大约在270万亿~300万亿元,相当于未来三十年每年投资8%左右的GDP。这样的投资强度不仅可以抵消传统节点行业(例如:房地产)投资下滑对经济带来的负面影响,还将通过产业和技术变革带来全要素生产率增速进一步提高的巨大空间。经济增长动能和增长模式剧烈变革的时代已经来临……

基于上述分析，我们预测我国"十五五"期间全要素生产率增速能够从目前低于1.8%的水平回归到2%以上。基准情形下，我们预测我国的TFP年均增速为2.1%；乐观情况下，TFP年均增速有望达到2.4%。如果新质生产力发展未能达到如期效果，加之关键改革举措滞后推出，TFP年均增速可能维持目前水平甚至进一步下降，我们预测其增速为1.5%。

第二部分

实体经济和数字经济融合发展

　　世界经济数字化转型是大势所趋，新的工业革命将深刻重塑人类社会。要紧紧抓住数字技术变革机遇，促进实体经济和数字经济深度融合，为高质量发展提供新动能。

　　本部分深入探讨了数字经济与实体经济的融合趋势及其对中国现代经济体系的影响。首先讨论了数据要素资产化和流通的问题，结合国际国内实践提出了具体的发展建议；其次从多维度视角对数字技术在不同领域的应用进行分析；最后从整体性角度阐述了数字技术重塑经济格局，并展望了数字经济未来的发展方向。

数据资产化的内涵、国际经验及政策建议

翁翕

观点概览

数据资产化是一个多层面的概念，涉及将数据转化为具有经济价值的资产。数据资源化和资产化的过程可分为资源化、产品化和可测化三个阶段，其中产品化和可测化是数据资产化的核心。

具有资产化潜力的数据广泛分布于多个行业，例如银行、IT、零售、医疗保健等，并涵盖车联网、供应链管理和消费者数据等多个类别。随着生成式人工智能技术的发展，数据资产化的需求预计将进一步增长。

全球数据资产化市场正在快速增长，大型企业领先于中小企业，北美市场领先于欧洲市场，但亚洲市场增速最快。欧美发达国家在数据产业发展上领先，但同时也面临数据战略规划与实际执行之间差距较大的问题。

我国数据资产化面临供给不足、需求疲弱和交易成本高的问题。国家层面应统筹推进数据资源化、产品化及入表评估工作，利用刺激性政策促进数据资产的供给和需求，并充分发挥市场的价格发现功能，降低信息不对称水平。

一、数据资产化的具体内涵

数据资产化并不是一个国际公认的概念，在很多方面都处于探索状态，并没有一个统一的定义。现在很多人把数据资产化与数据资源化相提并论，但对数据资源化和数据资产化的具体内涵也有很多不同的理解。

一种是偏经济学的视角，将数据资产化理解为"通过有效使用数据，将其转化为具有可衡量经济价值的资产的过程"。在这个视角下，首先要进行数据资源化，即通过数据采集、数据整理、数据聚合和数据分析等活动，使数据变得可用（类比于石油开采），其次再进行数据资产化，即通过对数据的挖掘和提炼，使之成为具有商业价值的资产（类比于石油炼化）。通常数据可通过以下方式完成资产化：在企业等内部利用数据来提高运营效率或推动创新、向客户提供基于数据的服务或产品、与合作伙伴交换数据、向第三方出售数据或授权数据许可等。

另一种是偏金融学和会计学的视角。在这个视角下，上述的数据资源化和资产

化大都被归于数据资源化的范畴，而数据资产化主要是为了解决数据密集型企业的资产评估和定价问题。比如美国哥伦比亚大学商学院的 Laura Veldkamp 教授就持这种观点，她在 2023 年发表于 *Review of Finance*（《金融评论》）上的论文 Valuing Data as an Asset（《将数据视为资产进行估值》）指出，数字经济中独角兽企业的高估值来自于其所拥有的数据资产，所以需要发展出新的定价工具来衡量数据资产的价值，比如可通过比较使用数据资产之前和之后的业绩指标，包括但不限于收入、成本和风险等，来识别和量化数据资产的潜在投资回报率。

总体而言，可以将数据资源化和资产化的过程划分为三个阶段：一是资源化，开发原始数据并将其组装成数据资源；二是产品化，基于数据资源和市场需求开发相关产品和服务；三是可测化，为每项基于数据的产品或服务确定可交易和测量的计价单位，并将相关交易纳入企业的财务、合规、风控等流程。如果把数据资产化广义理解为阶段二和阶段三的组合，其发展空间巨大，可以说是数据要素市场建设最核心的组成部分。但如果把数据资产化理解为阶段三，其发展空间就依赖于数据资源化和产品化的程度，特别是在没有很好地实现数据产品化的基础上就过分强调资产化，就很有可能导致数据资产泡沫。

公共数据资产化同样亟需区别广义的资产化和狭义的资产化。对于广义的资产化，公共数据资产化可以激发市场活力、提升政务效率、创造社会价值。公共数据资产化可以通过提高企业盈利能力、带动就业、节约政府运行成本等方式，间接增加财政收入。鉴于公共数据的特殊属性，需要更关注其定价和使用主体等问题。

虽然公共数据的运营是非营利性的，但从提高市场配置效率的角度来看，必须支持公共数据的有偿使用。一方面可以补偿公共数据运营成本、激励数据资源开发、提高数据和服务质量，另一方面通过市场价格机制也可以更好地引导政府开发真正有价值的数据产品。但同时公共数据的定价应以成本为参考基准，不应收取过高的使用费用，应允许企业保有一部分通过合规、有效使用公共数据获得的收益，以促进数据价值更加充分地释放，从而为政府部门带来更持续、更广泛的回报。

从保障收益分配公平的角度来看，政府不应为任何市场主体提供独家公共数据服务，同时，在符合法律法规和安全隐私等要求的前提下，也不应将任何主体排除于公共数据的使用之外。对于科研院所和中小微企业，可提供费用减免或无偿使用的选项。对于有较强盈利能力及处于市场支配地位的企业，应通过允许其竞争对手使用相同的公共数据服务，来遏制不正当竞争行为。

但对于狭义的公共数据资产化而言，如前所述，应特别警惕数据资产化前行于数据产品化。这本质上还是需要统筹推进数据资源化、产品化以及数据资源和资产的入表评估各项工作。

在后文的论述中，主要采用广义定义（产品化＋可测化）来理解数据资产化。

二、数据资产化的种类

哪些数据有资产化的潜力？可以参考国家数据局联合 16 个部门共同印发的《"数据要素×"三年行动计划（2024—2026 年)》中提及的 12 个重点行业。在这 12 个重点行业的基础上，还可以参考现在专家们普遍预测认为生成式人工智能（AIGC）技术最有可能被广泛应用的几个领域。AIGC 大模型的训练需要以海量数据为基础，因此在有广阔应用前景的领域中，也最可能催生出数据资产化的需求。

当前有数据资产化潜力的主要行业具体包括：银行、金融服务和保险、IT 和电信、零售和电商、医疗保健、工业制造、传媒和娱乐等。

有资产化潜力的数据主要包括以下几类：

（1）车联网数据：汽车制造商数据、传感器数据、位置、路况、驾驶行为、行程、商家数据、交通规划；

（2）供应链与物流：供应商关系数据、物流数据、库存数据、采购数据；

（3）消费者数据：特征标签、财务习惯、交易行为、社交网络；

（4）商业数据：产品特征、品牌及销售情况、营收及其他财务数据；

（5）地理、遥感和气象数据：位置、导航、气象、卫星数据；

（6）公共数据：人口普查、工商注册信息等。

三、数据资产化的国际经验

国际上，随着数字化转型和云技术应用的加快，数据资产化发展迅速。其中，大型企业领先于中小企业，北美领先于欧洲，亚洲预计增速最快。

Invisibly 公司数据显示，2022 年全球数据资产化总市场价值为 33.8 亿美元，预计到 2028 年将达到 104.1 亿美元，这将由生成的数据量不断增加、数据资产化意识以及商业智能和分析、云计算、区块链、物联网、社交网络和新业务模式等推动。当前，大型企业份额最大，占比 67.6%。中小企业增速更快，复合年增长率可达 29.3%，主要通过云计算等工具降低其数据资产化的成本。北美地区基于物联网和云计算的普及、以及由此产生的数据量激增，为目前最大的数据资产化市场，占全球 32.9%。由于拥有最大的消费者基础和智能手机用户，再加上人工智能、物联网和大数据分析的快速普及，亚太地区被认为将成为增长最快的区域市场。

欧美等发达国家在数据产业的发展、数据产品化程度等方面均大幅领先于我国，因此这些国家都不是特别强调"数据资产"这个概念，对于数据密集型企业也没有特别推行数据资产入表。但因为这些国家均拥有比较完备的资本市场，通过对标行业的标杆企业，也能对数据资产进行比较好的估值。近些年来，一些欧美企业发展的数据资产化案例包括以下几类。

（一）使用数据作为融资抵押品

比如大量美国航空公司利用其会员奖励项目作为抵押品，以应对财务压力，其中美国航空公司（American Airlines）筹集了 100 亿美元，创下了融资纪录。过去需要数月才能完成的数据资产价值评估，现在通过软件和机器学习技术仅需 24 小时。

（二）建立数据交易平台

如 Datarade 或 Eagle Alpha 等数据交易平台，通过连接买家与卖家，并提供推广、销售、数据处理和许可交易等服务，帮助企业更容易地将其数据以产品或服务的形式转化为新的收入来源。

（三）在企业并购估值时开始考虑数据产生的潜在影响

一方面，企业收购中由于误导性的数据资产而导致估值虚高的现象正在受到人们关注。另一方面，初创企业可以通过对数据良好的治理，避免数据价值评估中的阻碍，并在并购谈判中发挥数据资产的重要作用。

此外，国外监管部门如美国 FTC（联邦贸易委员会）最近出台了更严格的对社交媒体、游戏和教育平台利用青少年数据获取收入的政策，以限制基于数据的在线操纵、有目的的令人上瘾的设计以及歧视性营销行为。

欧美发达国家当前在数据资产化方面也面临很多问题和挑战，其中最主要的是数据战略与执行之间存在差距。

IDC 估计，2023 年欧洲约有 95% 的组织使用某种形式的外部数据。然而，最近一项涵盖 34 个国家/地区、400 多家公司的研究显示，只有十二分之一的公司完全将其数据资产化，主要因为大多数公司缺乏收集和存储数据的基础设施。此外，许多公司没有资源或专业知识来分析他们收集的数据并将其转化为可行的业务决策。在 2022 年数据和 AI 领导力高管调查中，New Vantage Partners 调查了 94 名《财富》1 000 强企业高管。调查发现，虽然 64.3% 的组织专注于增长和创新数据计划，但其中只有 26.5% 的公司创建了数据驱动型组织。因此在数据资产化领域我国完全有潜力通过跨越式发展实现弯道超车。

四、当前数据资产化面临的主要问题及对策建议

我国数据资产化面临的最突出问题涉及供给、需求和交易成本三个方面：

一是供给不足。主要体现在企业整体数字化程度不高，数据开发利用及相关技术和服务的费用较高，以及企业数据资产化所需的前期投入的融资难度较大。

二是需求疲弱。主要体现为市场对数据产品和服务的认知不足和付费意愿低，此外也与企业对短期回报的偏好有关。

三是交易成本高。由于数据产品及服务仍处于市场起步阶段，买卖双方均面临投入产出比不确定性较高的问题，与此同时市场尚缺乏有效约束交易双方行为的机制，进一步阻碍了数据价值的发挥与衡量。

鉴于此，国家层面政策和制度供给可以主要围绕以下几个方面开展：

一是统筹推进数据资源化、产品化以及数据资源和资产的入表评估各项工作。比如财政部于 2023 年 8 月 21 日制定印发《企业数据资源相关会计处理暂行规定》，后又公开发布《关于加强数据资产管理的指导意见》。但这两份文件对于数据资源和资产的界定并不明确。数据资源可以入表，但其估值应比较保守以避免资产泡沫；但对已证明了市场价值的数据资产，可以适当基于其市场潜力给予更高估值以激励数据产品的供给。

二是利用刺激性政策促进企业对数据资产的供给和需求。可以考虑的政策工具包括：

（1）加大数字基础设施和科技研发投资，加大云计算、5G、物联网、人工智能应用的使用率，降低企业开发和利用数据的成本。

（2）为企业数字化和数据资产化提供更多信贷、债券、股权等融资工具支持。

三是在各地数据要素流通先行先试中充分发挥市场的价格发现功能，及时汇总并推广量化数据资产的经验做法及相关数据资产价值，为更多的潜在参与者提供参考并降低市场的信息不对称水平。

关于促进数据要素流通的政策建议

宋　洁　王　聪　艾秋媛

观点概览

　　我国数据要素市场面临的问题包括数据供给尚不充分，数据源寻找和匹配方式有待完善；进入市场的安全担忧和技术门槛影响数据的高效流通；贡献确认与收益分配的长效激励机制尚显不足，长期稳定的市场信任有待建立等。

　　促进数据流通交易的政策建议：建立完善的数据登记授权制度，组建数据专区，促进合适的数据主体进入市场；发展以满足业务需求为导向的数据技术体系，保障数据可控、可计量、可流通；构建数商生态，在不同的市场模式中辅助交易评估和信任构建，根据市场长期行为的动态博弈分析设计激励机制。

2024 年，国家数据局印发《数字中国建设 2024 年工作要点清单》，明确了 2024 年数字中国建设的主要方向，其中重点强调了着力打通数据资源大循环堵点。然而，我国数据要素市场化配置尚处于起步阶段，数据流通交易存在一些深层次问题和结构性矛盾，制约着数据要素市场功能的有效发挥，主要体现在数据供给不足和匹配困难、进入市场的安全担忧和技术门槛、缺乏贡献确认与收益分配的长效激励机制等方面。目前，"数据割据"格局已经形成，有价值的数据资源掌握在公共管理与公共服务机构、大型数字平台企业、行业垄断性龙头企业等"数据大户"手中，而社会公众、中小微企业作为数据产生者却沦为"数据贫农"，一定程度上也反映出目前我国数据资源流通的"瓶颈"局面。

数据流通交易理论创新的着力点应放在如何适应数字时代新的价值范式，强化、放大、运用好数据的特性及其价值运动规律，调整数据攸关者关系，构建多元主体共建共治共用共享共赢的数据价值网络，促进数据专区、数据技术、数商生态的发展，力求实现数据攸关主体整体利益达到最优，推动数据流通交易生态可持续发展，促进数据向现实生产力转化。本文立足我国数据流通交易实践环境和全国统一大市场宏大视角，剖析当前数据流通交易所面临的理论困境、技术困境、治理困境及供给侧结构性矛盾等重大现实问题，并提出相应政策建议，以期进一步发挥数据资产活力，释放要素价值。

一、我国数据要素市场现状与问题研判

一是数据供给尚不充分，数据源寻找和匹配方式有待完善。国内数据要素市场发展尚处于初级阶段，数据流通规则和数据供需对接机制未有效建立，尚未形成高效完整的数据产品供应链。以人工智能领域为例，大模型技术取得的突破使人工智能技术正在从"以模型为中心"加速向"以数据为中心"转变。然而，我国已有的部分中文开源数据集在数量上远少于国际英文公开数据集，在模型训练过程中，企业需要花费大量的人力和物力进行数据集采集、清洗和标注，成本较高。目前，在人工智能等许多相关领域，高质量数据集缺乏、数据供给的产业生态不健全、企业数据资源获取成本高等问题依然严峻。

二是进入市场的安全担忧和技术门槛影响数据的高效流通。一方面，数据的安全性和隐私保护问题凸显，在数据流通的过程中，可能存在包括共享交换平台被攻击导致传输数据遭篡改、平台系统被破坏的风险，访问人员造成数据泄露、滥用的风险，对数据流向无法追踪的风险等。尤其是涉及个人隐私和敏感信息的情况下，隐私保护机制不够健全，导致了许多潜在的数据交易受阻。另一方面，不同来源的数据往往以各自独特的标准和格式存在，不同的共享形式对数据的格式、标准等有不同的要求，需要各方技术层面的统一。此外，由于缺乏统一的数据交换协议，数据在不同平台和系统之间的兼容性不足，进而导致数据在流通过程中需要进行烦琐的格式转换和标准匹配，阻碍了数据的高效流通。

三是贡献确认与收益分配的长效激励机制尚显不足，长期稳定的市场信任有待建立。数据流通从"动态博弈"到"价值共创"仍存在难题。首先，数据的真实性和可信度成为一个不容忽视的问题。当前，缺乏统一的数据评估体系，使得数据的质量参差不齐，这使得数据交易的过程中往往伴随着信任危机。其次，参与数据共享需要承担一定的经济成本，包括运营成本和沉没成本，如果在共享数据时无法得到合理的激励和收益分配，那么难以形成稳定的参与和长期的投入。此外，各数据主体之间可能存在多种复杂的竞争与合作关系，其自身的类型与条件使其在数据共享的合作中做出不同的策略选择。

二、关于促进数据流通交易的政策建议

第一，建立完善的数据登记授权制度，组建数据专区，促进合适的数据主体进入市场。一是完善数据登记制度，统分结合，形成涵盖多类权益、服务多级市场、

吸纳多类主体的全国统一登记确权体系。从国家发展改革委价格监测中心对16家主要数据交易所的调研来看，目前场内数据交易中80%以上为数据产品和服务交易。建议鼓励各地持牌经营的数据交易场所建设数据产品登记平台，确保标准统一和登记信息互联互通，实现对数据产品经营权的登记和确权授权。二是组建数据专区，连接数据供给方和需求方。例如，2024年，贵阳大数据交易所继续扩大其数据专区的运营，集结了银行、交通、医疗、时空数据、数据交付等多个行业领域的专家，减少数据供需信息差，并进一步探索"数据专区"运营。截至2024年7月31日，贵阳大数据交易所累计入驻交易市场的主体达到1 424家，累计交易额达到47.87亿元。数据专区一方面帮助数据供需双方迅速匹配，另一方面也方便跨领域扩展数据供给方的来源和数据需求方的数据业务请求。贵阳大数据交易所上线了高质量数据集专区，汇集了近700个高质量数据集，75%为全球首发，目前已有华为、腾讯等头部大模型厂商发出采购需求。三是加大创新探索力度，促进数据主体进入市场。积极开展数据特区、数据委托运营、行业数据市场、数据市场等创新试点。加大财税综合支持力度，扶植具有创新技术应用或商业模式的代表性企业，鼓励自由竞争的市场化流通交易。鼓励企业加大数据产品研发力度，主动创新商业模式，例如，利用大模型技术提升数据标注的效率和准确性，生成高质量的数据产品。大力培育多样、专业的数据服务机构，主动对接数据创新成果、分析数据应用需求、撮合数据流通。研究建立数据价值评价指标体系，从行业、场景等方面切入，开展数据估值定价试点。进一步探索数据要素金融服务体系，提高相关企业的融资效率。

第二，发展以满足业务需求为导向的数据技术体系，保障数据可控、可计量、可流通。一是发展高效能的以大数据技术栈、开源社区为核心的生态系统，以及新兴的数据处理方法。AI技术与数据处理技术相结合降低了技术使用门槛，2024年，AIGC技术的持续创新和应用拓展，进一步巩固了其在数字化转型中的核心地位，不仅使大语言模型的应用更加广泛和深入，而且推动了数据基础设施与AI的深度融合，开启了新的发展空间。以数据库为例，生成式AI在数据库结构设计、架构设计、数据分析挖掘等方面可以不同程度地简化人员操作，提高开发、运维、分析的效率，降低用户使用门槛，更好地助力数据流通。二是强化数据安全与隐私保护措施，发展以人工智能、隐私计算、区块链等为代表的新兴技术，持续护航数据要素安全流通。例如，联邦学习技术能够打破数据孤岛，在保护用户隐私和公司数据的前提下，更好地发挥数据价值。未来，新兴技术将在应用过程中不断融合以适应不同场景下的技术需求，向着更加高效、安全的方向不断发展。三是提出数据标准与交换协议，推动各行业建立通用的数据格式和标准，降低数据格式转换和标准匹配的成本，提升数据流通的效率。数据技术的发展和标准的统一将推动各行业从"有数可用"到"数尽其用"，全场景智能、跨领域协同、数据流通跨域安全管控成为新阶段的发展目标，推动数据要素价值不断向更多应用场景拓展。

第三，构建数商生态，在不同的市场模式中辅助交易评估和信任构建，根据市场长期行为的动态博弈分析设计激励机制。一是支持各类数商积极主动寻找市场定位，构建数商生态体系。例如，数据经纪人是数商生态中的重要角色，承担数据价值洞察、撮合、代理、评估等职责。数据经纪人通过建立数据安全、隐私和保密的共同规则为市场提供信任，解除利益相关者的顾虑。无论是数据存储加工和使用，还是发现客户、达成交易等，科技弱势群体可以委托数据经纪人保护其权益。建议培育并规范更多专业的数据经纪从业人员以及其他数商相关从业人员。二是建立完善的数据评估机制，对数据进行全方位的评估和验证，明确数据的质量等级，提高数据交易的可信度。目前的主流市场模式包括数据技术使能者模式、数据合作社模式和数据信托模式等，在不同模式中需明确数据主体之间的利益关系，建立完善的交易评估方案，保障交易产生的收益按贡献合理分配，从而建立长期的市场信任。三是进行长期市场行为的动态博弈分析，设计支撑稳定数据合作的激励机制。构建基于多主体动态博弈的，旨在降低数据交易成本、提高交易匹配效率的，正向协同、安全可信、监管有效的数据价值网络。通过构建数据价值网络，揭示数据流通从"动态博弈"到"价值共创"的内在逻辑，建立"理论引领-技术赋能-流通生态-价值释放"创新路径，优化数据价值网络空间中数据主体的利益关系。充分了解动态博弈的各方需求，设计有效的激励机制：鼓励企业和个人参与数据产生和共享，可以通过经济激励和政策支持等方式，激发市场主体的积极性和创造性。例如，设立数据共享平台，鼓励企业之间的数据交流和合作。鼓励企业与高校、科研院所等建立产学研合作关系，共同开展数据合作的研究与创新，以期实现基础服务与基础制度的供给，促进数据价值的创造、流通与实现。

垄断平台引流的福利分析

周泽雨　翁　翕　程协南

观点概览

当前政府对平台企业垄断的监管重点放在诸如"大数据杀熟""二选一"等平台流量垄断问题，而对垄断平台流量变现行为的规范性问题涉及较少。

即使平台具有垄断属性，其通过引流行为进行流量变现确实加剧了市场竞争，改善了消费者福利，其存在有重要的福利经济学意义。

在市场细分程度较低时，垄断平台的引流行为导致的效率损失程度相对较低且不随市场细分程度的变化而变化，但在市场细分程度较高时，效率损失程度相对较高且会随市场进一步细分而加大。

同样的引流行为在不同类型市场上对消费者福利的影响不尽相同，应当根据平台涉足市场的不同属性有针对性地进行管理。

一、研究背景

近年来，中国平台经济快速发展，在经济社会发展全局中的地位和作用日益凸显。中国信息通信研究院的研究报告显示，截至 2020 年底，中国价值超 10 亿美元的数字平台企业达 197 家，比 2015 年新增了 133 家，平均以每年新增超 26 家的速度快速扩张；从价值规模看，2015—2020 年，中国超 10 亿美元数字平台的总价值由 7 702 亿美元增长到 35 043 亿美元，年均复合增长率达 35.4%，尤其是在 2020 年全球经济低迷的背景下，实现了 56.3% 的超高速逆势增长。但随着平台经济规模的快速扩张，各类风险与隐患也在不断累积，特别是平台企业形成垄断之后，坐拥流量垄断优势，单方面把控定价权，采取"大数据杀熟"、强制"二选一"等手段实现价格歧视、打压竞争对手、赚取高额利润，损害了入驻商家和消费者权益。

（一）流量垄断与流量变现行为的区分

2019 年 8 月，国务院办公厅印发《关于促进平台经济规范健康发展的指导意见》，标志着国家层面的监管框架正式落地；2020 年底，中央经济工作会议将"强化反垄断和防止资本无序扩张"列为八项重点任务之一；2021 年 2 月 7 日，国务院反垄断委员会制定并发布《关于平台经济领域的反垄断指南》（以下简称《指南》），明确平台经济相关市场以及平台经济领域垄断行为的具体界定标准，旨在预防和制止平台经济领域的垄断行为，促进平台经济规范有序创新健康发展。但《指南》重点关注诸如"大数据杀熟""二选一"等平台流量垄断问题，而对垄断平台各类流量变现行为的规范性问题却涉及较少。

在垄断平台中需要区分两类行为：流量垄断与流量变现。以即时通信软件为例，微信在用户聊天中屏蔽竞争对手企业应用程序的链接分享功能属于流量垄断范畴，而朋友圈广告、发现页红点提示则属于流量变现范畴。流量垄断是实现流量变现的先决条件，但流量变现是流量决策的核心问题之一，因为流量变现是互联网企业关注的营收的核心议题之一，平台需要通过流量变现行为实现垄断收益。

（二）"引流"和有偏推荐对消费者的影响

"引流"是平台流量变现的重要手段之一。例如，消费者通过电商平台购物时，通常要先进行搜索，再从搜索结果的备选项中找寻合意商品、品牌或店铺，最后购入具体商品。在搜索过程中，平台往往会在搜索结果栏比较显眼的位置展示一些广告商品，相当于为广告商企业或店铺引流，而这些广告商品并不一定完全契合消费者的搜索关键词。如消费者输入"耐克"，平台却在醒目搜索位展示"阿迪达斯"。平台在展示搜索结果或者推送内容时向消费者推荐并非与其最适配的产品的行为被称作"有偏推荐"。

有偏推荐导致被引流消费者的偏好与平台提供的商品匹配度较差。当然，这种不匹配并非总是不利于消费者的，或许消费者只知道合意商品的某个代表品牌，但并不了解此类商品的市场，平台在消费者搜索某个特定的品牌名称时，推送其他品牌的商品有助于消费者"货比三家"，筛选出符合预算的最佳商品。这表明，引流对消费者福利的影响不能被简单地概括为单向作用，应当因地制宜地分析。

二、研究方法

本文将回答如下两个问题：一是相较于可行的消费者福利最优水平，垄断平台在流量变现过程中实施的收费引流行为导致了多大程度的效率损失，是否应该对引流费用加以限制；二是平台所处行业的市场属性与该效率损失程度是否有联系、有何种联系，如有联系，应该如何根据市场属性"因地制宜"地制定政策。为了回答上述问题，本文将平台流量变现行为概括为一个基于 Hotelling 模型的动态博弈模型，对模型进行均衡求解，比较静态分析，并进行了福利分析。

三、研究发现和结论

(一) 平台的存在有重要的福利经济学意义

平台通过引流行为进行流量变现确实加剧了市场竞争,改善了消费者福利。平台出现之前,由于企业的垄断行为,消费者被迫以其能接受的最高价格购入商品,消费者剩余严格为零;但在平台出现之后,起码一部分消费者获得了以低于能接受的最高价格购入商品的可能性,消费者剩余的期望为正。这表明,相比于企业完全垄断的情形,即使平台具有垄断属性,其对于市场竞争的促进也有改善消费者福利的积极效应,因此平台的存在有重要的福利经济学意义。

(二) 垄断平台的引流行为在细分程度较高的市场上造成的效率损失高于细分程度较低的市场

对于一部分对"原生企业"忠诚度较高的消费者而言,平台广告展示的另一种备选商品始终是非合意商品,这使得他们即便能够看到平台广告,最后实现的价格依然等同于垄断价格,平台的这种引流行为削弱了对福利的改善。垄断平台的引流行为在细分程度较高的市场上造成的效率损失高于细分程度较低的市场,而且在细分程度较低的市场上,细分程度变化不影响以消费者福利衡量的效率损失程度,但当市场充分细分后,垄断平台的引流行为会在更细分的市场上造成更大的效率损失;当市场细分程度较高时,"原生企业"设置的价格总是等同于垄断价格;而当市场细分程度进一步提升时,平台设置的流量价格上升也会进一步导致对手企业设置更高的商品价格。

(三) 基于引流的流量变现行为导致效率损失的深层来源

在本文的模型中,消费者本应是流量的供应者,但却无法为其定价,反而是平台或企业拥有定价权。由于平台和企业收集用户流量的成本为零,因此消费者福利最大化时也应当有用户流量的价格为零。从这一角度出发,企业完全垄断原生市场的行为可以被拆解为企业率先实现流量垄断并通过销售商品的方式进行流量变现,但企业通过将引流价格制定为正无穷阻止了竞争对手进入市场,从而攫取垄断利润。当平台出现后,平台实现流量垄断后的流量变现方式是引流潜在用户,因此用户流量的价格被拉低至一个相对较低的水平,从而相比于企业完全垄断的情形改善了消费者福利。但由于用户流量价格依然没有回归合理水平,仍导致效率损失。在市场细分水平较高时,平台定价较高,也就侵占了更多的消费者福利,效率损失加剧。

这表明，如果消费者不能够为其流量定价，那么互联网流量就应当通过打破企业垄断、刺激企业竞争的方式来改善消费者福利，而非成为拥有定价权主体的利润来源。

四、政策建议

第一，平台应降低流量费用和中小微经营主体使用门槛。上述研究指出平台通过垄断流量收取过高的流量价格导致效率损失。这有很强的现实政策含义。北京大学光华管理学院课题组的调查显示，在网络交易平台上中小微经营主体占比超过九五成，其中78%为年交易额不超过100万元的微型企业。它们的经营者普遍认同流量对经营情况的显著影响，认为其能够大幅带动销量增长。然而，大部分经营者表示尚未付费购买流量，希望平台能够降低流量费用、简化流程、降低工具操作难度，并提高流量投放的精准度和转化率。

第二，贯彻落实市场监管总局近日发布的《关于引导网络交易平台发挥流量积极作用扶持中小微经营主体发展的意见》（简称《意见》）。《意见》鼓励平台自愿参与、分类施策和创新导向，从平台流量机制、农产品经营主体、特色经营主体、新入驻经营主体以及组织实施等五个方面，提出了流量扶持中小微经营主体的具体指引和建议。

第三，加强对流量这一数字经济新型资源的研究。有效利用流量是我国数字经济高质量发展的关键基石。在未来，学术界应加强对流量这一数字经济新型资源的研究，支撑政策对特定类型企业开展针对性的流量扶持，营造公平有序的线上市场环境，通过激发中小微企业活力实现数实融合发展。

大数据分析在宏观金融领域的应用

——基于中央银行的视角

肖筱林　王汉生

观点概览

文本分析技术在货币政策沟通领域的应用包括：对中央银行的报告、采访和演讲进行文本大数据分析；分析新闻媒体和公众对货币政策的评论，并剖析舆论情绪对金融市场和经济的影响。

基于大数据技术驱动的实时预测和分析，可以更及时地收集数据，涵盖更多的样本数量，也可以给央行提供新的宏观经济预测视角，从而更好地进行经济周期分析。

使用机器学习技术收集和识别金融数据一方面带来了更快、更好、更便宜的金融产品和服务，另一方面也可能扰乱金融格局，增加金融不稳定性，给金融监管带来新的挑战。

一、研究背景

大数据（Big Data）是近年来很受关注的一个领域，新的数字化工具的使用、信息系统的不断更新迭代以及数据采集技术的进步等因素共同导致了海量数据的出现。不同学者、不同领域对大数据或有不同定义，其最大的共同点就是"大"（海量数据）。随之而来的大数据分析（Big Data Analytics），与近年来兴起的人工智能（Artificial Intelligence，AI）技术既有一定的交叉（如机器学习、深度学习等），又形成互补，共同推动了大数据和相关技术在经济社会生活中的推广应用。而伴随着大数据、人工智能、5G、物联网等新技术的崛起以及在经济社会生活中的推广运用，经济生活和市场交换向着更加数字化、自动化、网络化及智能化的方向发展，形成了覆盖经济、社会运行各个方面的大数据生态。这一生态正在影响和重塑公共政策制定和实施的整个过程，其中包括中央银行（简称"央行"）通过货币政策工具来控制利率和货币供给，以实现充分就业和价格稳定等货币政策的终极目标的过程。

在货币政策操作的事前、事中和事后等不同阶段，央行的日常工作包括：收集大量的数据、进行定期的数据分析、宏观经济预测和经济周期分析等；定期发布货币政策报告，并与公众进行沟通；以及基于大量金融数据进行微观金融监管和宏观审慎监管等。因此，基于大数据的时代背景，从央行的视角来看，我们想通过梳理文献研究如下问题：大数据和相关技术的出现对央行的数据收集和分析，尤其是宏观金融领域的相关研究和分析，以及给宏观金融的哪些具体领域带来了新的变化？新的颗粒化的微观金融数据，伴随着新的分析工具，产生了哪些新的有趣的预测和分析结果？是否在货币政策沟通、宏观经济预测以及宏观审慎监管等领域产生了新的应用？与传统的数据和分析方法相比，大数据分析有哪些优势，是否也带来了新的问题、风险和挑战？

二、研究内容及特点

本文基于中央银行的视角，依次对前沿国际和国内文献中大数据和相关技术在货币政策沟通、宏观经济预测和宏观审慎监管等方面的研究进行述评。述评有以下特点：一是述评文献的研究视角和领域不同，即主要基于中央银行的视角，全面梳理大数据分析的前沿国际和国内文献在宏观金融领域的研究；二是涵盖的数据类型更多样，不仅涵盖文本数据，还包括运用电子支付、移动电话、传感器、卫星图像、在线价格和在线搜索等新型数据所进行的宏观金融领域的大数据分析；三是涉及的大数据分析方法更多样，除了文本大数据分析的方法外，还包括宏观经济实时预测和宏观审慎监管涉及的新型大数据分析方法；四是为大数据分析在中国宏观金融领域的应用推广和政策探讨提出了相应的建议。

货币政策沟通是指央行为了向公众传达工作情况、保持政策公开透明和了解公众预期，通过发布定期政策报告、安排人员公开演讲、发表声明和访谈等方式来向市场和公众传达货币政策信息。目前不少学者和央行经济学家已将文本分析技术用于货币政策沟通领域，其中可以从两个方面进行应用：一是对中央银行的报告、采访和演讲进行文本大数据分析，量化央行货币政策沟通对金融市场和政策制定者的影响，以及从央行报告中推断央行立场；二是分析新闻媒体和公众对货币政策的评论，并剖析舆论情绪对金融市场和经济的影响。

在宏观经济预测领域，传统统计方法为了保证数据的准确性，往往依靠定期的抽样调查或全面普查的方法来测量各种经济指标，具有较大的时滞性。相较于传统方法，大数据技术可以更加高频、及时和快速地收集数据并进行分析，甚至能做到"实时预测"（Nowcasting）。站在央行的角度，基于大数据技术驱动的实时预测和分析，一方面可以更及时地收集数据，涵盖更多的样本数量，从而成为传统宏观经济数据的较好补充；另一方面也可以给自身提供新的宏观经济预测视角，从而更好地进行经济周期分析。大数据分析在宏观经济预测方面的应用，包括对GDP、失业率和价格水平的实时预测，以及外汇市场预测的相关内容。

在宏观审慎监管领域，鉴于金融市场对宏观经济的巨大影响和2008年金融危机的惨痛教训，各国普遍强化了央行在宏观审慎监管方面的职责，包括提出新的宏观审慎监管框架，或者从立法的角度明确央行这一新增的职责。与此同时，随着大数据技术的发展，数据存储成本降低、计算机处理能力提高和算法进步，我们使用机器学习技术收集和识别金融数据的能力也发生了变化。这种转变一方面带来了更快、更好、更便宜的金融产品和服务，另一方面也可能扰乱金融格局，增加金融不稳定性，给金融监管带来新的挑战。现有的部分研究文献已将大数据技术应用于宏观审慎监管方面的分析，其中可以进一步细分为宏观审慎监管、金融危机预警和股票市场预测这三个具体方面。

总体而言，近年来大数据分析在宏观金融领域的应用发展迅速，国外文献中的相关研究不断涌现。国内近年来对宏观经济大数据的关注也在不断升温，不少学者也进行了相关研究，但同国际研究相比，还有提升空间。

对比国内外文献，我们可以发现，国内文献主要集中在股票市场分析，而在货币政策沟通、宏观审慎监管、金融危机预测等方面的研究较少。而这些也正是大数据分析技术能够充分发挥作用的领域。

从中国人民银行牵头的金融统计大数据方面的软硬件建设进程来看，宏观金融领域的颗粒化微观数据的收集和整合，以及相关数据库的建设进展很快。但是，从国内研究和实践的现状来看，还有可以提升的空间。

三、大数据分析在中国宏观金融领域应用的建议

关于大数据分析在宏观金融领域的研究，我们提出如下三方面的建议：

第一，强化宏观金融领域的舆情分析，关注和引导公众预期。在当前社交媒体当道，资讯迅猛传播的大数据时代，央行也要与时俱进，考虑使用最新的大数据分析技术和方法，对涉及货币政策和金融市场相关的舆论和公众情绪进行及时的"捕捉"和处理。另外，及时"捕捉"和处理宏观金融领域重要的舆情，其实也是在关注和引导公众预期，是货币政策沟通和传导中的重要环节，也属于前瞻性指引（Forward Guidance）的范畴。2008年国际金融危机后发达经济体普遍实行零利率下

限，为此各国央行不仅加大了常规沟通的力度，还通过低利率承诺引导公众预期，前瞻性指引从而成为中央银行沟通和预期管理的重要方式。中国虽然没有零利率下限的困扰，但可以借鉴发达经济体央行通过各种社交媒体发布和传播货币政策资讯的做法，进而可以通过大数据来进行货币政策沟通事前、事中和事后的相关分析。例如，中国人民银行在 2013 年开设微博账号，2019 年开设微信公众号，通过社交媒体进行货币政策沟通已经有了一定的经验，也为相关的大数据分析提供了基础，但目前相关研究几乎是空白。这方面值得持续关注，今后可以通过文本数据分析或者最新的大数据分析方法来开展相关研究。

第二，对宏观经济重要指标进行实时预测，与传统统计形成良好互补。利用大数据技术进行实时预测（Nowcasting），在发达经济体央行的相关研究中已经大量使用。前文提及，金融市场数据、电子支付数据、移动电话数据、传感器数据、卫星图像数据、在线价格数据、在线搜索数据、文本数据、社交媒体数据等，都可用于宏观经济实时预测，并能与传统统计形成良好互补。截至 2023 年 6 月的数据，中国互联网络信息中心（CNNIC）发布的报告显示，中国互联网网民规模已达 10.79 亿人，互联网普及率达 76.4%。再加上中国目前领先全球的移动支付产业，位居世界前列的数字经济，这些都给大数据分析用于宏观经济指标的实时预测提供了坚实的基础。尤其是与电子支付、移动支付、互联网和社交媒体相关的数据，都是中国大数据的优势所在。目前虽然已有一些国内研究，但还有更多的研究值得进一步推进。

第三，依托数字人民币将来的发行，进一步完善金融统计大数据。中国人民银行前行长易纲在《建设现代中央银行制度》一文中提到，中国人民银行应该"统筹规划金融业综合统计、反洗钱以及金融市场登记托管、清算结算、支付、征信等金融基础设施，推动境内外各类金融基础设施互联互通，构建适应金融双向开放的金融基础设施管理体系"（易纲，2022），这其实是对央行在金融统计大数据方面应起的作用进行的纲领性概括。前文也提及了国内在这方面的最新进展。近年来中国密集试点和推广中的 CBDC，即数字人民币，具体运营采用双层架构，即中国人民银行作为央行向处在第二层的商业银行和其他指定运营机构发行数字人民币，目前十家指定运营的商业银行不仅负责数字人民币的兑换和流通服务，还要承担反洗钱、反恐怖融资等义务，在收集客户重要信息的同时，也肩负着保护客户商业机密、个人隐私、个人信息和交易记录的重任。具体来说，个人和企业通过一家作为指定运营机构的商业银行开设数字人民币账户，相关信息和交易记录只能被该指定银行获取，而不能被同处于第二层的其他运营机构所获取；而中国人民银行作为第一层运营机构，则能收集到来自全部指定运营机构收集的个人信息和交易记录，最终能够形成数字人民币的大数据中心。如前所述，数字人民币的大数据中心在中国人民银行发布的白皮书中也已明确提及（中国人民银行数字人民币研发工作组，2021）。总之，在不远的将来，数字人民币的全面发行以及所依托的双层运营架构，将给中国建设中的金融统计大数据提供更全的数据，也将更便利数字人民币使用的大数据分析以及任何使用数字人民币的相关金融交易的分析。

新时代数字经济发展成就与机遇展望

龚六堂

观点概览

作为建设现代化产业体系的重要组成部分和推动力，数字经济发展速度之快、辐射范围之广、影响程度之深前所未有。

进入新时代，我国数字经济保持快速增长发展态势、规模不断上升，成为推动经济高质量发展、加快构建新发展格局的重要因素。

未来促进我国数字经济发展，需要进一步完善数字经济结构、强化数字人才培养、发展新业态经济、加快培育构建数据要素市场、加强数字经济国际合作，提升我国经济运行质量效益和核心竞争力，拓展经济高质量发展的新空间。

我国数字经济保持快速增长、规模不断上升，成为高质量发展的强劲引擎，2022 年我国 GDP 同比增长 3%，其中信息传输、软件和信息技术服务业增加值同比增长 9.1%，有力地支撑了经济增长；2023 年上半年信息传输、软件和信息技术服务业增加值增长 12.9%，远高于同期 GDP 的增长，支撑了我国经济的恢复。党的二十大报告指出："加快发展数字经济，促进数字经济和实体经济深度融合，打造具有国际竞争力的数字产业集群。"在我国的社会主义现代化建设中，数字经济的发展对促进我国经济高质量发展具有重要意义。

一、我国数字经济快速发展呈现蓬勃活力与无限潜能

第一，我国数字经济快速增长，占 GDP 的比重不断上升。2015 年到 2022 年，我国数字经济规模从 18.6 万亿元上升至 50.2 万亿元，占 GDP 的比重从 2015 年的 27.5% 上升到 2022 年的 41.5%，成为推动经济增长的主要引擎之一。第二，我国数字经济的核心产业水平和产业数字化水平不断上升，规模不断扩大。2017 年至 2022 年，我国数字经济核心产业化规模从 5.2 万亿元上升到 9.2 万亿元。2022 年该数据占整体数字经济规模的 18.3%，占 GDP 的比重为 7.6%。与此同时，产业数字化呈现出加速增长态势，其规模从 21 万亿元增长到 41 万亿元，平均增长 14.3%。2022 年产业数字化规模占数字经济的规模为 81.7%，占 GDP 的比重为 33.9%。第三，我国数字经济基础设施建设处于世界领先水平，已经成为全球机器人最大应用市场。

一方面，截至 2022 年年底，实现行政村、脱贫村通宽带覆盖率达 100%；IPv6 地址资源总量居世界第一，算力规模全球排名第二。截至 2023 年 6 月底，我国已累计建成 5G 基站 293.7 万个。另一方面，我国已经成为全世界人工智能机器人使用的最大市场，根据国际机器人联盟（International Federation of Robotics）的数据，2021 年，中国工业机器人新增装机量达到 21 万台，同比增长 20%；特别是 2020 年全球工业机器人的出货量下降，中国贡献了 16.84 万台，占比近 44%，弥补了世界市场供应不足的情况。同时，从工业机器人的进口来看，2022 年我国工业机器人设备累计出口金额 6.1 亿美元，累计进口金额 20 亿美元，累计贸易逆差为 13.9 亿美元。第四，我国数字经济的信息技术创新能力持续增强。一是 R&D 的投入持续增长。2022 年我国 R&D 经费再创新高，超过 3 万亿元，强度达到 2.55%。二是数字技术创新能力快速提升。我国人工智能、云计算、大数据、区块链、量子信息等新兴技术跻身全球第一梯队。2022 年，我国数字经济核心技术发明专利授权量为 32.5 万件。三是在全球创新指数排名中，我国从 2015 年的第 29 位跃升到 2022 年的第 11 位，并成为全球最大的专利申请来源国。

二、数字经济促进我国经济高质量发展的实践经验

数字经济的高速发展有力地促进了我国经济的高质量发展，我们可从数字经济对我国经济增长的贡献率和促进经济增长的途径来分析。

（一）数字经济成为拉动经济增长的重要引擎

一是数字经济对我国经济的贡献率不断提升。2014—2022 年，数字经济对我国经济增长的贡献率均在 50% 以上，2022 年更是超过 70%，达到 73.6%，数字经济成为推动我国经济增长的重要引擎之一。二是数字经济对经济复苏有重要意义。2022 年我国 GDP 增长 3%，但是信息传输、软件和信息技术服务业增加值同比增长 9.1%，有力地支撑了经济增长；从世界经济来看亦是如此，2020 年全球 GDP 下降 3.3% 左右（IMF 数据），但是全球数字经济在 2020 年同比增长了 2.5 个百分点，有力支撑了经济。

（二）数字经济成为拉动我国内需增长、促进我国数字服务贸易增长、构建新发展格局的重要推动力

一是数字经济赋能消费扩容提质。一方面，数字经济带动网上消费，网上零售规模不断增长。2022 年我国网上零售额达到 13.79 万亿元，同比增长 4.0%，其中

实物商品网上零售额为 11.96 万亿元，占社会消费品零售总额的比重为 27.2%。另一方面，数字技术的发展推进我国支付体系不断完善，为消费扩容升级提供了有力支撑，特别是我国数字人民币的推出更加强了这一优势。根据不完全统计，2022 年我国完成移动支付 1 585.07 亿笔，同比增长 4.81%。截至 2022 年，中国人民银行已在 17 个省市的部分地区开展数字人民币试点。二是产业数字化成为稳增长的引擎，促进了投资水平的提升。数字化促进生活服务业变革，推进服务业发展。从零售、餐饮、旅游到办公、教育、医疗等各类传统服务市场因数字化赋能实现线上线下融合，进一步带动服务业的繁荣发展，促进了企业的投资。数字技术助推中小企业数字化转型。一方面，数字技术成果的应用通过按需付费等形式，帮助中小微企业减少资金成本和时间成本。另一方面，数字技术提供个性化、柔性化定制方案，打通供应链，对接融资资源，实现精细管理和智能决策。三是数字经济有力支撑了我国进出口水平的高质量发展，特别是服务贸易的高质量发展。从2018 年我国货物进出口贸易额超过 30 万亿元到 2022 年超过 42 万亿元，特别是2022 年我国服务贸易达到 5.98 万亿元，其中数字服务贸易占比超过 40%，有力地支撑了我国进出口水平的高质量发展。

（三）数字经济通过提升劳动生产率、降低资源错配、发挥规模优势来促进我国经济高质量发展

一是数字经济与传统的技术进步作用不同。从经济学上讲，过去技术进步一般以哈罗德中性技术进步、希克斯中性技术进步、索洛中性技术进步来划分，通过提升劳动者效率、资本效率来促进经济增长。而现在的数字技术不仅可以提高劳动者和资本的效率，还被作为一种新的生产要素直接参与生产，这本身对经济增长就有促进作用。已有大量研究证明了数字经济对全要素生产率的促进作用：Graetz and Michaels（2018）的研究表明：机器人的使用使年劳动生产率提高了大约 0.36 个百分点，同时也提高了全要素生产率。Acemoglu and Restrepo（2020）的研究指出，自动化的发展会产生自动化深化效应，即对人类劳动所完成的任务产生了替代效应，同时也会增加以前自动化生产中机器的生产率，从而增加对劳动的需求。Furman and Seamans（2018）的研究则显示出人工智能有增加劳动生产率的潜力。

二是数字经济可有效缓解信息不对称，提升资源配置效率。在市场经济中，信息是灵活运作的关键因素，数字技术能有效缓解消费者、企业和政府之间的信息不对称，企业可以根据市场信息进行资源有效配置，从而化解产业链、供应链之间的对接难题，提高生产效率。

三是数字经济可通过精简业务和预测评估来提高生产率。Bartel et al.（2007）的研究表明：一方面，人工智能可以在某些人无法替代的场景中增加劳动强度、降低单位劳动力成本；另一方面，大数据和人工智能可以更好地预测和提高效率。企业在面临不确定性时，需要通过支付成本来弥补对未来预测的误差导致的投资不足或过度。Chase（2013）根据对企业高管访谈研究得出结论：大数据可以简化预测，实现更有效的库存管理。Babinaetal（2020）进一步用简历数据对人工智能在各行业中的预测进行研究。例如摩根大通用人工智能员工模拟不良贷款违约的问题，美孚用人工智能来评估和勘探风险，通用电气在飞机发动机维护中使用人工智能。

四是数字经济作为规模优势的驱动因素，可以更好地发挥规模经济的作用。一方面，作为一种信息产品，数字技术还可以产生过敏效应，即在生产率影响力没有显著提高的情况下，通过数字技术助力大型企业和行业更好更快发展，从而促进公司规模的扩大（Autor et al.，2020）。大数据和人工智能是无形资产（Maryam F. et al.，2019）。Crouzet and Eberly（2019）强调无形资产比实物资产更具有"可伸缩"性。De Ridder（2019）也指出无形资产从可变成本向固定成本的转变，特别是人工智能技术的成功实施在很大程度上依赖于高质量的数据。Fedyk（2016）指出数据是"经济活动的副产品"，这推动了企业规模和企业数据资产之间的正反馈循环，即企业规模越大，其可用的数据资产越多，从而能进一步促进企业规模扩大。另一方面，人工智能还可以帮助企业快速扩大市场份额，增加企业规模。Aghion et al.（2019）认为信息技术等新技术使得企业拓展市场的费用更低，高生产率的公司会向新市场扩张，从而为这些公司带来更高的销售和市场份额。

（四）数字经济可以为企业更好地细分市场，满足市场多元化的需求，促进我国经济高质量发展

数字经济使得通过消费者偏好等数据信息为产品定价成为可能。例如消费公司可能使用机器学习为特定客户打造更专业的产品，从而使自身免受竞争淘汰，并能够收取更高的价格。Maryam F. et al.（2019）研究发现亚马逊等公司利用人工智能来匹配与消费者需求相适应的产品，从而提供更多的定制服务，这使得企业能够根据消费者数据（消费者的人口统计数据）来制定不同的定价策略，这样消费者的个人行为数据（消费者网页浏览历史数据）可以更接近个人需求函数，从而使得企业对不同的消费设计不同价格。如果这种效应存在，那么定制产品（从而降低产品的可替代性）和价格歧视的能力将赋予投资于人工智能的公司更大的市场力量，使其能够提取更多的消费者剩余，给公司带来更高的利润。

（五）数字经济对打破区域壁垒、建设全国统一大市场有促进作用

党的十八大以来，我国统一大市场建设取得了长足发展和明显成效，但我国市场体系等方面还存在以下问题。首先，我国区域间贸易成本和流动成本有待进一步优化。其次，要素在区域间的流动性有待进一步提高。如部分地区劳动流动成本较高。流动人口难以享受居住地的医疗、教育、养老等公共福利，仍需支付较高的迁移成本。最后，有待进一步打破阻碍劳动力流动的不合理壁垒。从农村劳动力的迁移成本来看，劳动力迁往城镇地区的成本整体高于迁往农村地区的成本，且农业户籍劳动力的迁出成本均高于非农户籍劳动力。数字经济可以从要素流动、地区产品流动等方面来降低成本，促进全国统一大市场的建设。

三、当前我国数字经济发展存在的问题

（一）我国三大产业的数字化程度存在差距

中国信息通信研究院发布的《中国数字经济发展白皮书（2023 年）》显示，2022 年，我国农业、制造业和服务业的数字化程度分别是 10.5%、24% 和 44.7%。与此同时，数字经济的整体水平也有待提高。

（二）我国数字经济发展仍然存在区域间发展不平衡的问题

一方面，地区数字经济发展水平不同。从区域经济发展的情况看，经济发展水平较高的长三角地区数字经济规模最大，2020 年该数据约占全国数字经济规模总量的 28%。2021 年京津冀数字经济规模超过 4 万亿元，占全国的 10% 左右。相对而言，东北老工业基地地区和西北地区的数字经济发展速度相对缓慢，未来数字经济发展的区域差距有可能还会扩大。另一方面，区域间产业数字化程度不同。从京津冀地区、长三角地区、粤港澳大湾区和成渝城市群的数据来看，互联网行业的数字化程度都超过了 50%。长三角地区、成渝城市群在电子通信等方面的数字化程度超过了 50%，但是在交通贸易方面，数字化程度只有 20% 左右，在消费品、金融、文化传媒等方面的数字化程度也仅在 25% 左右。

（三）数字化转型中存在人才紧缺问题

数字经济的快速增长加大了对数字经济人才的需求，数字产业岗位需求呈现旺盛趋势，特别是产业数字化带来更大的就业需求。一是我国数字经济人才与数字经济的快速发展之间存在差距。人瑞人才联合德勤中国发布的《产业数字人才研究与发展报告（2023）》估算，我国目前数字化综合人才总体缺口约在 2 500 万 ~ 3 000 万，

按照目前的数字经济的发展趋势，缺口仍将持续放大。《全球数字经济竞争力发展报告（2020）》显示，全球 30 个主要城市中，北京竞争力排第八，但是其数字人才竞争力排在第 23 位，数字人才短板有待补足。

二是我国数字经济人才存在结构性短缺。与其他新技术的特征相似，数字经济作为一项新的技术革命，不仅推动了生产力发展，也将改变不同群体的收入分配结构。数字经济的发展不仅增加了对高技术人才的需求，也提高了技能溢价。首先，高端数字化人才存在缺口。中国劳动和社会保障科学研究院发布的《中国人工智能人才发展报告（2022）》显示，我国人工智能人才存量数约为 94.88 万人，但是其中博士仅占 0.1%，绝大多数是本科（占 68.2%）和硕士（占 9.3%）。2020 年的数据显示，我国拥有大量的初级和中级 AI 人才，但在高级人才尤其是具有深度学习和自然语言处理等领域的顶级人才培养方面，与发达国家相比仍有待提高。其次，数字经济人才总量存在地区差距。目前，我国数字经济人才主要集中在一线城市，猎聘《2021 年数字经济人才白皮书》显示，北京市数字经济人才总量位居全国第一，占比 16.0%，上海占比 15.8%，两个城市合计占比超过 30%。之后是广州，占比 9%，深圳 5.1%，四个城市合计占比超过 45%。从区域来看，长三角地区、京津冀地区和粤港澳大湾区三大城市群占比达到 69.5%，而成渝城市群占比为 6.2%。最后，数字化人才存在行业差距。从人才需求方面来看，2020 年我国数字产业化领域招聘占总招聘人数比重达 24.2%，产业数字化招聘人数占比达到 75.8%。从 2020 年全国数字经济人才行业分布来看，互联网行业数字人才量最大，占比达到 28.6%，其余的机械制造占 16.0%，电子通信占 10.4%，房地产占 10.3%，而消费品行业仅占 6.1%，能源化工占 5.7%，金融占 5.2%，文化传媒占 5.1%，制药医疗占 4.8%，交通贸易仅为 2%，等等。

四、促进数字经济发展的对策建议

（一）进一步提高我国 R&D 投入水平以及产出质量和效率

一是持续提高我国 R&D 投入水平，提升我国全要素生产率。近年我国 R&D 投入不断增加，2022 年 R&D 投入超过 3 万亿元，强度已经达到 2.55%，但是与发达国家的水平还存在差距，还需要依靠持续的 R&D 投入推动全要素生产率的提升。二是不断改善我国 R&D 结构，持续加大基础研究水平。近年我国基础研究经费投入不断加强，为我国原始创新能力不断提升发挥了积极作用，但是 2022 年我国基础研究经费支出占 R&D 经费的比重还只有 6% 左右，仍有待进一步提升。三是我国 R&D

经费的来源结构还需进一步改进。一直以来在我国 R&D 经费投入中企业投入占比较高，这也是我国基础研究占比一直提升不快的原因所在。

（二）进一步完善我国数字经济的结构，促进我国三次产业数字化进一步发展

在我国产业数字化中，第三产业的数字化水平最高，第二产业和农业数字化水平还有较大的提升空间，需要加快推进第二产业和农业数字化。通过数字化促进我国第二产业升级，同时借助数字经济发展优势推进农业农村现代化，提升农业劳动生产率，提升农民收入，缩小城乡差距。

（三）强化数字人才培养，提升劳动供给水平

一是在基础教育领域引入人工智能、机器人等课程，可通过组织开展编程竞赛等方式培养下一代的数字化应用与创新能力。加大对边远地区、脱贫地区等数字化教育薄弱地区的支持力度，可通过远程教育等方式开展教师数字化能力培养，研发更易普及的数字化课程。二是在高等教育领域，扩大数字经济科研规模，积极开展数字经济国际学术交流。在职业培训领域，扩大数字经济相关领域职业培训与继续教育规模，推动企业、技校参与人工智能、大数据、区块链等职业培训。三是促进培训教育资源共享，与高校、科研机构合作构建智力资源池。

（四）大力发展新模式新业态

对数字经济的新模式、新业态坚持"鼓励创新、包容审慎"的原则，鼓励大数据、人工智能、算法开发等新型就业岗位发展，培育壮大基于平台经济、共享经济的新型就业模式。支持传统就业向新兴就业转换，利用弹性化、多元化、灵活化的就业方式防范化解失业风险。扩大从事基础研究的高等院校、研究机构的人员占比，支持数字技术的基础科学与核心技术突破，同时缓解信息技术对于劳动力市场的冲击。

（五）加快培育构建数据要素市场，提高数据供给质量

一是建立更加合理的市场评价机制。可通过制定个人、企业、公共数据分享价值收益的方式，促进劳动者贡献与劳动报酬相匹配，进一步激发市场主体活力。二是健全数据要素由市场评价贡献以及按贡献决定报酬的有效机制。结合数据要素特征优化分配结构，构建公平、高效、激励与规范相结合的数据价值分配机制。三是强化基于数据价值创造和价值实现的激励导向。根据数据产生的价值，为相关市场主体提供激励措施，引导其积极参与数据市场的发展。四是通过多种收益共享方式

平衡利益分配，如采用分红、提成等方式，在数据内容采集、加工、流通、应用等不同环节之间，平衡相关主体的利益分配，实现共赢。

（六）更好发挥政府在数据要素收益分配中的引导调节作用，助力共同富裕

一是加强数据要素收益分配体制机制建设，注重社会公共利益和困难群体的关切，在数据要素收益分配中确保公共利益和困难群体的合理权益，以促进社会公平和共同富裕。二是建立公共数据资源开放收益合理分享机制，激励民营企业依法依规为公共利益服务。如可以推动建立公共数据资源共享机制，鼓励民营企业依托公共数据为社会提供公益服务。三是为大型数据企业积极承担社会责任提供政策支持，增强对困难群体的保障和帮扶，有效应对数字化转型过程中的风险挑战。四是加强数据知识普及和教育培训，提高全社会数字素养，努力消除数字鸿沟，从而促进社会公平，保障民生福祉，实现共同富裕。

（七）在数字经济中加强国际合作共赢

在数字经济发展中，国际合作至关重要。应积极争取加入《数字经济伙伴关系协定》（DEPA）等高标准经贸协议的机会，深化国内相关领域改革，实现跨国电子商务便利化、数据转移自由化、个人信息安全化，加强人工智能、金融科技等领域的国际合作。特别是针对商业和消费者信任、数字身份、新兴趋势和技术、创新与数字经济、中小企业合作、数字包容等方面，可出台负面清单管理制度，构建数字经济新生态。

（八）保障数据安全，防范风险

在数字经济中，关注个人隐私保护和数据安全至关重要。对此，从个人层面，可以通过数字化教育行动提升全民的数字经济素养和技能水平，从个体角度提高个人隐私防护意识。从政府层面，需要切实落实个人隐私保护，加强立法，将数据资源视为私人财产并予以保护。推进个人数据安全相关法律法规的制定，从而提高数据安全水平，防范潜在风险。

第三部分

高水平对外开放和产业链

未来，经济全球化和产业链、价值链的国际连接、国际经济合作，仍将是世界经济发展的必然要求。因此，只有开放的中国，才会成为现代化的中国。

本部分深入剖析了在全球化背景下，中国完善高水平对外开放体制机制的必要性，讨论了如何通过对外开放在全球经济中发挥更加重要的作用，推动构建更加开放、包容、普惠、平衡、共赢的经济全球化。

"中国经济要发展，就要敢于到世界市场的汪洋大海中去游泳。"关于中国企业"走出去"，企业出海的动因与策略、挑战与机遇是本部分的研究重点。对于"产能过剩论"，光华学者严谨审慎地重新审视，并提出具体政策建议。

完善高水平对外开放体制机制

唐 遥

观点概览

党的二十届三中全会深刻总结了中国对外开放的成功经验，强调了高水平开放作为中国式现代化的内在要求，对推进国内改革、体现中国维护全球化的大国担当以及促进构建人类命运共同体具有重要意义。

进一步开放对中国及全球都至关重要，它有助于克服现代化挑战，推动改革与发展，改善全球经济治理，促进世界和平。为实现这一目标，党的二十届三中全会提出了在制度型开放、国际贸易、直接投资、区域开放及共建"一带一路"等方面的政策主张。

党的二十届三中全会的高水平开放政策主张，将中国的对外开放事业推到新的高度，不仅有利于加速中国式现代化的进程，还将为全球经济福祉带来积极影响。通过进一步扩大开放，中国将继续发挥在全球经济中的重要作用，推动构建更加开放、包容、普惠、平衡、共赢的经济全球化，与世界各国共同分享发展机遇和成果。

一、中国对外开放的进程

自1978年党的十一届三中全会以来，中国的对外开放事业取得了巨大的成绩。在国际贸易领域，中国成为世界第一大贸易国，货物贸易量连续七年排名世界第一；中国充分利用国际市场和全球分工推动经济的增长。在绝对贸易额持续增长的同时，贸易的质量不断提高，对经济拉动作用更大的一般贸易占比不断上升，民营企业在出口中的占比持续提高，对加工贸易的依存度下降。

中国大力吸引外商直接投资，旨在引进先进技术、提高管理效率、加快资本积累、增强出口能力。目前，中国是拥有全球第二大外商直接投资存量的国家，对外资开放的行业不断增加。同时，中国成为跨境直接投资的重要来源国，对外直接投资的资本存量也位居世界第二位，中国企业通过绿地投资和国际并购能更好地利用当地的资源、技术和市场发展自身。在发展国际贸易和跨境投资的过程中，中国积极利用国内国外两个市场和两种资源，有力推动了经济的增长。

在四十余年开放成绩的基础上，中国共产党的二十届三中全会明确提出，"开放是中国式现代化的鲜明标识。必须坚持对外开放基本国策，坚持以开放促改革，依托我国超大规模市场优势，在扩大国际合作中提升开放能力，建设更高水平开放型经济新体制。"稳步扩大制度型开放，深化外贸体制改革，深化外商投资和对外投资管理体制改革，优化区域开放布局，完善推进高质量共建"一带一路"机制。

二、进一步开放的重要意义

党的二十届三中全会通过的《中共中央关于进一步全面深化改革　推进中国式现代化的决定》（以下简称《决定》）首先指明了中国经济进一步开放的重要意义和原因。高水平开放是中国式现代化的内在要求，有利于推进国内改革，既体现了中国维护全球化的大国担当，也是促进构建人类命运共同体的实际举措。

第一，中国式现代化需要高质量、制度型的开放。中国式现代化将是人类历史上人口规模最大的现代化进程，面临极大的困难和阻力，因此必须要充分调动和利用国内国外两个市场和两种资源，并在开放合作的基础上提高对资源的利用效率，从资源投入和利用效率方面同时促进经济的高质量发展。中国已经深度融入了产业链和价值链的国际分工，同时，制度型的开放仍然有很大的空间，需要在重点领域的规则、制度、管理和标准方面与高水平的国际规则对接，通过提高开放水平加快中国式现代化的进程。

第二，通过开放促进改革，发展新质生产力，推动高质量发展。改革开放以来，通过开放促进改革一直是一条重要的经验，例如 20 世纪 70 年代末和 80 年代初引进外资为发展非公有制经济提供了制度性的推动力，90 年代为加入世界贸易组织而进行的外贸体制改革，允许生产企业直接从事贸易业务，为国内的制造业发展提供了良好的机遇。发展新质生产力，要求企业在劳动者、劳动资料、劳动对象及其优化组合方面有跃升式的发展。制度型的开放可以促进上述生产要素在国内以及国家间合理流动和优化配置，助力各行业和地区的深化改革与新质生产力的发展。

第三，坚持扩大开放，是中国推动全球化的大国担当。纵观人类历史，跨国的产品、资本、人员和思想交流极大促进了全世界的发展和繁荣。对于在全球化的过程中出现的一些负面影响，正确的解决办法是改善国际经济领域的治理，让全球化更为公平和包容，而不是应激反应式地开倒车。目前，国际上出现了不少单边主义、保护主义的错误做法，作为一个负责任的大国，中国一直站在历史潮流正确的一边。中国建立高水平的对外开放体制，将通过实际行动展示国际经济合作有利于全球发展，并促进全球化往更为普惠包容的方向发展。

第四，高水平开放是构建人类命运共同体的重要途径。中国式现代化是和平发展的现代化，中国不会通过战争、掠夺等手段损害其他国家的利益，而是致力于在和平、发展、合作、共赢的基础上发展与他国的贸易和投资关系。互利共赢的经贸关系，必将促进世界的和平发展。中国是世界上 140 多个国家最大的贸易伙伴，在2008 年全球金融危机之后，中国经济增长对世界增长的贡献率长期保持在 30% 以上，以实际行动为世界各国的经济发展提供了更多的机会。面对变乱交织的国际形势，中国更要推进高水平对外开放，稳定全球产业分工和合作，推进构建人类命运共同体。

三、推进高水平开放的主要任务

党的二十届三中全会的《决定》对于对外开放的主要任务给出了清晰的指引。主要包括扩大制度型开放，深化贸易体制改革，深化双向的直接投资管理体制改革，优化区域开放布局，以及完善推进高质量共建"一带一路"机制。

（一）制度型开放是关键着力点

在 1995 年世界贸易组织成立以来，国际经贸规则进一步演变，其典型代表是《全面与进步跨太平洋伙伴关系协定》和《数字经济伙伴关系协定》。这些新的国际经贸规则具有高水平开放的特性，主要体现在自由化程度高和涉及议题广。

在自由化程度方面，这些协定要求取消货物贸易绝大部分的关税和非关税壁垒，在服务贸易和投资的准入方面采用负面清单。在涉及议题方面，不仅限于传统自由贸易协定涉及的贸易和投资壁垒，还覆盖了国内规制中涉及生产以及合规成本的内容，包括产权保护、产业政策、政府采购、竞争中性、环境标准、劳工权利、金融市场、数据流动等，其核心诉求是追求各国企业有相近的制度环境。

中国要以推进加入《全面与进步跨太平洋伙伴关系协定》和《数字经济伙伴关系协定》为契机，在重点领域进行开放规则的改革和创新，主动作为，实现高水平的对外开放。

首先，要扩大贸易和投资的自由度，更好发挥市场机制的作用。通过提高中国市场的竞争程度，加强中外企业的竞争、交流和合作，促进创新、提高效率，助力中国的供给侧结构性改革。进一步开放贸易和投资，可以更好地利用国内外两个市场两种资源，中国有优势的产品和技术可以输出到更多国家；此外，引进其他国家有优势的产品和技术，对中国的消费和生产都会产生积极的作用。

其次，通过贸易和投资的进一步开放促进中国的内部改革和发展。统筹考虑国内规制和对外开放，有利于中国落实和强化"两个毫不动摇"，在有序竞争中促进国有企业聚焦核心功能，推动外资和民营企业在竞争性经营领域进一步发展；有利于完整、准确、全面贯彻创新、协调、绿色、开放、共享的新发展理念。例如，高水平开放可加强对各类知识产权的保护，这和我国创新引领发展战略的内在要求是一致的。

最后，推进制度型开放要主动作为。在外部环境复杂多变的形势下，加入高水平经贸协定，不是一个一帆风顺、一蹴而就的过程，但也不能被动等待。我国要吸收加入世界贸易组织过程中的经验，主动改革相关制度，使国内相关制度主动对接国际高标准的经贸规则。主动作为有多方面的好处，一是彰显了中国扩大开放的决心，二是为加入高水平经贸协定做好准备，在机遇出现时能及时把握，三是通过尽早开放让中国经济早受益。因此，会议提出要主动、有序扩大商品市场、要素市场、资本市场和劳务市场的开放，尤其要扩大对最不发达国家的单边开放。

（二）深化贸易体制改革

国际贸易作为一种具有悠久历史的经济活动，已经逐步发展出了完善的贸易制度。同时，在国内改革发展、国际形势变化、贸易形态创新的趋势下，贸易体制必须不断发展适应时代的变化，深化贸易体制改革、打造支持贸易强国的政策体系是长期的任务。

第一，在国内方面，要把贸易政策和财政税收、金融政策、产业政策相结合。如前面所讲，高水平的经贸协定涉及国内规制中与生产以及合规成本相关的内容，因此要加强国内相关政策和贸易政策的协调，通过开放促进改革。

第二，在国际贸易环节，要对通关、税务、外汇等环节进行创新。在国际经济领域，中国经济有很多探索和发展的新趋势，包括依托自贸区、自贸港的贸易和投资创新、跨境电商的兴起、人民币国际化的推进，这要求相应的流通和监管制度要不断改革，适应贸易形态的发展。

第三，在国内国际贸易的协调方面，要推进内外贸一体化。通过促进内贸和外贸生产标准的衔接、检验认证的衔接、监管制度的衔接，可以鼓励内贸和外贸产品的标准和质量趋向统一，有利于企业降低经营成本，提高资源配置效率，更高效地开拓和服务于国内和国外两个市场。

第四，统筹安全和发展，建立出口管制和贸易救济制度。在涉及国家安全的领域，要通过出口管制维护国家和人民的根本利益，弥补市场失灵，在安全的基础上实现可持续的、高质量的对外开放。贸易救济制度指的是在贸易导致国内特定行业或者企业受到深度冲击时，政府给予合理保护或者援助的措施，建立透明合理的救济制度，有利于整体经济和社会能公平分享贸易带来的福利改进，避免贸易激化经济社会矛盾。

第五，在货物贸易的优化方面，要抓住中间品贸易、绿色产品贸易的趋势。随着经济发展推动要素价格上升，中国在劳动和土地等要素密集型的产品上的比较优势弱化，产业向供应链价值链的中上游迁移，中间品占出口的比重逐步上升，相关的贸易制度要主动适应这一变化。在新发展理念的指引下，中国在新能源等绿色发展领域的优势不断加强，为世界应对气候变化的努力提供了坚实的技术保障。目前在这一领域也出现了一些保护主义的趋势，中国要积极倡导绿色发展的国际贸易和投资合作，引领国际规则的制定。

第六，大力发展服务贸易，尤其是数字贸易。在国际贸易中，服务贸易的增长速度高于整体贸易，目前我国在旅行、教育、交通运输、知识产权这些服务贸易领域存在比较大的逆差，亟需通过供给侧的改革提高国际竞争力。在服务贸易中，数字形态的贸易是目前和未来的重要增长点，中国的数字贸易发展迅速，但也面临对外开放度不高、规制以管为主、全球规则缺失的发展挑战，因此需要在扩大开放的同时积极参与国际数字贸易规则的建设。

(三) 深化双向的直接投资管理体制改革

中国吸引的外商直接投资存量规模和对外直接投资的规模均位居世界第二，但在一定程度上还存在大而不强的问题，近年还遇到国际逆全球化的影响和挑战，因此需要进一步的改革来提高国际投资方面的开放水平。

首先，要进一步放宽外资准入。2023年，中国吸引外商直接投资的存量相当于中国GDP的20%左右，而美国、日本、德国的这一比例均在40%以上，说明中国在吸引外资方面仍然有很大的空间。就此，三中全会提出要扩大鼓励外商投资产业目录，合理缩减外资准入负面清单，落实全面取消制造业领域外资准入限制措施，推动电信、互联网、教育、文化、医疗等领域有序扩大开放。深化外商投资促进体制机制改革，保障外资企业在要素获取、资质许可、标准制定、政府采购等方面的国民待遇，支持参与产业链上下游配套协作。完善境外人员入境居住、医疗、支付等生活便利制度。

其次，完善对外投资体制机制。随着国内比较优势的动态变化以及国际经济环境的不断调整，中国企业将一些对要素成本和关税敏感的生产环节转移到其他国家，一方面促进企业更好利用和开放国际市场，另一方面有利于国内产业向供应链和价值链的上游发展，整体上有利于高质量发展和高水平开放，有利于强化互利共赢的国际经济合作机制。因此，三中全会提出要完善促进和保障对外投资体制机制，健全对外投资管理服务体系，推动产业链供应链国际合作。

（四）优化区域开放布局

在改革开放 40 多年的进程中，中国的开放路径是从经济特区到沿海开放城市，然后到沿海经济开发区，再到内地。党的十八大以来，我国通过推出中欧班列、陆海新通道等有效的开放措施，进一步形成了陆海内外联动、东西双向相济的新格局，但目前区域开放还存在堵点，需要进一步优化区域开放格局。

区域开放布局要服务于国家的区域发展战略。西部大开发、东北全面振兴、中部地区加快崛起、东部地区加快推进现代化、京津冀协调发展、长三角一体化高质量发展、粤港澳大湾区建设、长江经济带高质量发展、黄河流域生态保护和高质量发展是我国的主要区域发展战略，其开放功能有不同的定位。以粤港澳大湾区为例，其开放重点在于促进拥有不同制度、货币和语言的板块互相开放、融合发展。在具体的举措上，要巩固东部沿海地区的开放先导地位，提高中西部和东北地区的开放水平，同时大力清除区域间的要素流动壁垒，有机结合对外和对内开放。

（五）完善推进高质量共建"一带一路"机制

过去的十多年，"一带一路"已经成为深受欢迎的国际公共品和国际合作平台，参与的国家和国际组织分别为 150 多个和 30 多个。在共建"一带一路"的新阶段，三中全会指出了几个方面的重点工作：继续实施"一带一路"科技创新行动计划，加强绿色发展、数字经济、人工智能、能源、税收、金融、减灾等领域的多边合作平台建设。完善海天网一体化布局，构建"一带一路"立体互联互通网络。统筹推进重大标志性工程和"小而美"民生项目。

四、总结

党的二十届三中全会站在历史和全局的高度，总结了中国对外开放的成功经验，明确指出了进一步扩大开放的必要性，并在制度型开放、国际贸易、直接投资、区域开放、和共建"一带一路"五个领域提出了高屋建瓴的政策主张。落实和贯彻党的二十届三中全会提出的高水平开放的政策，把中国的对外开放事业推到新的高度，必将加速中国式现代化的进程，并为全球经济带来更多福祉。

在双循环的新发展格局下推进经济的国内国际双向开放

唐　遥

观点概览

中国经济的内循环已经在不断加强，而且可以预见这一趋势在未来会延续。

在经济的内循环持续加强的大趋势下，外循环仍会在高质量发展的过程中发挥关键作用，在参与外循环的过程中需要更注重"质"而不是"量"。

搞好国内大循环，要强调做好对内开放，即强调国内各区域市场的进一步开放和联通、加快培育统一的国内大市场。尤其是要通过促进劳动力、资金、土地、知识产权、数据等生产要素的流动，提高经济运行的效率。

近年来，国际环境发生了深刻变化，给我国经济社会发展提出了新的挑战，在这一大变局的背景下，中共中央政治局在 2020 年 5 月提出了"以国内大循环为主体、国内国际双循环互相促进的新发展格局"，正确理解这一新发展格局对我国下一步的经济社会发展至关重要。建立国内国际双循环的新发展格局，本质上要坚持市场在配置资源中的决定性作用，在新的形势和趋势下更好地发挥国内国际两个市场的作用，继续推进国内国际两个方向的市场开放和联通，在新的形势下用新的办法来深化经济改革和扩大对外开放。

双循环的新发展格局强调以国内大循环为主，一方面是经济长期发展规律的客观要求，另一方面是因为在当今的国际环境下需要阶段性地调整工作重心。从经济规律来看，体量小的经济体拥有的资源、要素禀赋和该经济体的实际需求往往存在很大差异，因此对外部的依赖更大；体量大的经济体更有可能依靠国内的供给获得多种生产要素、中间产品和最终产品，例如美国、日本等大型开放经济体，对国际贸易的参与度、对外资的依赖程度都比较低。而随着我国经济体量迅速增大，中国的外贸依存度在 2006 年达到 65% 的峰值后持续下降，2019 年为 35%，外资在固定资产投资中的占比从 1994 年的 15% 左右下降到目前的 1% 以下，"两头在外"的加工贸易占总体贸易的比重从 1999 年的 53% 下降到 2019 年的 25%，这些数据说明中国经济的内循环已经在不断加强，而且可以预见这一趋势在未来会延续。

最近几年，国际经济的发展遇到了一些阶段性的阻力，客观上给经济外循环的效率带来了挑战。其中，新冠病毒的持续流行严重影响了国家间产品、资本和人员的流动，疫情导致的全球经济衰退严重影响了外需；而极少数国家持续推行单边主义政策，阻碍了价值链、产业链和供应链的国际化进程，扰乱了跨境投资等正常的经济金融交往。在这样的形势下，我国有必要进行阶段性的调整，把经济工作的重心更多地放到经济的国内循环上，集中精力解决国内大市场培育中的问题，但这一重心的转变绝不意味着放弃或者不重视外循环。

在经济的内循环持续加强的大趋势下，外循环仍会在高质量发展的过程中发挥关键作用，在参与外循环的过程中需要更注重"质"而不是"量"。充分参与国际分工合作，勇于面对全球最优秀的企业间的竞争，是高质量发展的应有之意。外循环既为高质量发展提供了助力，也提供了一个客观的衡量标杆和外部激励。同时要认识到未来中国的进出口、引进外资金额等指标的增速，很可能会落后于中国经济总量的增速，低于国内市场发展的速度。在不断提高开放水平的同时，不宜强行追求相关对外经贸指标的高速增长。

搞好国内大循环，要强调做好对内开放，即强调国内各区域市场的进一步开放和联通、加快培育统一的国内大市场。尤其是要通过促进劳动力、资金、土地、知识产权、数据等生产要素的流动，提高经济运行的效率。国内大循环是要建立国内统一的循环，不是各个省市建立各自区域的内循环，因此尤其要避免地方和行业打着内循环的旗号行本位主义之实、对市场进行不必要的干预。强大的内循环，不仅可以做强做大中国制造，还可以反过来促进外循环的发展，通过中国市场的体量吸引其他经济体为中国制造，通过对外投资助力中国和世界的共同发展。作为世界重要的消费中心和生产中心之一，中国要不断加强自身经济的全球辐射力，夯实中国经济在全球价值链、产业链和供应链中的关键地位。

党的十九届五中全会提出，"十四五"期间经济发展要"在质量效益明显提升的基础上实现经济持续健康发展"，而到2035年我国要基本实现社会主义现代化远景目标，在经济方面人均国内生产总值达到中等发达国家水平，在对外开放的新格局中形成参与国际合作和竞争的新优势。要实现"十四五"和2035年的经济发展目标，加快形成双循环的发展新格局是重要的实施路径，这要求我国扩大对内和对外的市场开放和准入，动态地优化和整合国内国外两个市场的作用，一方面发挥市场在资源配置中的决定性作用来提高供给侧的体系质量效率，另一方面通过培育统一的国内大市场促进国内需求健康增长。

制造业向东盟转移：挑战与机遇各几何？

唐　遥

观点概览

越南很难取代中国成为"世界工厂"，中国目前面临的挑战主要是提高制造业的质量，使人均产值接近第一梯队国家的水平。

当前中国制造业正朝价值链上游发展，中国和东盟可以在此背景下发挥各自的优势，充分释放《区域全面经济伙伴关系协定》（RCEP）这一区域自贸协议的潜力，加强东亚和东南亚制造业的集团优势。

2022 年 5 月 31 日，一条"越南能否取代中国成为世界工厂"的微博热搜引发广泛讨论，截至当日 17：25，微博数据显示该话题的阅读量已超 8 000 万。根据媒体报道，2022 年 3 月，从出口规模到增速，越南都超过中国深圳。与此同时，美国时任总统拜登在日本东京正式宣布启动"印太经济框架"。分析人士认为，拜登政府鼓吹通过该框架建立一个"适应 21 世纪要求的多边伙伴关系"，实质上是在推动区域国家在供应链、基础设施等方面"去中国化"。于是，有人担忧：中国制造业产业链未来是否可能向东盟国家转移？本文作者在接受媒体采访时对此问题进行了详细解答。

问题一：如何看待制造业向东盟尤其是越南的转移？

自工业革命以来，国际的产业转移是经济历史中的常态。产业转移通过动态的分工调整来提高经济效益、促进全球增长，但也会和一国的整体社会经济目标发生一些矛盾，如造成收入分化、就业流失、对外依赖等问题。在改革开放的过程中，中国通过吸引外商投资、发展出口产业等方式参与国际分工和培育本土企业，嵌入了全球价值链和供应链，获得了巨大的成功。和历史上完成了工业化的主要经济体一样，当前中国也面临产业外迁的挑战。在尊重经济规律的基础上，中国需要权衡发展和安全等多方面的目标，通过主动调整经济制度来优化产业转移的过程。

显而易见，中国要避免制造业过快过早地外迁。由于目前国际政治经济环境复杂多变，中国发展面临更多的外部挑战，稳定制造业对稳定整个宏观经济具有关键的作用。从时间的角度来看，产业的有序转移要求产业升级带来的增量产值能够抵消转移出去的产值，从而稳定制造业的总体规模，为制造业向高水平发展争取时间。从空间的角度来看，由于沿海和中西部地区存在发展水平的显著差异，在相当长的时期内中西部的劳动力和资源为国内制造业的多层次发展提供了空间。

同时要看到在产业转移的过程中，中国和东盟存在很多互利共赢的机会。中国要跨入高收入国家的行列，必然需要逐步降低对劳动密集型产业的依赖，专注于向价值链上游发展，增加单位劳动力创造的价值。在经济增长的过程中，中国的劳动年龄人口已经见顶，同时劳动力的受教育水平不断提高，和东盟国家在劳动力禀赋方面存在互补，产业的合理转移有利于双方发挥各自的优势，充分释放 RCEP 这一区域自贸协议的潜力，加强东亚和东南亚制造业的集团优势。

问题二：越南是否能取代中国成为世界工厂？

近来社会各方普遍关注到越南出口呈现高速增长的趋势，担忧其会替代中国制造业在世界上的地位。但由于一国出口中往往包含了来自其他国家的中间品和服务，衡量一个国家制造业硬实力最好的指标之一是制造业创造的增加值。在这个指标上，目前越南和中国在制造业体量方面的差距很大。根据世界银行公布的数据，2020 年中国制造业创造的增加值占世界的 28.55%，而越南仅占世界的 0.34%，相当于中国的 1.19%。

另外，比较两国的制造业发展水平也需要考虑到越南的发展潜力。我们可以把制造业发展水平处于第一梯队的韩国作为参照对象，韩国的人均制造业产值约是中国的 2.8 倍、越南的 17 倍，韩国的人口数约为越南的一半，韩国的制造业增加值占世界制造业增加值的 3%。假设越南的人均制造业产值达到韩国的水平，那么其占世界制造业的比重会达到 6% 左右。基于这个极端假设的计算表明，越南很难取代中国成为"世界工厂"。长期来看，东盟国家作为一个整体和中国在制造业方面必然存在动态的竞争关系，中国目前面临的挑战主要是提高制造业的质量，使人均产值接近第一梯队国家的水平。

问题三：中国沿海制造业向东盟转移和向中西部转移的优劣对比如何？

中国沿海产业的转移需要"两条腿"走路。东盟国家较中国的中西部具有海运成本、地理区位、关税安排、本地市场潜力等方面的优势，因此部分行业有很强的动机把产能转移到东盟国家，包括对运输成本和关税敏感的行业、大量进口投入品和出口成品的"大进大出"型行业、重视终端市场消费潜力的行业。此外，经过多年的发展，中国已经出现了在技术和品牌方面具备一定全球竞争力的龙头企业，这些优势企业可以通过主动在东盟增加部分生产环节的产能来扩大中国制造业的影响力。

沿海产业向中西部转移，可以依托中国不断扩张和提速的交通基础设施网络，更有效地结合沿海溢出的产业和中西部相对便宜的劳动力和土地要素，服务于中国这个大市场。居住条件优越的中西部城市可以利用其宜居的优势，大力发展为制造业服务的研发、设计等对贸易成本不敏感的生产环节。此外，比起东盟具有的区位优势，中国的中西部在上游基础工业、可再生能源方面具有长期积累的供给优势，在能源等基础产品的国际价格高度波动、碳关税渐行渐近的背景下是稳定制造业的重要因素。

问题四：今后几年中国和东盟的制造业将面临什么样的机遇和挑战？

价值链和供应链区域化、生产低碳化、经济的服务化和数字化是很多发展中国家制造业共同面临的新挑战。全球化近年来出现停滞甚至倒退，价值链和供应链出现了区域化的趋势，中国、美国和德国是世界上三大价值链的中心国家。由于贸易战、新冠疫情和俄乌冲突严重冲击了国际贸易和投资关系，主要国家都注重对供应链进行备份，努力将供应链布局到区域内的友好国家。而个别国家处心积虑地推动供应链"去中国化"。在这个背景下，中国和东盟国家都需要适应这个供应链新趋势，双方有必要建立更强的供应链联系，通过合作稳定东亚和东南亚的生产网络。

在气候变化威胁全球发展的大背景下，低碳化生产是一个长期的趋势。在2022年，欧盟通过了碳排放调节机制，将在2023年开始收集进口的高能耗产品信息，为2026年推出碳关税做准备，碳关税覆盖钢铁、铝、水泥、化肥及电力这五个行业。而欧洲议会环境、公众健康和食品安全委员会进一步建议对有机化学品、塑料、氢和氨增收碳关税。由于这些产品都是重要的基础工业产品，碳关税将会深刻影响制造业的价值链和供应链。中国在可再生能源的生产和应用方面具有较为充分的技术储备和制造产能，应抓住低碳转型的机会，巩固中国在全球价值链中的地位。

在现代的全球价值链中，研发、设计、创意和营销等生产服务业环节对制造业最终产品的价值产生的影响越来越大，而这些现代服务越来越数字化或者可以通过数字方式交付，使得发达国家在这些生产环节持续占据优势。数字形态的贸易，一方面具有交付便捷的特点，其全球化竞争更为激烈，另一方面数字贸易也更容易被贸易保护措施所限制。如何培养在现代服务业中的竞争力、如何平衡数字经济和数据安全等目标，是发展中国家亟须探索的问题。

问题五：中国制造业需要从哪几个方面做出努力，才能稳定总量、提高质量？

一是在中国的劳动力、土地、生态成本持续攀升的背景下，中国需要通过深化经济改革、推进包括低碳转型在内的新基建、加大金融支持力度来系统性地降低制造业成本，增强创新动力。

二是持续扩大开放，进一步消除市场准入的隐性障碍，既要对外资企业开放，也要对民营企业开放。减少政策的不确定性，加强和市场主体的沟通，稳定企业的预期，才能稳定制造业的大盘。

三是推动建设国内统一大市场，既要通过市场化配置土地、资金、人力、数据和知识产权要素来降低制造业成本，又要发挥消费大市场的"吸铁石"作用，让价值链和供应链聚集在中国这个大市场的周围。

四是结合长短期政策，缓解劳动力短缺对制造业的影响。尽快推进乡村振兴政策和灵活用工政策的系统性结合，引导农民在农闲时弹性参加中低技术的制造业。在长期中有序推动人工智能、物联网等数字化技术改造传统制造业，降低制造业对简单劳动的工资成本的敏感度。

五是苦练为制造业服务的研发、信息、金融、商务等现代服务业的"内功"，通过加强服务业的软实力来提升制造业的硬实力。避免把服务业和制造业的发展对立起来、割裂两者相辅相成的关系。

六是调整中西部的经济空间结构，促进中西部地区人口加速聚集到区域内的中心城市和重点城镇，利用可再生能源方面的优势建设低碳和零碳产业园，从而增加中西部在消费需求和要素供给方面的吸引力。通过加强基础设施建设和引导制造业转移，加速发展西南地区作为中国沿海发达地区和东盟之间的经济纽带的功能，实现区域均衡发展。

结语

自 20 世纪 80 年代以来，中国和东盟国家普遍走上了发展外向型经济的道路，注重引进外资、增加出口，双方在融入世界经济的长期努力中形成了竞争和合作并存的局面，促进东亚和东南亚的制造业形成了一个高效的跨国生产网络。正如历史上亚洲金融危机、国际金融危机对这一区域带来冲击一样，后疫情时代的诸多新趋势也会引发本区域的国际生产分工格局的深刻变化。通过系统性降低综合成本、建设统一的供需大市场、统筹发展制造业与服务业、优化制造业的空间布局，中国可以在产业有序转移的过程中动态平衡和东盟之间的竞争与合作关系，实现稳定制造业总量、提高制造业质量的长期目标。

新大航海时代中国企业全球化动因

路江涌

观点概览

　　当今世界政治经济环境复杂，中国企业出海面临政策不确定性、文化差异和竞争压力。新大航海时代为中国企业提供了广阔的发展机遇，同时也带来了诸多挑战。

　　企业全球化动因可从市场寻求、机会寻求和战略资产寻求三个方面探讨。企业全球化动因紧密关联其资源与能力优势，同时深受国家政策支持与制度环境的影响，为其应对全球竞争提供了重要路径。

　　企业全球化区位选择受到 PESTEL 模型（政治、经济、社会、技术、环境、法律）各因素的综合影响。企业需充分利用目标市场的优势，同时应对国际环境变化，以实现全球化的可持续发展。

一、新大航海时代

　　在人类的全球化进程中，15 世纪开始的欧洲大航海时代象征着探索未知的精神，哥伦布的远航开启了西方全球化的序幕。当代中国企业的出海历程与此有着诸多相似性，因而被称为"新大航海时代"。

　　推动大航海时代的主要动因是西方对财富和资源的渴求，中国企业出海源于国内资源有限和产能需求巨大。截至 2021 年，中国人均耕地面积仅为 0.08 公顷，低于全球平均水平⊖。同时，工业增加值持续增长，导致资源需求大幅增加。为了实现经济的可持续发展，中国企业必然通过技术创新，逐步进入全球产业链高端环节。例如，高铁技术出口至40 多个国家，宁德时代和比亚迪在全球动力电池和电动汽车市场中占据领先地位，体现了产业升级与全球化的结合。

　　哥伦布的航行不仅是地理探索，更是建立贸易据点和维护殖民利益的过程。而现代中国企业出海则需在当地建立稳固的运营基础，推动当地经济发展，履行社会责任。以 SHEIN 为例，其在巴西加大供应链本土化投入，计划到 2026 年底，85%

　　⊖ 数据来源：https：//data. worldbank. org/indicator/AG. LND. ARBL. HA. PC？locations = CN。

的销售额来自当地制造商和销售商⊖。这不仅提升了企业竞争力，也促进了当地就业与经济发展，体现了共享与共赢的理念。

当今世界政治经济环境复杂，中国企业出海面临政策不确定性、文化差异和竞争压力。例如，华为在进入美国市场时遭遇政策限制和竞争对手抵制。然而，中国企业凭借坚韧不拔的精神，克服种种困难，持续拓展全球合作关系，提升国际竞争力。这种精神不仅推动了企业全球化，也促进了全球经济的互联互通。

新时代的中国企业家如同大航海时代的探险家，充满梦想与勇气，推动全球化进程，促进文化交流与技术共享。华为在5G领域的全球布局、海尔的本地化运营以及阿里巴巴的跨境电商合作，都是企业家精神的具体体现。这种精神不仅助力企业实现全球化目标，也为全球经济的发展注入新的活力。

新大航海时代为中国企业提供了广阔的发展机遇，同时也带来了诸多挑战。企业管理者需具备全球视野，制定科学的全球化战略，灵活应对国际市场变化。通过探索精神、产业升级、本地化战略与企业家精神，中国企业将在全球化浪潮中持续发展，实现与世界的共赢。

二、企业全球化的业务动因

企业全球化动因可从市场寻求、机会寻求和战略资产寻求三个方面探讨。企业全球化动因紧密关联其资源与能力优势，同时深受国家政策支持与制度环境的影响，为其应对全球竞争提供了重要路径。

（一）市场寻求动因

新兴市场企业通常以其他新兴市场或欠发达经济体为目标，通过低成本生产和规模化运营抢占市场份额。例如，海尔在东南亚、非洲等地建立生产基地，通过本地化生产满足消费者需求。在巴基斯坦，海尔创立海尔-鲁巴经济区，年产240万台家电，提供大量就业机会。海尔还在非洲设厂并布局生态园区，服务中东、非洲及欧洲市场⊜。

通过深刻理解和快速响应本地需求，海尔设计了适合高温地区的空调产品，强化了品牌认同。此外，与当地合作伙伴的紧密合作进一步增强了海尔在这些市场的竞争力。这种市场寻求策略使企业能够迅速满足新市场需求，构建竞争优势。

⊖　数据来源：https：//www.21jingji.com/article/20230423/herald/3c14e57d7d8df2da3217737b59c39c8b.html。

⊜　数据来源：https：//www.haier.com/press-events/news/20231018_216103.shtml。

（二）机会寻求动因

发达国家以其低风险、制度健全的环境吸引新兴市场企业。企业通过进入这些市场可以提升品牌声誉和运营效率。例如，华为自2000年起积极开拓欧洲市场，与当地运营商和机构合作，树立品牌形象并引领技术标准。华为还通过与产业组织的合作推动5G全球标准化，展示了机会寻求型策略的有效性⊖。

发达国家完善的环境可以为新兴市场企业提供技术合作与市场渠道机会，降低运营风险。华为的案例表明，企业可以通过合作弥补技术与市场短板，进一步巩固全球竞争地位。

（三）战略资产寻求动因

战略资产寻求动因主要体现在通过并购或技术合作获取先进技术和品牌资产上。联想收购IBM个人电脑业务是其中的典型案例。联想通过此次收购获取技术、品牌和管理经验，显著提升全球竞争力，并成功跻身高端市场。此后，联想通过整合供应链和品牌资源进一步扩展国际业务⊜。

这种通过获取战略资产实现技术与市场优势的方式，为其他企业提供了借鉴。战略资产不仅增强了企业竞争力，还在一定程度上改变了行业竞争格局。

（四）资源、能力与国家支持的作用

企业全球化离不开资源与能力的支持以及国家政策的推动。企业通过独特资源（如廉价资本与管理能力）形成竞争优势，同时国家提供政策优惠、金融支持及国际合作机会。例如，中国政府的"一带一路"倡议显著降低了企业国际化成本。此外，在战略资产寻求方面，国家的支持至关重要，如中石油通过政府支持在国际能源市场中稳步扩展。

国家支持与企业资源、能力结合，构成企业全球化的核心驱动力，帮助企业降低国际扩展的不确定性并增强竞争力。

（五）全球化动因的多重模型

市场寻求、机会寻求与战略资产寻求形成企业全球化的三个阶段，分别对应不同的资源和能力需求及政策支持。企业在初期以市场寻求为主，通过满足特定需求抢占市场；随后进入机会寻求阶段，通过制度健全的市场提升品牌与运营效率；最后以战略资产寻求为驱动，通过并购等方式实现竞争力飞跃。

⊖ 数据来源：https://www.huawei.com/cn/news/2019/11/5g-x-will-create-a-smart-new-era。

⊜ 数据来源：https://finance.sina.com.cn/jjxw/2024-03-12/doc-inamzwir0634351.shtml。

三、企业全球化区位选择

企业全球化是拓展业务、提升竞争力的重要战略，尤其在新兴经济体背景下，全球化能助力企业提升市场影响力、获取资源与技术，从而增强核心竞争力。PESTEL 模型为分析全球化区位选择提供了系统框架。

（一）政治因素

政治稳定性、政策连续性和外交关系是企业全球化的重要考量因素。政治稳定的国家能够提供更安全的投资环境，风险较低。例如，中国的"一带一路"倡议推动企业在沿线国家投资扩展。中国交通建设集团在"一带一路"框架下积极参与中亚和非洲的基础设施建设，提升了国际市场影响力[一]。反之，政治风险可能对企业构成重大挑战，如华为因地缘政治问题在美国及部分西方国家受到制裁，显示政治环境对企业全球化扩展的深远影响。

（二）经济因素

经济稳定性、市场规模及劳动力成本是企业选择目标市场的核心驱动因素。市场规模与增长潜力能够吸引企业投资，例如海尔借助东南亚地区的经济增长和消费升级扩展业务[二]。在劳动力成本方面，富士康选择印度和越南设立工厂以控制生产成本，但因工人素质及供应链不足，部分生产线最终迁回中国。此外，经济不确定性如汇率波动和通货膨胀可能影响企业盈利能力，企业需密切关注目标市场的经济政策及货币政策。

（三）社会因素

人口结构、文化差异和消费者行为对企业区位选择有直接影响。例如，阿里巴巴进入东南亚市场时，推出本地化的电子支付解决方案，如 Alipay + 当地电子钱包，迎合消费者支付习惯，成功吸引用户。此外，阿里巴巴投资东南亚物流企业，优化电商服务，进一步深化市场布局。

（四）技术因素

技术基础设施和研发支持决定了高科技企业的区位选择。例如，华为在英国剑桥设立光电子研发中心，利用当地技术优势推动创新[三]。华为还与瑞士电信运营商

［一］ 数据来源：https：//www.ccccltd.cn/news/gsyw/202310/t20231019_211032.html。

［二］ 数据来源：https：//zhuanlan.zhihu.com/p/617332447。

［三］ 数据来源：https：//www.huawei.com/cn/news/2020/6/huawei-optoelectronics-rd-manufacturing-centre-cambridge。

合作成立欧洲5G联合创新中心，加速5G应用发展。这些举措表明，企业在技术先进地区设立研发中心可以有效利用科技资源和创新环境，增强竞争力。

（五）环境因素

环境政策与资源条件对企业区位选择影响日益显著。资源密集型企业如中石油在中东和非洲投资以确保长期原材料供应。同时，全球环保政策强化迫使企业承担更多环境责任，例如华为在欧洲市场提供节能环保设备以符合当地环保标准。此外，气候变化风险也会影响企业区位选择，企业需关注供应链中断等潜在问题。

（六）法律因素

知识产权保护、投资法规及劳动法是影响企业全球化的重要法律因素。例如，联想收购 IBM 个人电脑业务时面临严格的知识产权审查，直接影响了并购进程。良好的法律环境可以为企业运营提供保障，而劳动法规的差异可能会增加用工成本和管理难度。企业需确保遵守当地法律以避免法律成本和声誉损失，高科技企业对知识产权保护的要求尤为关键。

总之，企业全球化区位选择受到 PESTEL 模型各因素的综合影响。例如，华为、海尔和中石油等中国企业的全球化扩展战略均体现出这些因素的驱动作用。企业在制定全球化战略时需灵活应对政治、经济及社会优势，同时平衡环境、法律和技术变革带来的挑战。通过系统分析各方面因素，企业能更精准地规划全球化战略，确保其在全球竞争中的长期成功。未来，企业需充分利用目标市场的优势，同时应对国际环境的变化，以实现全球化的可持续发展。

重新审视"产能过剩论"

陈玉宇

观点概览

当前有很大一部分被指为"产能过剩"的供求不平衡，其本质并不是供给过多，而是经济周期性的需求疲弱、总需求不足导致的，需要通过宏观调控政策进行调整。

新技术、新产业出现供求不平衡和超前建设并不能认定为"产能过剩"。现在美欧鼓吹的"产能过剩论""补贴倾销论"指责毫无依据，只是基于本国利益发动贸易争端、实施贸易保护主义措施的借口。

建议尽快与欧美就新能源产品贸易问题展开谈判，同时也要推动我国产业结构调整、转型升级和可持续发展，支持我国企业出海。

一段时间以来，美西方不断炒作中国"产能过剩"论调，宣称中国新能源产品的过剩产能冲击、威胁国际市场，进而对中国采取贸易保护主义措施。究竟什么是"产能过剩"？中国新能源产品出现"产能过剩"了吗？欧美为何指责中国"产能过剩"并对中国新能源产品加征关税？

一、所谓"产能过剩"，很多是需求不足

谈"产能过剩"需要首先明确其基本的含义，"产能过剩"是指实际生产能力超过了市场需求、超过了正常期望水平的状态。简单说，就是产能的供求关系中，供给大于需求。然而，需要注意的是，需求是相当不稳定的因素，宏观经济学研究表明，经济波动一般源于投资需求和消费需求的变动，这些变动将打破原有的、趋于平衡的供求关系。

当前人们对于"产能过剩"的认识存在一定误区，有很大一部分被指为"产能过剩"的供求不平衡，其本质并不是供给过多，而是经济周期性的需求疲弱、总需求不足导致的，需要通过宏观调控政策进行调整，而无论是货币政策还是财政政策，其发力的方向并不是"去产能"，而是"扩内需"。

举例来说，市场主体会根据中长期收入水平、消费偏好等因素预判某些行业、某些产品的需求，这是基于合理的、根本性力量所决定的需求。比如，我国的风电、

光伏、电动汽车等新能源产业，还有我国的基础设施建设等，这些领域的供给并不是过剩的，如果产能不再增长，几年后大概还会出现供不应求，而当下只是需求没有被充分释放。

真正意义上的"产能过剩"，是指随着经济的发展、人们生活水平的提高，对某些领域的产品需求在减少，原有的产品供给出现长期性、结构性、本质性的过剩。一部分行业是绝对量上减少了，比如被淘汰的过时产品，另一部分产品需求在份额上会有所减少，比如需求收入弹性系数小于 1 的产品，这就需要通过市场竞争的力量让低效率企业出清，这时才需要限制产能增长或者"去产能"。

要判断一类产品是否真的是"产能过剩"，主要还是看需求，不仅要看短期需求，也要看中长期需求。其中比较常用的衡量标准就是需求收入弹性系数，其主要衡量消费者对某一种商品或服务的需求量随收入改变的反应程度。当某类产品需求收入弹性系数大于或等于 1 时，即收入增长 10%，需求增长 10% 或更多，这时候该类产品应当扩张产能以满足需求增长；当某类产品需求收入弹性系数处在 0 ~ 1 这一区间时，即收入增长 10%，需求增长大于 0 但小于 10%，这时候该类产品的产能扩张应当减速；当某类产品需求收入弹性系数等于 0 或为负值时，即收入增长 10%，需求不变或负增长，这时候该类产品不仅不应再扩张产能，甚至应当限制、缩减部分存量产能。

以服装纺织品为例，20 世纪 90 年代，我国曾出现过一轮纺织品生产过剩，其根本原因就是人们对于服装产品的需求收入弹性是小于 1 的，对于服装的需求增速慢于收入增长速度。虽然绝对量还在增长，但是其所占的需求份额是在缩小的，因此市场竞争就将变得更加激烈。

十多年前，我国也曾出现过钢铁等原材料的产能过剩，当时一些"地条钢"充斥市场，一些符合国家标准的钢铁企业因为成本所限竞争不过低质低价的小钢铁厂，从而出现了"劣币驱逐良币"的情况。就产能水平来看，"地条钢"不仅短周期是过剩的，放眼 10 年后、20 年后都是过剩的，这时就需要产业结构调整，单靠市场出清这个过程比较慢，因此也需要政策引导。

二、新技术、新产业超前建设不是"产能过剩"

新技术、新产业出现供求不平衡和超前建设并不能认定为"产能过剩"。从长期看，市场对于新产业的产品是有需求的，而且需求会呈现扩张趋势，之所以没有能够立即释放需求，主要是新技术没能与其他短板协调起来，这需要做好相应配套，要有互补性的技术参与。

此外，市场和消费者在认知方面也会有滞后性，接受新技术、新产品也需要一定时间。比如，当前大数据、云计算、人工智能产业飞速发展，市场主体聚焦算力领域建设了智算中心、超算中心，但一些大模型应用还没有成熟落地、算力通信网络支撑也存在薄弱环节，这并不意味着算力中心建设是"产能过剩"，随着产业领域协同发展，这些产能将会得到有效利用。在新技术、新产业领域，适度超前建设是必要的，因此产生的供求不平衡也会经常出现，并不需要太过紧张。

三、中国新能源产品并非"产能过剩"

现在美欧鼓吹的"产能过剩论"和刚刚谈到的供求不平衡完全没有关系，只是基于本国利益发动贸易争端的一种借口。他们不会关心中国的基础设施产能有没有过剩，也不会关心落后淘汰产能有没有过剩。美国前国务卿布林肯一直反复强调，美国将以优势地位为基础与中国保持接触，并寻求"能够掌控未来的发展方向"。在产业端，保持优势地位的方法有两种，一种是自身拼命发展，将其他国家甩开；另一种是在别国发展的路上使绊子，让其发展得慢一点。为了占据"优势地位"，美国禁止向中国出口先进芯片，不允许向中国出口光刻机等先进设备，美国的战略目标很清楚，就是不允许中国的技术更强大。

然而，在新能源领域，美欧却没法通过限制出口达到遏制中国发展的目的。2023 年，中国光伏新增装机规模占全球总量的一半以上，光伏组件、风力发电机等关键部件占全球市场份额的比重约为 70%。中国新能源汽车在全球新能源汽车销售总量中的占比超过三分之二。

为了削弱中国的竞争优势，美欧选择了采用贸易保护措施，而指责中国"产能过剩"就是欧美为实施贸易保护主义措施所找的借口。在国际贸易领域采用这样的方式，已经背离了良性竞争范畴，其本质是一种"劣质竞争"。美欧不愿意承认自身在新能源产业发展中的劣势，反而指责中国的行业比较优势是"产能过剩"，这种逻辑是站不住脚的。美国媒体和评论家经常讽刺美国的产业政策和贸易政策，自身产品竞争不过中国，还不让美国老百姓使用物美价廉的中国产品。

总体上讲，美欧的科研能力、技术实力甚至实验室中的一些尖端前沿领域依然是领先的。中国做对了什么？中国政府用政策支持了新能源市场需求，这个市场激发了新能源产业快速落地应用、迭代，并形成了产业竞争力。以新能源汽车为例，在新能源汽车问世初期，我们的产业政策主要是帮助形成和创造市场需求，而不是把重点放在生产者补贴方面。事实证明，这是成功的。

可以看到，在市场需求的驱动下，中国电动汽车企业依靠持续技术创新，以及完善的产业链、供应链体系和充分的市场竞争快速发展，这不是依靠补贴取得的竞争优势。可见，美欧等关于"产能过剩论""补贴倾销论"的指责毫无依据。

四、政策建议

在国际贸易方面，建议尽快与欧美就新能源产品贸易问题展开谈判，从而避免对方采取贸易保护主义措施，增加双方贸易的负外部性。

与此同时，我国净出口在 GDP 中的占比水平要保持住。2023 年我国出口总额占 GDP 比重为 18.9%，较 2022 年下降了 0.8 个百分点。研究测算认为，16% ~ 25% 是一个比较合理的区间，保持一定的、合理的出口量，对我国产业结构调整、转型升级和可持续发展都有重要意义。

要根据市场规律，在全球范围内为中国企业"走出去"提供政治环境、国际关系环境，让其他国家接受中国的知识和技术转移，就像中国当年接受先进经济体的知识和技术外溢一样。

第四部分

金融体制改革和资本市场

金融是国民经济的血脉。金融能否实现高质量发展，影响中国式现代化建设全局。

本部分聚焦于金融体制改革和资本市场，剖析了积极宏观政策的必要性，提出"国家整体价值-政策空间"的宏观政策框架，探讨了政策框架与经济稳健增长的关联。地方政府金融的现状与挑战、债券违约的区域性影响、小微企业融资解决方案，以及政策对股价同步性的影响等议题也是本部分探讨的重点。对于保障性租赁住房 REITs 这一高质量发展阶段的重大改革举措，本部分深入探讨了其独特价值并提出发展建议。上述研究旨在为理解中国金融体系的现代化转型，打造现代金融机构和市场体系提供理论支持和相关建议。

为什么中国应该实施积极的宏观政策？

——一个基于"国家整体价值—政策空间"假说的政策框架

刘　俏　刘洪林

观点概览

本文提出基于整体价值的宏观政策框架以及具体的政策举措，助力经济回归到稳健增长轨道。

中国的整体价值远远大于 GDP，而且长期经济增速高于公共债务利率，中国具备实施积极宏观政策的巨大空间。

债务与 GDP 之比并不是衡量债务水平最合适的指标。

宏观政策制定必须考虑政策空间，以应对潜在的金融危机发生。政策空间充裕或综合价值较大的国家或经济体可以减少对金德尔伯格—明斯基假说强调的债务融资及随后资产价格暴涨的焦虑，在经济困难时期应实施积极的财政政策和货币政策。

应加大生产性投资以维持经济增长，并确保财政的长期可持续性。在目前的发展阶段，中国应该实施积极的宏观政策。

一、研究背景与意义

在经济下行时是否应该以及在多大程度上能够采取逆周期的宏观政策，在理论和实践层面都有巨大的争议。2008 年国际金融危机爆发后，学界和政策界反思危机成因及应对方略，金德尔伯格和明斯基的观点（下称金德尔伯格—明斯基假说）一跃成为主流，即认为当一个经济体在经历债务快速增长的过程中，信贷快速扩张伴随着资产价格繁荣，可能导致金融危机以及随后几年不断恶化的宏观经济结果。然而，为应对 2008 年因金融危机引致的经济大萧条和 2020 年新冠疫情引发的经济衰退，以美国为代表的很多西方国家普遍采用量化宽松政策。积极的宏观政策虽然缓解了危机对经济社会的冲击，但也带来债务水平的急剧上升和通胀压力的大量累积，引发了财政是否可持续性的激烈争论。

这些争论与中国目前宏观政策制定高度相关。中国全要素增长率（TFP）增速目前已经降到 2% 左右，未来保持经济长期稳定增长势必要求提升 TFP 增速。提升 TFP 增速需要一定强度的投资的支撑，特别是当下中国经济正处于新旧动能转换的阶段。中国经济再工业化、碳中和、破解"卡脖子"技术等都需要大量投资，因此投资在未来很长一段时间仍是中国经济发展的主题之一。与此同时，中国以债务除以 GDP 来衡量的宏观杠杆率攀升速度较快，保持宏观杠杆率稳中有降更是近些年宏观经济政策制定的主导思路。政府通过五年规划、产业政策、举国体制等做法，大力投资推动国民经济增长的节点行业，聚焦解决节点领域的关键问题，这些大量投资产生溢出效应，带动了自身和周边行业大量市场主体的出现，这是中国经济创造奇迹的重要原因，也是未来保持高质量发展的必然要求。在新发展阶段实现有为政府和有效市场更有效率的结合，关键在于对支撑中国经济社会未来稳定发展的节点领域和节点行业保持投资强度甚至超前投资。基于上述讨论，中国如何实施积极的宏观政策以及实施积极宏观政策的空间有多大亟须在政策讨论中予以厘清。

二、"国家整体价值—政策空间"假说与验证

我们提出一个"国家整体价值—政策空间"的政策假说，强调宏观经济政策锚定的宏观变量应该是国家整体价值（存量），而非 GDP（流量）。在分析中，我们将政策空间在操作上粗略地定义为公共债务与 GDP 之比减去公共债务与整体价值之比。设想用一个远大于 GDP 的整体价值代替 GDP 作为分母，一些国家的"宏观杠杆率"可能会下降很多，在这种情况下，积极的宏观政策实际上比保守的宏观政策更为合适。然而，实施积极的宏观政策，人们普遍的担心在于债务泡沫和资产价格泡沫的出现及随后的泡沫破裂有可能导致金融危机（GHSS，2022）。

（一）研究假设

基于对国家整体价值和政策空间的讨论，我们强调一个国家的整体价值能够给该国提供宏观政策空间（例如，政府举债的规模）。一个具有较大政策空间的国家，即使其信贷扩张速度和股票价格快速上升，鉴于该国有足够的政策空间利用逆周期的财政政策或货币政策对冲经济生活中累积的各类风险，那么它爆发金融危机的概率也不高。为此，利用 GHSS（2022）对金融危机可预测性的分析，我们提出如下假说，以此讨论一个国家实施积极宏观经济政策的可能性及前提条件。

假说 1 对于一个国家整体价值远大于 GDP 的经济体而言，即使其信贷扩张速度和资产价格增长速度上升很快，它未来爆发金融危机的概率也不大，即金德尔伯格—明斯基假说对该类经济体不适用。

如果上述假说成立，我们预期国家整体价值和政策空间的作用对于那些投资效率更高的国家会更显著。我们据此假设：

假说 2　TFP 增速较高（投资收益率较高）的经济体实施积极宏观政策的效果更显著。

我们进一步在上述两个假说成立的基础上为我们国家提出以提升整体价值为目标的宏观政策架构和具体政策措施。

（二）验证"国家整体价值—政策空间"假说

验证"国家整体价值—政策空间"假说需要克服的最大的实证挑战在于找到合理的量度国家整体价值的变量。我们用夜间灯光作为基础构建衡量国家整体价值的变量。具体而言，我们通过将美元计价的 GDP 对该国境内夜间灯光平均亮度的一次项及其平方项、国家虚拟变量和年份虚拟变量进行回归，得到 GDP 的增强估计值。我们把它作为衡量整体价值的指标。政策空间定义为公共债务与 GDP 之比减去公共债务与国家整体价值之比。

我们在政策空间变量的基础上构建了哑变量，将该政策空间哑变量及若干交乘项添加进 GHSS 模型中，验证假说 1。在 GHSS（2022）模型中，当一个经济体同时经历信贷快速扩张和资产价格暴涨时，未来三年发生金融危机的概率为 32%；然而，在我们的模型中，当一个经济体有足够的政策空间时，即使它同时经历信贷快速扩张和资产价格暴涨，未来三年发生金融危机的可能性也很低（3%），而且统计意义上并不显著。

我们分别在基于 TFP 增长率和资本配置弹性构造的子样本中进行了分析，验证了假说 2。具体而言，在 TFP 平均增长率较低的组中，尽管政策空间确实有助于将危机在未来三年内到来的概率降低 26.3%，但系数和在 1% 的水平上仍然显著；而在 TFP 平均增长率较高的组中，在存在政策空间的情况下相应概率降低了 21.1%，并且系数和在 1% 的水平上不再显著。总体而言，TFP 平均增长率在降低未来几年发生危机的可能性方面与政策空间发挥了互补作用。在资本配置弹性较低的组中，虽然政策空间有助于将危机在未来三年内到来的概率降低 31.6%，但系数和不是很低。在资本配置弹性较高的组中，增加政策空间变量后，相应概率不仅下降了 36.5%，而且其水平甚至低于零且在 1% 的水平上显著。

三、研究发现

本文研究发现，金德尔伯格—明斯基假说并不适用于那些整体价值远大于

GDP、政策空间充足的国家。由此推断，那些政策空间更大的国家，更容易承担相对较高的负债率，因而更有条件采取更为积极的宏观政策。而且，TFP 增速和企业投资效率较高的经济体实施积极宏观政策的效果更显著。

保持经济适度增长是及时偿还债务的根本保障。当大量的政府债务是用于促进潜在增长的物质资本或人力资本的生产性投资时，才能更有效地促进经济增长。因此，我们进一步考虑投资效率，以确保积极宏观政策的可持续性。基于对 TFP 的增长率和资本配置弹性构造的子样本的分析，我们发现政策空间降低金融危机可预测性的能力在较高值的子样本中更强。上述证据表明，充足的政策空间加上促进增长的投资有助于降低未来金融危机发生的可能性，即那些政策空间充沛、投资效率比较高的国家或经济体更适宜采用积极的宏观政策去推动经济社会发展。

我国的整体价值无疑远高于 GDP。此外，我国公共债务的融资成本（例如，国债利率）长期小于实体经济增长速度。虽然近年有所下降，但我国 TFP 的增速仍大幅超过服务业占主导的美国等主要发达经济体。当我国的宏观经济政策不再锚定 GDP，而是国家整体价值时，我们实施积极财政政策和货币政策的空间就会立即显现。

四、政策建议

中国宏观政策目标体系不应局限于当期的 GDP 或是当前的 GDP 增速，而是应该转向几个"有利于"：有利于经济发展新动能的出现，有利于生态文明建设及碳中和目标的实现，有利于经济保持一定的增速，有利于 1.6 亿个市场主体的活力；长远讲，有利于国家整体价值的提升，有利于强大的国家核心竞争力的形成。据此，我们应该以更加积极的政策取向去思考中国未来宏观政策的总体架构，在货币政策传导机制尚有阻滞的情况下，采取更为积极的财政政策，充分发挥市场在资源配置中的决定性作用，更好地发挥政府的作用，聚焦经济社会发展中的节点行业和关键领域，解决现代化建设过程中的难点和堵点。积极经济政策带来的增长空间和价值附加，短期内有利于稳定经济、激发市场主体活力，中长期内将极大地推进中国经济社会的高质量发展。

第一，财政政策统领，以更大的力度推进长期国债或者专项债的发行。如上所述，我国具备积极财政政策实施空间，而且居民个人、家庭有超过 200 万亿元可用于各类投资。未来可以考虑大幅增加国债的发行规模，特别是创新性地大规模发行长期国债或是专项债（例如，30 年期国债、38 年期的碳中和债），为积极的财政政策提供资金来源。

第二，以积极政策精准施力基础、核心领域，助力中国经济重回中高速增长轨道。积极财政政策的实施需要聚焦高质量发展的基础领域和核心领域，包括碳中和、新基建、数字化转型、新型工业化、地空天通信网络、乡村振兴、公共服务体系、医疗卫生体系的投资、生育福利等。

第三，建设新型举国体制下的创新投入机制，大力推动基础科学领域的投资。党的二十大报告明确提出，要集聚力量进行原创性引领性科技攻关，坚决打赢关键核心技术攻坚战。通过积极财政政策所获得的资金，必须大量且长期投资于基础研究、教育和人力资本领域。

第四，启动住房公积金制度、租赁住房以及 REITs "三位一体"的新一轮改革。我们建议可以考虑由住房公积金中心或财政提供资本金，设立"开发建设引导基金"，加上市场机构的参与和金融机构提供的融资，直接参与租赁住房建设，或者收购现有资产，将其更新为租赁住房，培育成熟之后通过公募 REITs 退出，形成"开发→培育→退出→开发"的投融资闭环。

第五，通过大规模现金或消费券发放，实施对居民直接的转移支付。既能提升个人家庭消费意愿和消费能力，又能有效支持市场主体。研究显示，中国由消费券驱动的边际消费倾向远远高于美国，政府一元钱的财政投入会带来超过三元钱的新增消费，政策效果非常显著。

第六，建立"中小微企业稳定基金"和"出口企业稳定基金"。直接以财政支持中小企业和出口企业，与稳就业和保民生这两项重大问题紧密相关；同时在一定范围之内，以增发的国债或专项债置换地方政府的债务，通过这种方式来激活地方政府在经济发展中发挥作用。

第七，通过中心城市/都市圈建设，推进基础设施一体化和基础服务均等化，增大城市集聚效应和城市所能容纳的最优人口规模，促进统一大市场的形成，将更多的人纳入"市场"。通过集聚实现人均收入增长，实现中心城市与周边城镇的差异互补发展，最终缩小发展差距。

中国地方政府金融

刘 俏

观点概览

　　中国地方政府债务问题的实质是患了投资饥渴症的地方政府用金融做财政的事，但扭曲的资金价格使得金融无法充分发挥有效配置资金的功能，从而导致地方投资的低效率，最终形成恶性循环。

　　建立好的地方政府金融体系的根本出发点和基本原则是通过形成与地方风险相匹配的地方债定价机制，进而提升地方债务的使用效率和地方经济的发展效率。

　　我国需要一个不同于往常的金融生态系统，需要形成与之相匹配的地方政府金融体系，核心要素包括：加强地方政府财政稳健性、金融风险可控性和经济发展可持续性；引入市场机制，建立政府信用评级体系；改进地方政府业绩考核方式，转变地方政府行为模式；利用市场力量和民间资本，优化地方政府债务规模、结构和融资成本。

一、地方政府金融概念的提出

　　地方政府强势进入经济生活，需要做大量的投资和融资。财政收入一般情况下是地方政府一系列投资的重要资金来源。然而，1994 年启动的税制改革，从根本改变了中国地方政府的激励结构，使得地方政府的"财权"和"事权"长期不匹配。1994 年以前，地方财政收入占全国财政收入的比重高达 70% 以上，中央财政非常紧张；1994 年以后，这一比例大幅下滑，低于 50%。分税制改革带来地方政府经济发展模式的变化。一方面，地方政府有强大的动力推动经济快速发展，把经济的规模做大，以获取更多的财政收入用于满足地方开支需要；另一方面，地方政府推进工业化的方式逐渐向园区工业化转变，同时地方政府主导的城市化速度加快。工业园区可以将低价征收的土地作为优惠条件，以吸引纳税能力更强的企业；而城市化过程中带来的土地出让金和跟城市发展相关的建筑业税、营业税等划归地方政府，更是为地方政府推进以城市化和工业园区为主导的增长模式提供了强大动力。

　　（一）为什么地方政府具有强烈的融资需求

　　地方政府强烈的投资冲动同地方财权与事权的不匹配并存，决定了地方政府有强大的融资需求——规模巨大的财政资金缺口需要大量的资金来填补。图 4-1 描述了地方政府财政不充足程度（Fiscal Inadequacy）和市委书记任期之间的关系。通过这一角度反映地方政府为什么有强烈的融资需求。

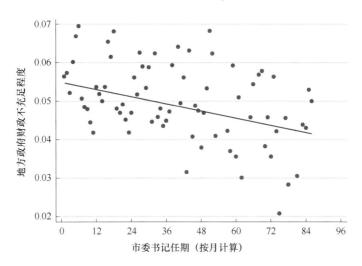

图 4-1　地方政府财政不充足程度与市委书记任期（按月计算）的关系

资料来源：作者分析。

在图 4-1 中，横轴衡量的是按月份计算的地级市市委书记任期；纵轴衡量的是当地的地方政府财政不充足程度，定义为地方财政开支与地方预算内收入之差。该变量取值越大，表明地方财政收入不足的情况越严重。可以用地方政府财政不充足程度来衡量地方政府借助金融体系来获取资金的动机强度。图 4-1 显示，地方政府财政不充足程度与市委书记任期之间存在着显著的负相关关系。这意味着地方政府财政不充足程度随着市委书记任期的增长在逐渐减小。在任期刚开始的时候，新官上任三把火，新领导急于做出成绩，地方政府的投资冲动更强烈，带来地方财政收入与支出之间的严重摩擦，这种情况下，地方政府财政不充足程度更高一些。随着任期推进或是换届临近，投资拉动经济、做政绩的动力减弱，地方政府财政不充足程度逐渐减小。地方财政的政治周期为广为施用的地方政府政绩竞标赛提供了另一个证据。

近二十年，地方政府弥补资金缺口的方法主要有两个。其一，土地财政。图 4-2 显示的是 2010—2018 年在中国地方政府性基金收入中国有土地使用权出让收入与地方财政收入的比例。2010—2018 年，国有土地使用权出让收入占地方财政收入的平均比例为 53.3%。2010 年该比例达到峰值，将近 70%；继 2015 年该比例跌至低点

37.1%之后，又开始回升，2018年国有土地使用权出让收入与地方财政收入的比例高达64.3%，当年，地方财政收入总额达到9.8万亿元，而国有土地使用权出让给地方政府带来的收益高达6.3万亿元。

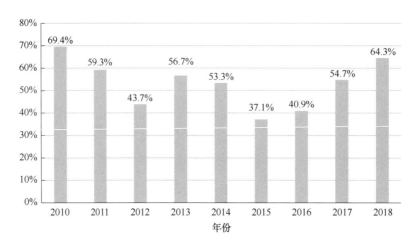

图4-2 国有土地使用权出让收入占地方财政收入的比例（2010—2018）

资料来源：Wind资讯；作者整理。

城镇化进程的推进对土地出让金的快速增长起到了很大的推动作用。土地出让金的规模和地方房价之间存在正向的反馈加强机制：房价涨得越高，征收的土地越值钱，地方政府征收后通过"招、拍、挂"转让土地获取的资金就越多；反之，房价下滑时，土地出让金下滑，地方政府普遍会陷入缺钱状态。中国20世纪中期的工业化路径出现园区工业化和城镇化的特点，很大程度上与地方政府看重土地征收、开发和建设过程中带来的大量收入有关。

其二，地方政府债务。2014年9月之前《中华人民共和国预算法》明确规定地方政府不能负债经营，即地方政府不能作为借债主体。但这一限制并没有在实际操作过程中对地方政府负债经营形成实质意义上的限制，地方政府仍能通过地方融资平台或地方政府控制的国有企业以企业债务的形式举债。地方政府通过融资平台发债，起源于1997年上海浦东建设债券。2009年中央"4万亿"要求地方配套1.25万亿元，凭借此势，2009年融资平台债从过去的不足千亿元，一跃超过3 000亿元的规模。从此，发债这一渠道开始进入地方政府融资者的视野，各地政府纷纷尝试发债融资，融资平台债务开始大幅攀升。

从地方债务管理体系来看，经济决策层已经接受了以市场为基础来解决地方政府债务问题的思路。2014 年 8 月 31 日，《中华人民共和国预算法》（以下简称《预算法》）四审通过，为地方政府发行地方债扫清了法律障碍。2014 年 10 月 2 日，国务院发布《国务院关于加强地方政府性债务管理的意见》（国发〔2014〕43 号，以下简称"43 号文"），明确了地方政府债将由地方政府申请，通过省在国务院申请额度，在获得全国人大常委会的批准后由省来代发。"开明渠，堵暗道"，以市场化方式治理庞乱繁杂的地方政府融资体系，这是沿市场化方向搭建中国地方政府金融体系的第一步。2014 年通过的《预算法》和"43 号文"建立了中国现阶段地方政府债务管理的基本框架。

最近二十多年来，地方政府融入资金的主要渠道是银行、信托和发债。最常见的方式是，地方政府通过土地、国有企业等资产注资成立融资平台公司，再将资产抵押取得银行贷款或信托贷款；此外，地方政府以地方财政和融资平台公司签订的基础设施建设回购协议（或形形色色的财政担保）作为政府信用背书，向银行、信托筹集资金；最后，地方政府通过地方融资平台作为发行主体，发行企业债、中期票据、短期融资券等方式募集资金。2014 年通过《预算法》和发布"43 号文"之后，地方财政也开始作为直接的融资主体发行地方政府债，以此进行融资。

在新的地方政府债务管理体系下，地方政府在举债前门打开的同时，举债的后门并没有完全关上。虽然 2014 年通过的《预算法》和"43 号文"建立了地方政府债务管理的基本框架，但在现有体制下，如何能够严格执行仍有很大挑战性。尤其是当《预算法》和"43 号文"对政府性债务的范围和举债形式做了明确切分后，出现了很多新的方式，融资平台公司变相举债，地方政府违规提供担保函、承诺函，或采取不规范的 PPP 项目，通过政府投资基金"明股暗债"，以及以政府购买服务、专项建设基金等形式举债。表面上看，地方政府债务水平近两年保持平稳，但新出现融资方式的规模以及其中在实质上属于地方政府应该负责的债务尚不确定。

（二）地方政府债务的规模到底有多大

市场对这个问题争议一直很大。根据财政部统计数据，截至 2016 年底，我国地方政府债务为 15.32 万亿元，加上纳入预算管理的中央政府债务为 12.01 万亿元，两项合计，我国政府债务为 27.33 万亿元。我国政府负债率（债务余额/GDP）为 36.7%，低于主要市场经济国家和新兴市场国家水平，更低于 60% 的国际通用的警戒线。但是，国际机构估测的中国政府债务会更高一些。例如，根据国际清算银行的数据，截至 2016 年底，中国政府债务总额为 32.8 亿元，GDP 占比达到 44.1%，比财政部的数字高了 5.47 万亿元。数据显示，中国地方政府债务在 2016 年底达到

21 万亿元，高于财政部的数字。同样采用国际清算银行的数据，中国的政府债务 2018 年底达到了 44.76 万亿元，占 GDP 比例为 48.7%。中国的政府债务占 GDP 比例从 2007 年的 29.3% 增加到 2018 年的 48.7%，短短十二年增加了近二十个百分点。其中，增长最快的部分是地方政府债务——地方政府债务在 2008 年的总体规模只有区区 5 万亿元。

既然从国际角度来看，中国地方政府债务规模并不算太大，地方债务风险为什么会被认为是中国金融系统风险的重中之重，格外引起决策者的注意呢？尤其是 2017 年 4 月 26 日，针对地方债务风险，财政部等六部委联合出台了《关于进一步规范地方政府举债融资行为的通知》，依法明确了地方政府举债融资边界，表明加强地方政府债务管理已经成为维护金融安全、防范系统性金融风险最为必要的一个环节。

（三）为什么要加强地方政府债务管理

主要有三个原因。第一，中国地方政府债务规模虽然目前仍属于可控范围，但是增长速度较快。2008—2018 年底，地方政府债务从 5 万亿元左右增加到 27 万亿元 ~ 30 万亿元，年均增速超过 18%，按此增速，地方政府债务至 2021 年总体规模将达到 50 万亿元以上。尤其是进入 2018 年后，积极的财政政策和大量的基础设施建设成为必需的政策选择。这有可能会进一步加剧地方政府债务的增长速度，对其可能出现的快速增长趋势不可不察。

第二，地方政府目前的债务规模尚属保守估计，该数据有很大可能性没有包含政府通过其他渠道融资所应承担的债务，如 PPP 以及地方政府引导基金"明股实债"等融资方式，以及地方政府的隐性债务与或有债务等。真实的地方政府债务规模可能比目前统计所显示的要高很多。

第三，地方政府主导的投资，由于软预算约束的原因，投资资本收益率并不高；再加上对于任期的考虑，地方政府普遍缺乏较长远的预算规划。这一切造成地方政府普遍缺乏管理地方债务的意识和动机，也缺乏相应的机制，短期行为泛滥。在经济增长动能转换过程中，当新的动能还未形成并充分发挥作用之时，地方政府主导的基建及房地产投资仍然是拉动经济增长的重要引擎。而地方政府主导的投资的主要资金来源仍是金融体系的债务支持，地方政府债务快速增长的结构性力量仍将长期存在。这种背景下，低水平的投资资本收益率将可能导致地方政府的债务规模越滚越大。

二、地方政府债务问题的实质

中国地方政府债务问题的实质是患了投资饥渴症的地方政府用金融做财政的事，

但扭曲的资金价格使得金融无法充分发挥有效配置资金的功能，从而导致地方投资的低效率，最终形成恶性循环。

政府积极参与经济事务是中国在改革开放初期实现经济奇迹的一个重要原因。强调经济表现的"政绩竞标赛"为地方政府提供了发展当地经济的强烈动机。然而，在中国的经济增长从投资拉动转向消费拉动和效率驱动时，政府的"帮助之手"所起的作用就不是那么明显了。事实上，政府作为强势的经济决策者介入经济生活会带来两种扭曲。第一，政府基于银行贷款或其他政府信用所做出的投资往往效率不高；第二，政府参与市场竞争会扭曲价格机制，最终导致资源配置效率低下。对于第一种扭曲，本文通过分析中国地方政府的债务问题（见图4-3）来论述地方政府投资效率问题。

（一）是效率问题，不是规模问题

中国经济的增长是"政治集中化"和"经济分散化"共同作用的结果。由于经济决策权分散，地方政府间的"政绩竞标赛"为当地政府官员提供了发展经济的强烈动机。然而，地方政府投资项目的投资资本收益率（ROIC）却往往由于道德风险和软预算约束而低于其融资成本，因此只能依靠发行新的债务以偿还旧的债务。长此以往，地方政府的债务水平节节攀升。

图4-3显示地方政府债务水平的攀升与其较低的投资效率有密切的关系。具体而言，本文用地方债务占财政收入的比率来衡量某个省份或直辖市的杠杆率（横轴）；用地方GDP与资本存量的比值来衡量该地方政府的投资效率（纵轴）。资本存量按照过去20年每年折旧率为5%的固定资产投资总量计算。从中可以明显地看出，省级层面地方政府的投资效率与债务水平呈显著的负相关关系。投资效率较高的省份，当地政府债务占财政收入的比率较低。中国地方政府的债务问题并不是规模过大或范围过广的问题，而是地方债务如何使用、使用效率高低的问题。也就是说，中国地方政府债务问题不是规模问题，而是效率问题。

（二）扭曲的地方政府债定价机制

对于上文提到的第二种扭曲，如果政府积极参与到市场竞争中，那么便不能理所当然地认为竞争环境是公平的，当有效的公共治理机制缺失时更是如此。当"竞争中性"原则还无法落实到位，国有部门在经济中处于主导地位时，定价机制可能会被破坏，一价定律（Law of One Price）不再成立。自然，市场上形成的价格会产生偏差，无法有效地引导资源配置，经济的整体效率会受到损害。

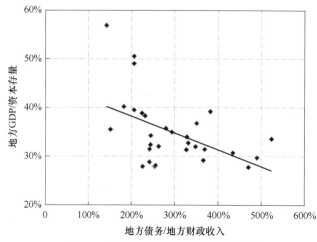

图4-3 地方政府投资效率与债务水平

资料来源：作者计算。

本文结合中国地方政府金融的案例进一步讨论上述第二种扭曲。2014 年全国人大常委会对《中华人民共和国预算法》进行了修订，允许地方政府自行发债。这是中国地方政府债务发行方面具有里程碑意义的事件。在此之前，国务院挑选了十个省市试点自主发行地方政府债券。地方政府第一次以政府名义对外发行债务，这为研究地方政府债券的价格形成机制以及债券价格的有效性提供了一个理想的场景。

表 4-1 列示了试点的结果，统计了相同到期年限的地方政府债券的利率与国债利率的差异⊖。仔细研读这些数字，可以发现有两个明显的异常情形：第一，一些省区市发债成本低于国债成本。以山东为例，三个期限结构的发债成本均比国债低二十个基点左右，但山东省的财力和信用情况能和整个国家相比吗？第二，这九个省区市除山东之外在发债成本上没有明显的差异性，即试点的这几个省区市在信用风险上没有明显差异。这与图 4-3 反映的情况截然不同——中国地方政府的债务水平在不同地区有非常大的差异性，各地的信用情况应该是非常不一样的。

表4-1 地方债与国债利率的差异：2014 年 6—9 月

省区市	5 年期	7 年期	10 年期
广东	0.00%	0.01%	0.00%
山东	− 0.20%	− 0.21%	− 0.20%
江苏	0.03%	0.00%	− 0.10%
江西	0.02%	0.02%	0.02%

⊖ 根据本文收集到的九个省、区、市地方政府债券的数据整理。

（续）

省区市	5 年期	7 年期	10 年期
宁夏	0.00%	0.02%	−0.01%
青岛	0.00%	0.04%	0.05%
浙江	0.01%	0.01%	0.01%
北京	−0.01%	−0.01%	−0.01%
上海	0.03%	0.02%	0.04%

资料来源：作者根据公开信息整理。

可见，省级层面发债并没有形成能够反映地方政府风险水平的资金价格。现有地方债的价格形成很大程度上取决于地方政府与投资者（主要是银行）之间的博弈，地方政府的财政存款和地方政府对本地经济资源的控制给了地方政府定价权。这种单边市场（One-sided Market）仍然是市场，但它显然无法形成真正的地方债基准利率体系。没有基准利率体系的指导，软预算约束和道德风险等导致地方政府债务问题出现的根本原因就无法根除，地方投资的效率自然无法提高。此外，按照当前规定，地方政府举债需要在额度内进行，而额度需要全国人大批准。这种额度管理与发展地方债市场的思路是矛盾的。一个地方需不需要举债、需要多大规模的债务，适合用什么样的举债成本，这些都取决于当地政府债务使用的效率和经济发展的效率。用规模管控地方债务问题本身逻辑就不通，而且这种中央与地方的博弈会制造出大量的"寻租"机会。可见，建立地方政府金融体系的根本出发点和基本原则，并不是一味地限制规模，而是通过形成与地方风险相匹配的地方债定价机制，用市场利率确定合理的地方债务水平，进而提升地方债务的使用效率和地方经济的发展效率。这一原则当然也契合新常态下中国经济由投资拉动向效率驱动的转型。

正如美国历史上第一任财政部长亚历山大·汉密尔顿曾说过的，"政府债务，只要不过度，是对我们国家的一种祝福。"政府举债建设，只要投资有效率，不是坏事！

三、一个中国城市的政府金融故事

宁洲市[⊖]在某省近二十个地级市中 GDP 处于中游，由于人口多（近 600 万人），人均 GDP 低于全国平均水平。和中国大多数地级城市相似，宁洲市的产业结构相对

⊖　这里的分析用的是几年前的历史数据。但出于保密需要，用"宁洲市"来代表本文分析的这个城市。

单一，第二产业占比超过60%，第三产业占比只有29%，财政收入近年增速较快，但基本上是"吃饭财政"。宁洲市领导把招商引资、增加固定资产投资作为城市经济增长的引擎。但是，怎样解决资金缺口问题一直困扰着地方官员，尤其是财政局的官员们。特别是2013年起国家对银行信贷和信托融资等的管理更加严格，地方债务平台空间开始收紧；同时，宁洲市的房价不高，政府征收土地出让金所获有限，难以依靠政府性基金来帮助解决资金缺口。

（一）中国地方经济、财政及金融动态综合一体化分析框架

调研遵循光华地方政府金融课题组经过一年多研究逐渐形成的中国地方政府经济、财政及金融动态一体化分析框架来进行。通过数据收集与分析，大量访谈，力争对地方政府的经济、财政和金融等情况形成深度认知，并针对未来发展提出有效的政策建议。

图4-4给出了本文采用的分析框架的示意图。根据国家经济战略与地方经济定位，首先形成关于地方经济、财政和金融等维度的战略判断。在此基础上，对宁洲市的经济发展、地方财政和地方金融分别进行分析。具体方法是在战略观点和对长期趋势的把握形成后，将其转换为具体的参数假设（例如，GDP年增速、财政收入支出的变化、关键指标与GDP的比例等），通过对重要参数取值的确定，构建详细模型，形成地方政府的资产负债表和财政收入支出表，并在此基础上进行大量分析，最终形成一系列分析结果，并同时给出相应的战略规划和具体的政策建议。

按照课题组设计，拟获取的具体分析结果包括：①宁洲市未来5年（2013—2017年）的经济发展、预算与非预算的收入与支出、地方债务规模与期限结构、地方流动和固定资产的动态场景，主要体现为资产负债表、财政收入与支出表；②对宁洲市经济发展目标与战略、地方财政稳健性以及地方经济发展融资来源、规模、融资成本和还债能力做出前瞻性的综合评估；③根据宁洲市经济、财政及金融三个板块的内在联系，对宁洲市经济发展战略和经济结构、财政及金融稳健性提出具体建议；④具体在金融领域，全面、动态地评估宁洲市政府信用状况，提供合理的以宁洲市政府为主体的信用评级，同时为宁洲市制定合理的金融战略，提供具体实施方案。

为此，课题组首先对当时的宏观经济形势以及国家层面的财政和金融政策的总体趋势进行把握，然后对宁洲市的经济规模、GDP增速、人均GDP、人均可支配收入、工业产出和固定资产投资等指标的过去表现和未来走势进行判断，对三大产业分配和行业集中度进行分析，从而形成对宁洲市经济层面的总体展望。其次，通过

从财政局等获得数据分析宁洲市财政收入、财政支出情况，分析宁洲市财政灵活性
（例如，上一级政府的支持、土地财政的情况、财政开支方面的灵活性等）。最后，
对宁洲市的地方债务水平、显性债务和隐性债务的情况以及债务管理能力（流动负
债水平、利息支出水平、财政承担债务水平）进行评估和预测，分析地方政府投融
资能力和整体风险水平。

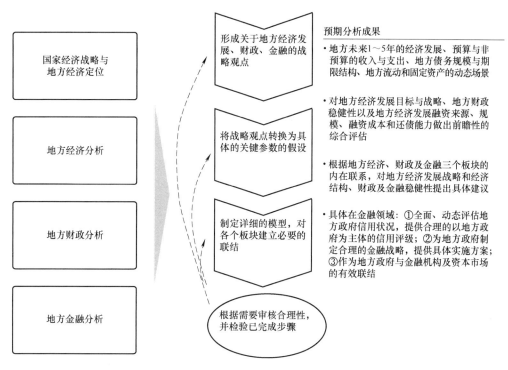

图 4-4 中国地方经济、财政及金融动态综合一体化分析框架（CLEEF）

资料来源：北大光华地方政府金融课题组。

（二）宁洲市资产负债表和财政收入支出表

在整个调研中，为宁洲市政府编制资产负债表和财政收入支出表是最关键的工
作，而这两张表主要项目都与按 GDP 来衡量的经济总量之间有一定的关系。这种假
设有一定合理性。首先，在地方经济平稳发展过程中，这些项目与经济规模之间的
关系有一定的稳定性。其次，当经济增长时，这些项目也稳定增长。当然，未来发
展的非线性、不确定性会让这种稳定关系发生变化，因此，在编制这两种政府报表
时，需要考虑历史表现和对未来的总体掌控，并按场景进行调整。

既然 GDP 如此重要，那么对中国地方政府经济、财政、金融动态分析的第一步
就是对宁洲市的 GDP 进行分析和预测。根据过往五年的历史数据，结合宁洲市的发

展目标，课题组预测了宁洲市未来五年的 GDP 情况（见图4-5）。总体而言，宁洲市经济发展有几个利好因素：①经济仍处于高速增长时期，经济增速过去五年排名在全省居第二；②宁洲市固定资产投资占 GDP 比重比省平均值要高，说明投资领域依然广阔；③宁洲市经济以民营经济为主，民营经济升级换代潜力巨大；④宁洲市几个大的投资超百亿元的项目将成为未来五年经济增长强有力的新动能；⑤城镇化和市政建设将提供大量的投资和经济增长机会。基于这些利好，课题组在基本情形下给予宁洲市未来五年较高的 GDP 增速预测。在图 4-5 中，2008—2012 年是历史数据，2013—2017 年是预测数据。

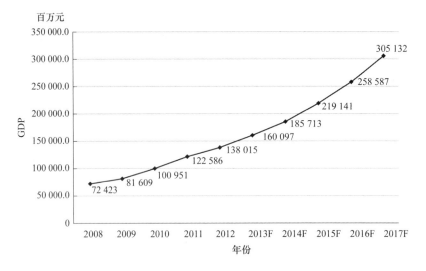

图 4-5　宁洲市 GDP，2008—2017 年（基本情形）

资料来源：北大光华地方政府金融课题组。

对于未来预测需要做多场景分析，限于篇幅，本文只介绍基本情形（除此之外还包括乐观情形和悲观情形）。有了 GDP 数字，课题组将资产负债表和财政收入的主要项目转换成 GDP 的一定比例。这些比例关系的确定既基于过去五年的情况，也考虑到宁洲市经济社会发展未来五年可能出现的一些大变化（例如，重大项目投资等）。

表4-2 给出了 2008—2017 年宁洲市十年的资产负债表，其中 2013—2017 年是预测数据。地方政府总资产主要包括国有企业总资产、土地储备、政府机构非营利性单位资产以及包括在建工程在内的其他资产；而政府总负债包括国有企业总负债、政府机构非营利性单位负债以及调研过程发现的隐性负债。用政府总资产减去政府总负债得到政府净资产。如表 4-2 所示，2012 年宁洲市的总资产约为 316.22 亿元，总负债约为 149.09 亿元，地方政府持有的净资产规模为 167.13 亿元。

表4-2　2008—2017年宁洲市资产负债表　　（单位：百万元）

分类	2008	2009	2010	2011	2012	2013F	2014F	2015F	2016F	2017F
政府总资产	21 808.3	24 114.1	28 184.8	27 894.2	31 622.1	38 127.2	43 706.1	52 281.9	63 406.6	75 854.8
国有企业总资产	4 171.9	5 188.8	6 407.4	6 146.1	6 856.9	7 954.0	9 226.6	10 887.4	12 847.2	15 159.6
其中融资平台	259.3	1 002.1	2 691.6	4 078.1	5 427.2					
土地储备	1 847.2	1 885.2	2 021.7	1 321.2	1 877.6	3 102.9	4 210.6	5 713.7	7 753.5	10 521.6
政府机构非营利性单位	14 173.8	15 253.9	17 667.9	18 360.6	20 545.2	24 246.1	27 031.4	31 808.0	38 109.1	44 554.8
1. 行政单位	3 745.3	4 083.3	5 470.6	5 599.6	6 201.1	7 727.4	8 597.0	10 189.3	12 158.3	14 219.8
2. 事业单位	10 425.9	11 167.3	12 194.2	12 758.3	14 334.2	16 507.8	18 422.3	21 605.5	25 936.3	30 318.9
3. 企业化管理事业单位	2.7	3.3	3.2	2.7	9.9	10.9	12.0	13.2	14.5	16.0
其他资产（如在建工程）	1 615.4	1 786.2	2 087.8	2 066.2	2 342.4	2 824.2	3 237.5	3 872.7	4 696.8	5 618.9
政府总负债	9 726.2	11 021.2	13 011.2	12 571.0	14 908.8	18 569.1	21 846.2	26 734.7	32 707.2	39 951.7
国有企业总负债	1 325.6	1 648.7	2 035.9	1 952.8	2 178.7	2 570.9	3 033.6	3 579.7	4 224.0	4 984.3
其中融资平台	76.3	818.4	1 117.1	1 054.9	912.6					
政府机构非营利性单位	4 697.0	5 701.1	6 865.8	7 230.7	8 510.1	10 071.1	11 364.4	13 568.6	16 032.9	18 826.9
1. 行政单位	1 494.6	1 530.5	2 259.2	2 308.4	2 809.9	3 285.7	3 696.5	4 440.3	5 231.2	6 143.0
2. 事业单位	3 202.0	4 169.7	4 606.4	4 923.1	5 696.0	6 780.7	7 662.8	9 122.5	10 795.4	12 677.0
3. 企业化管理事业单位	0.5	0.9	0.2	(0.7)	4.3	4.8	5.2	5.8	6.3	7.0
隐性负债（如BT）	3 703.6	3 671.4	4 109.4	3 387.4	4 220.0	5 927.1	7 448.1	9 586.5	12 450.3	16 140.4
政府净资产	12 082.1	13 092.9	15 173.6	15 323.2	16 713.2	19 558.1	21 859.9	25 547.2	30 699.4	35 903.1

资料来源：北大光华地方政府金融课题组。

按照同样的逻辑，课题组编制了 2008—2017 年宁洲市财政收入支出表。如表 4-3 所示，2012 年宁洲市地方财政预算收入为 56.70 亿元，转移支付与税收返还为 92.78 亿元，地方财政预算支出为 149.48 亿元；同年，宁洲市的财政总收入为地方财政预算收入加上土地出让收入（即政府性基金），总金额为 68.93 亿元。

表 4-3 2008—2017 年宁洲市财政收入支出表 （单位：百万元）

分类	2008	2009	2010	2011	2012	2013F	2014F	2015F	2016F	2017F
（一）地方财政预算收入	2 237	2 887	3 865	4 635	5 670	6 662	7 994	9 593	13 547	17 500
（二）转移支付与税收返还	3 997	4 792	5 603	7 757	9 278	10 528	11 774	13 141	12 821	12 500
（三）土地出让收入	1 094	569	1 507	2 515	1 223	2 725	3 698	5 018	6 810	9 241
（四）土地相关支出	662	181	530	1 555	821	1 479	1 977	2 736	3 844	5 152
（五）城市建设及其他支出	399	388	772	846	301	1 246	1 721	2 282	2 966	4 089
地方财政预算支出：（一）+（二）	6 234	7 679	9 468	12 392	14 948	17 190	19 768	22 734	26 368	30 000
财政总收入：（一）+（三）	3 331	3 456	5 372	7 150	6 893	9 387	11 692	14 611	20 357	26 741

资料来源：北大光华地方政府金融课题组。

（三）结果讨论

根据宁洲市的资产负债表和财政收入支出表，结合调研获取的信息，综合考虑宁洲市的总体经济发展情况，分析得到如下结果。

结果 1：宁洲市融资规模和金融发展战略

基于资产负债表和财政收入支出表，很容易确定宁洲市未来五年的融资规模。假定宁洲市未来经济增长维持基本情形不变，现有的经济结构不发生大的变化，尤其是现有的政府信用情况不发生变化。给定这些假设，图 4-6 给出了宁洲市未来五年（2013—2017 年）的融资情况分析。

分析显示未来五年（2013—2017）宁洲市在财政金融情况未发生结构性变化的前提下，融资规模分别约为：24.68 亿元、17.92 亿元、31.41 亿元、38.34 亿元和 46.28 亿元。然而，根据宁洲市打造新型工业城市的规划，未来投资仍然将在很大程度上主导宁洲市的经济增长，投资需求和未来五年的净融资规模的上限之间有巨大的落差。当然，这个落差可以通过突破融资上限予以解决，但这必然会带来宁洲市地方政府债务的攀高，最终影响宁洲市政府的信用情况。可以说，在上面的分析中，维护资产负债表质量给地方政府融资规模带来了约束。

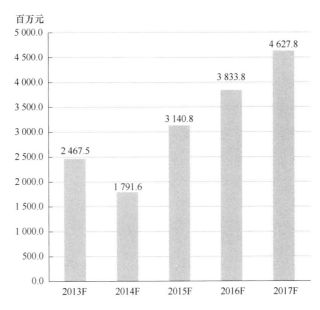

图 4-6　宁洲市政府未来净融资能力分析（2013—2017）—基本情形

资料来源：北大光华地方政府金融课题组。

为解决投资与融资能力两者之间的落差，本文建议宁洲市的投资应该主要以民营资本为主，政府主要发挥的是规划者、秩序维护者、公共服务提供者的作用。政府应该在未来密切关心政府债务（显性和隐性）的规模和结构的变化。同时，研究发现宁洲市整体银行体系贷存比（Loan-Deposit Regulation，简称 LDR）相对较低，这意味着地方金融体系在服务中小企业和民营企业方面有很大的提升空间，而金融深化有利于地方政府把金融资源更好地投入地方实体经济。民营银行机构准入的条件已经成熟，宁洲市可以利用这个机会积极争取获得民营银行的经营资格，以此作为进一步金融深化的契机。大力推进金融创新，尤其是资产证券化，政府可以考虑以重大工程和投资项目的现金流为标的，通过信托或产业基金等形式，推动金融深化。此外，宁洲市应该努力通过产业结构调整，鼓励中小企业收购兼并，形成一批龙头企业，有利于增强产业经济的融资能力。

结果 2：宁洲市经济情况分析

对宁洲市经济情况进行总体分析，主要围绕主要经济指标（含经济规模、经济增长速度、人均 GDP、人均可支配收入、工业总产出、固定资产投资），经济结构

（含第三产业占比、行业集中度、民营经济比例），人口与就业（人口增速、非农人口、从业人数），政府治理（含政府管理水平及行政效率、信息透明性、政府信用记录），未来展望（重大项目推进经济、劳动密集型向资本密集型转化）。

对于上述指标，将宁洲市与中国有数据的近300个地级市做比较，给出从1到5打分，1分意味着该项指标表现在全国属于顶级，5分则表示表现很差。限于篇幅，本文没有给出宁洲市各项指标的具体得分。分析显示：宁洲市总体经济表现在有数据的289个地级市里处于平均偏上的水平；宁洲市民营经济占主导地位，市场化程度较高，有利于后续发展；现已落实的几个重大项目将在未来五年对宁洲市经济增长产生强有力的推动作用；同时，人均可支配收入的增幅在289个城市中排在72名，相对靠前，对促进消费和服务业发展比较有利；在产业结构调整方面，产业升级换代已在实施之中。

当然，宁洲市经济发展也面临很大问题。其中，第二产业占比达到61%，服务业相对不发达，这种经济结构在未来需要调整；在产业结构方面，中小企业偏多，缺乏龙头企业。

结果3：宁洲市财政情况分析

根据财政收入支出表分析宁洲市的财政情况，具体关注财政预算情况（包括财政收入规模、财政支出规模和财政收入的未来趋势）和财政灵活性（包括上级政府支持程度、国有资产挖潜、土地收入占财政收入比例、土地收入发展趋势、重大投资项目对财政影响和财政支出刚性等）。

分析显示，宁洲市财政收入总体规模不大，是典型的小财政；而且在目前的市场条件下，土地出让收入对宁洲市的财政收入贡献相对有限；与此同时，宁洲市的财政支出刚性比较大，地方政府积极融资的空间不大。

结果4：宁洲市地方政府债务分析

课题组具体关注地方政府债务规模（含总债务、显性债务、隐性债务、隐性债务未来发展趋势、地方债务的未来变化、人均债务等），地方债务管理能力（含财政承担债务占财政收入比例及其未来变化、利息支付占财政收入比例及其未来变化、流动资产占债务比例及其未来变化等），地方债务平台（含平台数量、平台债务水平、有无债券发行等），以及地方政府融资能力（未来新增债务动态可能性、银行信用额度和对债券市场的利用等）。

分析显示，宁洲市的债务和投融资表现总体良好。首先，宁洲市的地方债务规模相对较小、人均债务只有全国平均水平的20%~30%，相对于宁洲市的地方经济规模，其债务问题并不突出。然而，宁洲市在债务管理方面的评分相对差一些，这主要缘于宁洲市相对较小的财政收入规模。为此，一个合理的建议是宁洲市应该控制地方债的规模。其次，宁洲市相对于国内其他可比城市呈现相对较强的融资能力，反映在下面几个方面：①地方债务平台数目不多，债务规模不大；②整个金融体系存贷比相对偏低，有进一步贷款的空间，但是需要当地金融机构通过金融创新找到针对性的方法，为宁洲市数量庞大的中小企业提供资金支持。

结果 5：宁洲市未来的风险分析

宁洲市经济社会发展未来可能出现的风险因素包括过度负债风险、产业集中度过高风险、土地出让收入下降风险、金融体系风险和社保缺口偿付风险。

研究发现，宁洲市过度负债风险不高；目前多产业并进，产业集中度趋于改善；但是土地出让收入有下降的风险；金融体系风险不高；社保缺口偿付风险为长期风险，短期其实不明显。

（四）地方政府信用评级

本文引入中国地方经济、财政及金融动态综合一体化分析框架的一个核心目标是给地方政府提供一个市场化的信用评价。现有的由国内评级机构提供的信用评级主要针对地方政府融资平台。虽然地方政府融资平台背后有地方政府的信用背书，但是对地方政府融资平台评价并没有充分反映地方经济的全面情况，也不是基于地方政府的资产负债表和财政收入支出表。因而，这类评价的参照意义大打折扣。

引入 CLEEF 框架，对宁洲市经济、财政、金融等情况进行了综合分析，对各项子指标的具体表现加权考虑之后，其实已经形成了给地方政府进行信用评价的基础。在本文的分析中，影响一个地方政府信用评价的因素包括：地方经济发展现状和趋势、地方政府财务灵活性、地方公共治理水平、财政收入充足性、地方政府债务比例、政府融资需求、政府信用记录、隐性债务规模及动态等。这些维度集中在五大方面，即宏观环境（5%）、地方经济（10%）、地方财政（30%）、地方金融（50%）及风险因素（5%）。上文已经讨论过宁洲市在这五大方面各项子指标的取值，括号中的数值代表该项指标得分的权重。显然，在给中国地方政府进行信用评级时，地方金融占的权重应该更大一些。

对上述五大方面的各项子指标取值进行加权平均，得出宁洲市的平均分值为2.3 分。按照图 4-7 的评分体系，2.3 分对应着 A＋的信用评价。按照标准普尔或者穆迪对 A＋信用评级的解读，这意味着在正常的市场环境和经济运行状况下，宁洲市没有太大的还款风险，但不排除极端情况下出现风险的可能，比如台风的影响

（该市是一个沿海城市）或宏观经济的影响（该市本身的产业结构现在仍然比较集中）。

本文对宁洲市的信用评级情况也进行了多场景分析。例如，研究发现如果宁洲市债务水平比现有情况高 50% 时，将会严重影响宁洲市资产负债表的质量，同时也将影响其在地方经济、财政、金融及风险因素等方面各项子指标的取值情况，最终加权平均得分变为 2.7 分，按照图 4-7 的评级标准，宁洲市的信用评级将变化为 A −。

在另外一个场景分析中，假设宁洲市的 GDP 增长速度比现有的基本情形水平每年少 3 个百分点（悲观情形）。依据模型，宁洲市在地方经济、财政、金融及风险因素方面的加权平均得分为 2.8 分，依照图 4-7 的评级标准，宁洲市的信用评级将变化为 A −。

得分	信用评级
1.0-1.5	AAA
1.6-1.8	AA+
1.9-2.0	AA
2.1-2.2	AA−
2.3-2.4	A+
2.5-2.6	A
2.7-3.0	A−
3.1-4.0	BBB

图 4-7　CLEEF 信用评级体系

资料来源：北大光华地方政府金融课题组。

给地方政府编制资产负债表和财政收入支出表，在调研基础上给予地方政府一个市场化的信用评级至少有三个意义。首先，以宁洲市为例，如果建立地方政府信用评级体系，可以信用评级为监管手段，未来考核地方政府业绩时把地方政府的信用评级变化纳入考核范围。这样便于规范地方债务，加强地方政府的信用管理，对地方政府债务进行直接监督、审查和问责。

其次，有了市场化的地方政府信用评级之后，可以把它作为地方政府债务定价的"锚"，为地方政府信用风险找到一个定价基础。地方政府发的债可以是纯信用债，依赖信用评级，无须抵押和担保，使得地方政府信用得到合理定价，而不再是依赖以土地作为抵押品来获得信用。这将降低地方政府对房地产市场和土地金融的依赖，有利于经济增长模式转型。从土地金融转向信用金融，是建立中国地方政府金融体系的合理路径。

最后，建立市场化的地方政府信用评级体系并以此为定价基础发行地方政府债务，可以形成完整的地方政府债收益率曲线。收益率曲线是金融制度基础设施建设的重要部分。国际经验表明，政府债的收益率曲线是最可靠的收益率曲线。

（五）后续发展

通过试验，课题组对这套体系的信心更强了，但也意识到，控制地方政府债务，改变地方政府的行为模式，有如"刮骨疗毒"，过程会非常痛苦。即使对宁洲市这样财政盘子较小、债务负担相对较轻的城市，也是一场大考。如果没有上级部门在体制创新、干部考核等方面的政策支持，要想继续将试验推向深入，使之真正成为改变地方政府行为模式、控制地方政府债务的利器是不可能的。

2014年8月31日，新的《预算法》四审通过，允许地方政府直接发行债务。2014年10月2日，国务院"43号文"发布，明确了地方政府债将由地方政府申请，通过省在国务院申请额度，在获得全国人大常委会的批准后由省财政来代发。由省来代发，地级市的信用得到省财政的背书，以地级市信用作为定价基础的发债机制不复存在。

四、建设好的地方政府金融体系

在中国经济开启新一轮改革，重构经济增长动能之际，地方政府在经济生活中仍将扮演极其重要的作用。这种背景下，正确理解地方债务问题的缘起及本质，建立一个真正以市场为基础的地方政府金融体系至关重要。建立好的地方政府金融体系的根本出发点和基本原则是通过形成与地方风险相匹配的地方债定价机制，进而提升地方债务的使用效率和地方经济的发展效率。为此，中国需要一个不同于以往的金融生态系统，需要形成与之相匹配的地方政府金融体系。这个全新的金融生态系统的核心要素包括以下几个方面。

第一，加强地方政府的财政稳健性、金融风险可控性和经济发展可持续性。地方政府作为融资主体，需要有清晰的资产负债表和财政收入支出表，为了使财政部门可以动态监管，以及地方政府可以内在地、系统地了解自身的融资能力和债务管理能力，需要对地方政府未来几年的资产负债情况及财政收入支出情况根据地方经济规划做出全面预测，并纳入预算管理。通过对地方政府资产负债表和财政收入支出表的编制和动态分析，地方政府可以更好地对预算内与预算外收入支出情况、潜在新增收入领域、对地方财政收支可能形成影响的资产价格变动、企业利润变动等因素进行全面动态分析，从而更好地规划投资领域及投融资模式；结合城市财政收入支出表，了解地方政府融资、偿债能力和安全负债的规模上限，同时建立多层次政府债务风险预警指标体系，搭建以信息披露为核心，以规模控制、信用评级、风险预警、危机化解等为手段的风险监控框架体系，为地方政府有效防范财政与金融系统性风险提供全面保障。

第二，引入市场机制，建立政府信用评级体系。对地方政府进行信用评级并把它纳入对地方政府的考核体系，有利于规范地方政府投融资行为，并在地方政府换届之际，有清晰、透明的地方资产负债和财政收入支出信息来合理评估政府施政业绩，有利于科学设定考核政府的业绩指标，保证地方经济发展目标的连贯性。

第三，改进地方政府业绩考核，转变地方政府行为模式。通过市场机制建立政府信用评级体系有利于实现对地方政府的有效监管。对地方政府进行信用评级并把它纳入对地方政府的考核体系，可以有效地规范地方政府投融资行为，避免短期行为。用清晰、透明的地方资产负债和财政收入支出信息以及地方政府信用评级，有利于"完善发展成果考核评价体系，纠正单纯以经济增长速度评定政绩的偏向"。控制风险与确保财政可持续性是地方政府债务管理的核心问题，在市场化基础上建立内在约束机制，可以实现风险可控条件下的财政可持续性。

第四，利用市场力量和民间资本，优化地方政府债务规模、结构和融资成本。通过推行地方政府资产负债表和收入支出表的编制和动态分析，建立地方政府的信用评级体系，有利于把地方政府债务通过"证券化"的方式推向市场。一方面，可以增加市场上金融产品的种类；另一方面，可以利用民间资本化解地方政府债务问题。同时，我国地方政府债务问题的根本解决，需要把现行的表外融资平台负债变为表内的市政负债，并建立地方政府债务监督和预警机制。这种制度的基础是编制规范科学的地方政府资产负债表和财政收入支出表。

任何能够创造价值的投资，无论投资主体是企业还是政府，都需要满足投资资本收益率（ROIC）大于资本成本（WACC）这一条件。以市场为基础的地方政府金融体系，将地方政府视为企业，用市场化的机制解决公共治理问题，尤其是政府层面的委托代理问题，重新界定政府在公共生活中的职能，有助于提升政府投资的投资资本收益率，最终化解金融系统风险，稳中求进，从而可以实现经济平稳健康发展。

债券违约的区域性影响
——信息效应与逃离效应分析

刘晓蕾　刘　俏　李　劢　朱　妮

观点概览

国企违约和私企违约的影响不同：国企违约负面影响当地国企债券，而私企违约正面影响当地国企债券。债券违约对同地区其他债券既存在负面信息效应，又存在投资人出于资产调整目的的逃离效应——由私企债券逃向更安全的国企债券。超预期违约的负面信息效应更大。

逃离效应印证了债券市场仍存在地方分割现象，作为债券投资主体的银行偏好资源本地化限制了资金在全国范围内充分流动，需引导地方政府和机构投资者打破地方分割，建设全国统一大市场。

为避免逃离效应加剧国企私企融资结构失衡，需切实解决国企预算软约束问题，让私企和国企能够在相同的融资环境中公平竞争，实现融资机会的均等化。

超预期违约会加剧违约的负面影响，需加强债券违约风险的及时跟踪和信息披露。

2020 年以来，我国发生多起债券违约事件，引发了市场关于超预期违约以及"逃废债"的讨论。同时随着我国债券市场违约数量的逐渐增多，企业违约导致的外部性也受到业界和监管部门的广泛关注。因此，理解债券违约造成的影响，对于我国化解债券违约风险、促进债券市场健康发展至关重要。

一、引言和研究设计

理论上，债券违约对同地区其他债券的影响可能存在两种效应。一是信息效应，债券违约传递出共同基本面或地方政府隐性担保存在风险的信息，进而影响当地其他债券。二是逃离效应，债券违约后，投资者为降低风险，会将资金从高风险资产向低风险资产转移，且如果债券市场存在地方分割，那么资金是向当地的低风险债券转移。这两种效应产生的影响不同。在信息效应下，违约无论是对同类型债券还是其他类型债券，影响都是负面的。而在逃离效应下，违约则会对其他类型债券带来正面影响，特别是在地方分割的债券市场上，这种正面影响主要作用于当地的其他类型债券。

为研究我国债券市场上是否存在这两种效应，本文梳理了我国 2014—2020 年全部信用债违约事件，并将债券分为国企债券与私企债券，通过二级市场的交易利差以及一级市场的债券发行情况来分析债券违约对当地现存债券收益率以及新增发债的影响，并为后续相关政策的持续推进和优化提供政策建议和支持。

表 4-4 是对违约债券的描述性统计，绝大部分评级已位于 A + 级以下，国企的超预期违约最早发生于 2018 年。

表 4-4 违约债券的分布

（A）按照债券发行人违约前最低长期评级

	评级调低的观测数	发行人违约前最低长期评级								
		AAA	AA + AA	AA − A +	A A −	BBB + BBB BBB −	BB + BB BB −	B + B B −	CCC 或以下	无评级
SOE Order	80	2	4	9	38	4	5	10	48	4
SOE Disorder	0	0	7	4	0	0	0	0	0	0
POE Order	284	0	12	6	24	53	32	20	229	60
POE Disorder	0	1	11	6	0	0	0	0	0	0

（B）按照违约年份

	2014 年	2015 年	2016 年	2017 年	2018 年	2019 年	2020 年
SOE Order	0	6	25	4	10	8	71
SOE Disorder	0	0	0	0	4	4	3
POE Order	6	21	50	28	106	150	75
POE Disorder	0	1	0	1	6	6	4

注：1. *SOE Order*、*SOE Disorder*、*POE Order*、*POE Disorder* 分别代表本地国企债券预期违约、本地国企债券超预期违约、本地私企债券预期违约、本地私企债券超预期违约。

2. 债券违约样本为 2014—2020 年发生实质违约的所有债券。若债券违约同时满足以下三个条件，则定义为超预期违约（Disorder Default）：①债券违约前同一发行人没有债券违约历史；②债券违约前半年内不存在评级下调或任何风险性提示公告；③债券违约前半年内发行人历史最低评级为 A + 级或以上。

二、研究发现

（一）债券违约对二级市场的影响

国企违约后，当地国企的债券利差相对于其他省份的国企债券会上升约 0.092 个百分点，相比国企债券利差均值 1.703%，具有经济意义上的显著性。国企违约发生后，当地非城投国企债券利差相对于其他省份的非城投国企债券会上升约 0.147 个百分点。这说明，国企违约会给当地国企债券造成负面信息效应，投资者基于国企违约事件会质疑当地经济基本面和政府隐性担保能力，并将此信息用于对当地的国企债券的定价，导致二级市场上当地国企债券价格下跌，相应的到期收益率利差明显上升。

私企违约对于当地私企债券的利差影响显著为正。私企违约后，当地私企的债券利差相对于其他省份的私企债券会上升约 0.128 个百分点，对于私企债券 3.038% 的二级市场利差，同样具有经济意义上的显著性。这说明，私企违约传递出负面信息，当地债券由于基本面具有一定的相关性，因此投资者也会将此负面信息在一定程度上反映到当地债券的定价中，使得当地私企债券的定价更低，相应的到期收益率利差上升。

私企违约后，当地国企的债券利差相对于其他省份的国企债券会下降约 0.033 个百分点，而当地非城投国企利差会下降大约 0.056 个百分点。私企违约会造成逃离效应，风险冲击下投资者对私企的偿债能力更加担忧，转而更加偏好有政府隐性担保的国企债券。这为逃离效应在区域内存在提供了明确证据。这一区域性明确印证了我国债券市场存在很强的地方分割，投资者的资金流动范围受限于同一地区内部。此外，结果没有发现国企违约对当地私企债券利差造成显著影响。国企违约对当地私企债券的影响表现为信息效应下的弱负面影响和逃离效应下的弱正面影响。

（二）债券违约对一级市场的影响

国企违约给当地国企在一级市场上的后续债券发行造成负面影响。国企违约后，当地国企债券的发行数量在未来 4 周之内将减少约 0.684 次/周，对应减少两三次发行，在统计意义和经济意义上均显著。同时，国企违约带给当地非城投国企债券发行金额的负面影响是显著的。国企违约后，当地非城投国企债券发行金额的对数值将较其他省份减少约 0.653，该结果在统计意义和经济意义上均显著。债券发行数量和金额是供需共同决定的结果，在国企违约后，当地国企的资金需求不应该减少，甚至可能增加。因此，国企违约传递出的负面信息，导致投资者对当地国企的资金供给意愿降低，当地国企债券发行变得更加困难。

私企违约给当地私企在一级市场上的后续债券发行造成负面影响，私企违约并没有显著影响到当地私企的后续发行数量，但是私企违约后，当地私企债券发行金额的对数值将较其他省份减少大约 0.216。这反映了私企违约传递出的负面信息，使当地私企债券的发行变得更加困难。

私企违约给当地国企债券的发行造成正面影响。私企违约后，当地非城投国企债券的发行数量会上升 0.312 次/周，发行金额的对数值会较其他省份上升 0.394。这表明，私企违约不但没有降低投资者对当地国企的资金供给意愿，反而起到了激励作用。这进一步支持了逃离效应在区域内存在，当私企违约后，投资者的资产配置仍是投向当地，只不过从当地私企转向当地国企。此外，与二级市场类似，一级市场的结果也反映了国企违约对当地私企的后续债券发行影响不大。

（三）区分预期违约与超预期违约对二级市场的影响

当国企发生预期违约后，当地国企债券的利差相对上升了 0.078 个百分点；而当国企发生超预期违约后，当地国企债券的利差则相对上升了 0.125 个百分点。如不考虑城投债，当国企发生预期违约后，当地非城投国企债券的利差相对地增加了 0.106 个百分点；而当国企发生超预期违约后，当地非城投国企债券的利差则会上升 0.302 个百分点。当私企发生预期违约后，本地私企债券的利差相对增加了 0.123 个百分点，而私企超预期违约对本地私企债券利差影响不显著。可以发现，国企超预期违约对当地非城投国企的影响最大，影响的利差变化规模约是其他情况的 2~3 倍。对于投资者而言，国企超预期违约比国企预期违约包含的新的负面信息更多，同时也比私企预期违约和私企超预期违约包含的基本面信息更多，因此其信息效应更强。

（四）区分预期违约与超预期违约对一级市场的影响

第一，国企预期违约和国企超预期违约对于当地国企债券的发行数量和发行金额均产生了负面影响，并且国企超预期违约产生的负面影响程度更大；私企预期违约对当地私企债券的发行金额也产生了显著的负面影响。另外，国企超预期违约对于国企债券发行产生的负面影响在上述各个系数中的规模最大。

第二，私企预期违约对当地国企债券的发行数量和发行金额均产生了显著的正面影响，而私企超预期违约对于国企债券发行的影响则不显著，与逃离效应相符。在一级市场上，私企预期违约仍会引致投资者对当地国企债券发行更加青睐。但是私企超预期违约更为突出的负面信息效应则抵消了这一影响，当私企超预期违约后，当地国企发行没有显著的积极变化。

三、政策启示

本文研究结果表明，债券市场存在区域性的逃离效应，且某地私企违约后，资金逃向当地国企。此外，超预期违约会加剧违约的负面影响。

　　本文提出三方面的政策建议。其一，需引导地方政府和机构投资者打破地方分割，促进建设全国统一大市场，使债市资金在全国范围内充分流动。其二，针对逃离效应会加剧国企私企融资结构失衡问题，需切实解决国企预算软约束问题，让私企和国企能够在相同的融资环境中公平竞争，实现融资机会的均等化。其三，需加强针对债券违约风险的及时跟踪和信息披露，避免超预期违约加剧负面影响。

小微企业融资难的解决方案：来自大数据的分析结果

刘晓蕾 张 宇 刘羽飞 李松楠

观点概览

在微观层面的互联网贷款样本中进行大数据分析发现，相对于个人用户，小微企业主用户的授信额度利用率更高，逾期概率显著更低，因此小微企业主实际上是优质的借款方。

控制了各类特征变量后，相对于个人用户，小微企业主通过金融科技企业获得互联网贷款授信的概率更高，金融科技技术可以帮助缓解小微企业的融资约束。

将微观层面的互联网贷款数据加总到城市层面，分析发现，单纯的银行业竞争程度提高，无法降低小微企业主对互联网贷款的依赖程度，而金融科技发展程度与银行业竞争程度同时提高则可以缓解小微企业主的融资困难，降低小微企业主对互联网贷款的依赖程度。

央行定向支持中小微企业融资的政策改善了小微企业信贷的可获得性，也降低了小微企业主对互联网贷款的依赖程度。

一、小微企业融资难问题的重要性

小微企业是发展的生力军、就业的主渠道、创新的重要源泉。易纲（2018）指出，截至2017年末，我国共有小微企业法人约2 800万户、个体工商户约6 200万户，它们"占全部市场主体的比重超过90%，贡献了全国80%以上的就业，70%以上的发明专利，60%以上的GDP和50%以上的税收"。但我国的小微企业却往往很难从银行体系获得资金支持。根据中国人民银行的信贷收支统计数据，2022年二季度末，金融机构的企事业单位贷款余额达到131.82万亿元，而其中小微企业贷款余额不足22万亿元，占比不到20%。我国小微企业在经济发展中的作用与其得到的信贷支持严重不符。

如何改善小微企业的融资困境、加大金融支持实体经济的力度，一直是我国政府和学界共同关心的议题。尤其近年来在新冠疫情的冲击下，降低小微企业融资成本、落实"六稳""六保"，成为我国经济工作的重点内容。2022年初的政府工作报告明确指出，要"进一步推动解决实体经济特别是中小微企业融资难题"，并强调通过"推进涉企信用信息整合共享"的方式，为小微企业营造良好的融资生态。

二、小微企业融资难问题的解决路径

在现有的学术研究中，已有诸多文献围绕如何改善小微企业的融资环境进行了探讨，但具体到何种因素、制度或政策最有利于小微企业融资，现有文献中并无定论。例如，早期一些研究关注银行业竞争对中小微企业融资的影响。其中，部分学者发现银行业竞争更有助于中小企业获得贷款（Rice and Strahan，2010；Ryan et al.，2014）。但也有学者认为银行业竞争减少了商业银行收集中小微企业信用信息、维护与中小微企业借贷关系的动力，因而并不能改善中小企业的融资约束（Petersen and Rajan，1995）。由此可见，单纯的银行业发展是否是小微企业融资问题的解决路径，现有研究存在争议。

近年来随着金融科技技术的发展，一些文献开始关注其对小微企业融资的影响。其中，部分学者发现金融科技企业能够为传统商业银行难以触及的借款人提供资金支持，从而促进中小企业融资、提升金融服务的普惠性（De Roure et al.，2019；Jagtiani and Lemieus，2019）。但也有学者认为，金融科技企业与传统商业银行的服务对象存在相当的重合，因而只是对传统信贷机构的替代和竞争（Balyuk et al.，2020；Gopal and Schnabl，2020；Kim and Stahler，2020）。由此可见，金融科技技术与银行业发展的互动，有可能与小微企业融资问题的解决路径有关。

三、基于互联网贷款微观大数据的分析

现有研究受限于数据颗粒度粗，无法观察到小微企业的具体融资和信用情况。本文采用微观层面的互联网贷款大数据作为切入点，尝试改进对于小微企业融资和信用情况的研究。本文的数据来自金融科技技术公司度小满。在2019—2020年间，共有数百万企业主和个体工商户用户（以下统称为小微企业主）通过该金融科技技术公司申请互联网贷款，其中超过75%的小微企业主的企业注册资本少于100万元，超过90%的小微企业主的企业注册资本少于500万元。相较于过往研究中小微企业融资问题时采用的多为规模以上工业企业数据，本文关注的小微企业主的企业数量更多而规模更小，故而作为小微企业融资问题的研究样本更具代表性。

本文首先对该微观层面的互联网贷款数据进行描述，以便了解小微企业的融资特征。我们发现相对于个人用户，小微企业主用户的互联网贷款本金总额高出7.04%、授信额度利用率高出4.36%、用信天数高出9.17%。而从贷后表现来看，

相对于个人用户，小微企业主的互联网贷款逾期概率显著更低。由此可见，与个人用户相比，小微企业主往往长期存在资金周转的需求，而长期的资金周转需求也使得小微企业主更加重视自身信用，以免逾期为其后续融资带来不良影响——小微企业主实际上是优质的借款方。

在微观层面的互联网贷款大数据中，我们进一步分析发现金融科技技术倾向于帮助缺乏"硬信息"和抵押担保的小微企业，其原因可能是该技术在风控过程中的应用能够捕捉到小微企业主作为优质借款方的信用特征。我们发现，在控制了央行征信信息、收入、学历等所有其他申请人特征变量之后，相对于个人用户，小微企业主获得互联网贷款授信的概率仍要高出 1.9%，且这一效应在 1% 的统计水平上显著。这一发现倾向于说明金融科技技术是央行征信系统的有效补充，且金融科技技术在互联网贷款中的应用能够帮助部分缓解小微企业的融资约束。

四、金融科技技术需要与银行业发展相结合

如前文所述，单纯的银行业竞争是否是小微企业融资问题的解决路径，存在高度争议。我们使用微观层面的企业主互联网贷款数据对这一问题进行分析。虽然互联网贷款可以帮助部分缓解小微企业的融资约束，但互联网贷款与普通银行贷款相比利率更高，通常只是小微企业主无法足额获取普通银行贷款时的次优选择。因此，小微企业主对互联网贷款的依赖程度，可以侧面反映银行对于解决小微企业主融资需求的不足程度。

基于这一与此前学者高度不同的角度，我们将微观层面的互联网贷款数据加总到城市层面，计算数据中每个城市所有小微企业主互联网贷款申请数和借贷金额，以反映小微企业主对互联网贷款的依赖程度，并基于加总后"地级市-年份"的面板数据，分析城市内银行业竞争程度提高对该市小微企业主互联网贷款依赖程度的影响。从回归结果来看，银行业竞争程度提高时，小微企业主的互联网贷款依赖程度在统计上并无显著变化。当我们更充分地考虑因果识别的问题后（使用工具变量法），结论仍未改变。

我们的结果证明了，当银行业竞争程度单纯地提高时，银行有可能失去与小微企业主长期维护贷款关系并生产小微企业主信用信息的动力，从而抵消银行业竞争提高的积极影响。一个改进是引入金融科技技术，使得银行在短期内可以通过大量信息（大数据）的获取、储存、分析（机器学习）、应用生产出小微企业主信用信息，从而替代关系型生产信用信息的模式。

在数据中，我们采用北京大学数字普惠金融指数作为地区金融科技发展程度的代理指标，根据样本期前一年（2017年）数字普惠金融指数的中位数，将地级市划分为金融科技发展程度高和金融科技发展程度不足两个子样本。在两个子样本上，我们分别估计城市内银行业竞争程度提高对城市内小微企业主互联网贷款依赖程度的影响。回归结果表明，在金融科技发展程度较高的城市，银行业竞争会降低小微企业主对互联网贷款的依赖程度；而在金融科技发展程度较低的城市，银行业竞争对于小微企业主对互联网贷款的依赖程度没有显著影响。由此可见，金融科技技术与银行业竞争结合，有可能是小微企业融资难问题的解决路径。

五、使用互联网贷款数据评估结构性货币政策的效果

针对结构性货币政策如何影响小微企业融资，我们估计了央行定向中期借贷便利（TMLF）对小微企业主互联网贷款依赖程度的影响。2018年12月，中国人民银行创设定向中期借贷便利，定向支持金融机构向小微企业和民营企业发放贷款。2019年1月和4月，中国人民银行两次向符合条件的银行进行了总额达5 249亿元的TMLF操作。我们发现，相对于受到政策支持力度小的地区，政策支持力度大的地区的小微企业主互联网贷款申请数减少8.4%，小微企业主互联网贷款借贷金额减少11.3%。整体来看，央行定向支持小微企业融资的货币政策降低了小微企业主对互联网贷款的依赖程度，切实地缓解了小微企业的融资约束。

六、结论

本文的研究发现为小微企业融资难问题的解决路径提供了最新的参考，具有重要的政策内涵。第一，相较于个人消费贷款，小微企业主经营贷款并没有面临更高的违约或逾期风险。金融科技技术在互联网贷款上的应用能够帮助部分缓解小微企业的融资约束，这为金融科技企业和金融科技技术服务商的转型和发展提供了参考。第二，小微企业的融资难问题仅仅依靠银行业竞争并不足以解决，商业银行与金融科技的结合、传统信贷业务模式的变革更有助于改善小微企业的融资环境。第三，央行等宏观经济调控部门面向中小微企业融资的定向支持政策，对于缓解小微企业的融资约束至关重要。

经济政策不确定性对股价同步性的影响
——基于有限关注视角

王晓宇　杨云红

观点概览

经济政策不确定性升高会提高股价同步性，这说明经济政策的不确定性会造成股市信息效率的下降。

在经济政策不确定性升高时，投资者对于信息的关注从特异性信息更多地向整体性信息转移，这使得股价波动更多为市场和行业因素所解释，缺乏特异性信息的含量。

建议尽量降低经济政策的不确定性，缓解经济政策不确定性带来的影响，关注经济政策不确定性影响的趋势。

一、研究意义

金融市场最主要的功能之一即信息的生产与传递。在有效市场下，信息获取不存在成本，各种信息可以充分体现于股价之中。然而，投资者的注意力有限，难以及时获取并理解各种信息及其影响。因此，投资者需要对其有限关注进行分配，选择性地关注不同的信息，以使对注意力的利用效果达到最优。在有限关注的约束下，投资者将注意力不同程度地分配至整体层面信息或个股特异性信息，使得股价体现整体性信息的程度存在差异，股价波动表现出不同程度的同步性。

股价同步性反映股价随市场波动的程度。当股价同步性较高时，其波动更多反映了整体层面信息，包括宏观与行业等信息，此时股价中的特异性信息含量较低。因此，有学者认为股价同步性是股市信息效率的反向指标。股价同步性的变化在于投资者对于不同层面信息的关注，当投资者更加关注个股层面信息时，股价同步性更低。已有的理论分析表明，当有限关注约束提升时，投资者将更多的注意力分配至涉及多数股票的整体性信息，是更有效率的关注分配。因而，如果外界因素改变了对投资者关注的约束程度，不同层面信息被投资者予以关注的相对程度会发生变化，继而表现出股价同步性的变化。本文关注的问题是经济政策不确定性这一因素如何通过对投资者关注不同层面信息程度的影响作用于股价同步性的变动。

近年来，我国经济增速逐渐放缓，进入高质量发展阶段，且国际环境存在较大的变化，我国经济政策的不确定性上升，其对金融市场的影响引起广泛关注。Baker et al.（2016）构建的经济政策不确定性指数（简称 EPU 指数）被广泛运用于对实体经济影响的相关研究中。在我国，已有研究关注经济政策不确定性对于企业行为以及市场波动的影响，但其如何影响金融市场的信息功能尚未得到充分的研究。在有限关注框架下，当整体的经济政策不确定性上升时，投资者对于各层面信息的关注的权重被重新分配。经济政策不确定性作为一种宏观不确定性的来源，提高了整体性信息的重要性，并增加了对投资者有限关注的约束程度，使投资者的关注更多转移至整体层面，并导致股价同步性的提升。这对于股市信息效率具有重要影响。此外，企业决策也因个股信息含量的变化而调整。因此，从投资者关注的角度，理解经济政策不确定性对于股市信息效率及其反馈作用的影响，具有重要意义。

二、数据选取

本文对 2011—2019 年季度频率的 A 股上市公司与 EPU 指数变量进行分析。交易数据和公司数据来源为国泰安数据库，EPU 指数来自于 Huang and Luk（2020），作为工具变量的其他国家 EPU 指数来自于经济政策不确定性指数编制的学术网站（http：//www. policyuncertainty. com/）。

在样本选择的过程中，剔除金融行业上市公司和主要变量缺失的观测。此外，为减少估计误差，构建股价同步性的回归式时的观测数小于 30 则予以剔除。最终得到 3 402 个企业共计 79 236 个企业-季度观测。

三、实证结果

（一）基本结果

经济政策不确定性的上升会提高个股的股价同步性。采用固定效应模型对股价同步性与经济政策不确定性的关系进行分析，结果显示变量 EPU 的系数显著为正，表明经济政策不确定性较高时个股的股价同步性也较高，且结果具有显著的经济意义。

（二）对投资者关注机制的验证

1. 中介效应检验

经济政策不确定性对于个股的相对关注度有显著的负向作用，投资者关注变化是经济政策不确定性影响股价同步性的重要中介因素。本文以个股简称的百度搜索指数代理投资者对个股特异性信息的关注程度，以其作为中介变量进行分析的结果表明，EPU 指数上升会降低投资者对个股信息的关注程度，且在控制了中介变量后EPU 指数对股价同步性的影响程度下降。这表明投资者关注是 EPU 影响股价同步性的作用渠道，具有部分中介效应。未存在完全中介效应的原因可能是存在其他作用机制，另外，由于百度搜索指数主要代表了普通投资者的行为，以其作为投资者关注的代理变量存在一定误差。总之，投资者的相对关注变化解释了经济政策不确定性对股价同步性的影响。

2. 投资者关注与外部信息生产

从信息来源看，当投资者的有限关注约束变化时，其对个股关注的变化将影响外部信息生产过程。外部信息对于企业决策具有反馈效应，从投资者关注的角度，当投资者对个股特异性信息的关注提升时，股价波动中的外部信息含量有所提升，反馈效应提高，使得企业的投资-股价敏感度上升。利用以上机制，可通过对企业的投资-股价敏感性与 EPU 的关系的分析，验证外部信息含量的变化，进而支持本文的机制解释。此外，有关 EPU 对股价同步性变化的影响，一个替代性解释为企业应对不确定性而改变信息披露，这一行为对外部信息的相对含量并无促进作用，不会引起企业的投资-股价敏感性变化。分析结果表明，当经济政策不确定性升高时，股价同步性升高且企业的投资-股价敏感性下降，从信息披露的角度进行的解释不具有显著的意义，结果更符合投资者关注变化的预期情况。

3. 行业同步性与市场同步性

已有研究表明，有限关注的约束变化导致投资者关注转移的过程存在整体市场和行业层面上的差异。如果经济政策不确定性上升导致投资者的有限关注约束增强，那么个股随市场同步波动的程度相对于随行业波动的程度会更高。宏观或市场信息涉及所有的个股，而行业信息仅涉及该行业相关的部分个股，前者对于有限关注约束变化的敏感性更高。本文的实证结果符合这一结论。

四、进一步研究

为深入理解经济政策不确定性对股价同步性的影响，以及针对可能的其他解释机制进行分析，本文进行了进一步的研究。

（一）基于分析师信息环境的检验

本文发现，分析师的预测偏误会因 EPU 的升高而增加，这意味着经济政策不确定性导致信息处理难度的提升，对信息研判的不确定性使投资者的有限关注约束程度提升，进而使更多关注转移至整体层面信息。

考虑到经济政策不确定性对股市信息效率产生的影响，对分析师信息环境的检验有助于进一步理解其效应。这一检验同样未支持信息披露变化的替代性解释。如果企业在较高经济政策不确定性时期减少了信息披露，则由于整体环境的不确定性以及企业信息披露程度的双重效应，将观察到分析师信息环境的较高程度的下降；而本文发现尽管分析师预测偏误提高，但其程度有限，且预测分歧度并未受到明显影响，不符合企业信息披露减少的预期结果；并且，此时企业信息披露程度可能有所提升，以缓解经济政策不确定性对信息环境的影响。

（二）个股间异质性

更高市值、机构投资者持股比例以及会计信息质量的公司的股价同步性受 EPU 变化的影响程度更大。此外，分析师关注度较低的个股受到的影响程度较大。当经济政策不确定性程度变化时，个股的股价同步性变化程度可能存在差别。对于不同个股的特征，关注特异性信息的成本与效益存在差别。从投资者关注的角度，可能是因为更高市值、机构投资者持股比例以及会计信息质量的公司的定价效率相对较高，关注这类个股的投资者即便大幅减少对其特异性信息的关注（转而更多关注整体层面的信息），也并不会带来信息效率的明显损失。分析师作为重要的信息来源，不仅提供了关于个股的信息降低其股价同步性，也会缓解经济政策不确定性对股价同步性的影响。相比于前述变量与内部信息披露质量的相关性，分析师主要从外部提供对已有信息的解读。因此，外部信息环境的改善有助于投资者关注的稳定，进而在一定程度上降低 EPU 的影响。

（三）分阶段检验

经济政策不确定性对金融市场的影响在当前发展阶段更应当予以关注。理论分析表明，经济政策不确定性在经济较弱的阶段会产生更高的政策不确定性的市场溢价，对于我国来说，随着经济增速放缓，逐渐进入高质量发展阶段，经济政策不确定性对经济的影响也可能更为明显。在本文的样本区间内，2011—2014 年我国季度 GDP 的增速由 10.2% 下降到 7.3%，而 2015 年以后更低。以 2015 年一季度作为分界将样本区间划分为两个阶段，即高速增长向中低速增长过渡阶段和中低速持续增长阶段，分别检验 EPU 对股价同步性的影响，结果表明第二阶段的 EPU 系数明显高于第一阶段，即新阶段经济政策不确定性的变化对股市股价同步性所代表的信息效率情况的影响更大，这与政策不确定性相关的理论研究的结论存在一致性。

五、结论与建议

股价同步性代表股市同涨同跌的程度，较高的股价同步性往往意味着较低的信息效率。对于我国 A 股市场这样的新兴市场来说，降低股价同步性、提升信息效率是完善金融市场的重要目标。在我国，股市的信息功能更加受到经济政策的影响。本文研究了我国经济政策不确定性与 A 股上市公司股价同步性的关系，并分析了投资者关注在其中的作用。利用2011—2019 年我国的经济政策不确定性指数以及 A 股上市公司数据进行实证分析，本文发现，在我国经济政策不确定性升高会提高股价同步性，这说明经济政策的不确定性会造成股市信息效率的下降。通过对可能的机制进行探究，本文发现，在经济政策不确定性升高时，投资者对于信息的关注会从特异性信息更多地向整体性信息转移，这使得股价波动更多为市场和行业因素所解释，缺乏特异性信息的含量。在经济政策不确定性较大时，各类信息尤其是宏观信息的不确定性增强，投资者的有限关注受到进一步约束，将更多关注配置于宏观和行业层面的信息是更有效率的方式，因此导致股价波动表现出较高的同步性。分析师信息环境的变化支持了对有限关注约束的分析。从股价对于企业决策的反馈效应的角度，在经济政策不确定性较高的时期，投资者关注的转移导致股价中外部信息含量的下降，公司决策不易从股价中获取参考信息，因此经济政策不确定性的影响主要引起股价外部信息效率的降低，并通过这一影响进一步作用于实体经济。

本研究对于理解经济政策不确定性对金融市场的影响提供了新的证据。以往研究多关注企业所受影响，而本文关注其直接对股市运行及其信息功能的影响，并从投资者对不同层面信息关注差异的角度给出了机制解释，对于股市信息效率和经济政策不确定性的相关文献均有一定的贡献。本文进一步讨论了经济政策不确定性对于股价同步性影响的多方面特点，基于相应的结果，本文提出以下建议：

一是尽量降低经济政策的不确定性。从金融市场信息功能的角度，经济政策不确定性降低了股价信息效率。政府政策信息的披露需要进一步完善，以降低其不确定性影响。对于特定的经济政策工具，需要及时披露相关信息，提高前瞻性。

二是缓解经济政策不确定性带来的影响。经济政策的不确定性为投资者增加了信息处理的负担。本文发现，外部信息源可以缓解经济政策不确定性的影响。因此，需要持续发展外部信息平台，促进投资者通过更为丰富的渠道获得信息，支持诸如移动端技术的应用，以使投资者的有限关注能够覆盖更广泛的信息。

　　三是关注经济政策不确定性影响的趋势。理论分析表明，经济政策不确定性在经济增长弱化时更强，这为本文的分阶段检验所证实。目前，我国经济增速趋缓，进入高质量发展阶段，经济政策不确定性的影响在现阶段经济发展中的影响不容忽视。因此，经济政策不确定性的影响需要结合经济发展质量综合考量，促进经济发展、经济政策以及金融市场功能之间的协调。

保障性租赁住房 REITs 是我国高质量发展阶段的重大改革举措

张峥、刘俏等北京大学光华管理学院 REITs 课题组成员⊖

观点概览

保障性租赁住房 REITs 是直接回应推进实现共同富裕、房地产行业向新发展模式转型、进一步发挥好资本市场功能三个结构性问题的重大改革举措。

首批保障性租赁住房 REITs 试点项目产生了良好的示范效应：打通"募投管退"循环，"以存量带动增量"效果显著；完善制度建设，落实"房住不炒"行业发展定位；针对发行中的多样性问题，提出合理的解决方案；发挥资本市场定价功能，初步构建保障性租赁住房估值体系。

保障性租赁住房 REITs 未来发展的建议：进一步鼓励多主体、多类型资产参与发行保障性租赁住房 REITs 产品；针对性完善保障性租赁住房配套税收政策；制定合理稳定的补贴政策及租金调整机制，构建符合保障属性的商业逻辑，形成保障性租赁住房发展的长效机制；将住房公积金制度改革与租赁住房建设、保障性租赁住房 REITs 发展结合起来，推动新型住房体制建设。

2021 年 7 月，随着国家发展改革委发布"958 号文"，保障性租赁住房纳入基础设施 REITs 试点范围。经过一年多监管部门与行业各方的积极推进，2022 年 8 月 31 日，红土深圳安居 REIT、中金厦门安居 REIT、华夏北京保障房 REIT 作为首批保障性租赁住房 REITs 试点项目正式上市，发行规模总计 37.97 亿元，是中国公募 REITs 覆盖资产领域的进一步扩容。三单试点项目自被交易所正式受理以来，持续受到市场密切关注，发行环节网下和网上认购倍数均突破百倍，体现出市场对保障性租赁住房 REITs 资产品类的高度认可。

中国经济进入新发展阶段，结构性问题的破题已成为实现高质量发展的关键点。如何实现共同富裕，如何实现房地产行业顺利转型，以及如何进一步发挥好资本市场功能，是我国当前面临的三个结构性问题。这些问题相互交织、相互影响，增加

⊖ 北京大学光华管理学院 REITs 课题组成员：刘俏、张峥、刘晓蕾、杨云红、周芊、徐爽、朱元德、于嘉文、范熙武、李文峥等。

了改革的难度。破题的关键，在于找到这些问题的交汇点。保障性租赁住房 REITs 的推出，不仅仅是中国公募 REITs 试点的线性延续，更是站在三个重大结构性问题的交汇点，直接回应推进实现共同富裕、房地产行业向新发展模式转型、进一步发挥好资本市场功能三个结构性问题的重大改革举措。

一、保障性租赁住房 REITs 是直接回应我国经济高质量发展三个结构性问题的重大改革举措

第一，保障性租赁住房 REITs 是扩大内需，实现共同富裕的政策选择。

我国收入不平等主要体现在城乡二元结构上。2020 年我国城镇居民可支配收入是农村居民的 2.56 倍，在西部地区则达到了 2.66 倍。大量农村居民的可支配收入非常低，财产性收入占比更低。要实现共同富裕、实现包容性增长，必须要缩小城镇居民与农村居民的收入差距，这是中国经济高质量发展、可持续均衡发展所需要思考的最大的问题。城乡二元结构形成的一个重要原因是农业转移人口的市民化程度非常低，他们的有效工作时间、收入来源、发展机会跟城市居民不一样，在享受公共服务方面也不对等。让农民工、城市灵活就业人员中的很大一部分真正转变为新市民，是解决中国城乡二元结构、缩小城镇居民与农村居民可支配收入差距的关键，也是一个可行的政策路径。

2035 年我国基本实现社会主义现代化，需要实现就业结构和产业结构的匹配。根据北大光华思想力课题组的估测，未来十五年，超过 20% 的就业人口，即 1.5 亿人口，需要重新配置到第二产业或服务业。在产业结构变迁和人口流动的情况下，农业转移人口城市化将带来大量的住房需求，尤其是住房租赁的需求。

保障性租赁住房 REITs 可以推动保障性租赁住房的规模化和专业化，针对不同的新市民群体给予不同需求的供给，让农业转移人口能够在城市住下来。当城市有了大量人口的流入，其产业结构的优化水平、公共服务领域的投资效率都将会得到提升。从新市民角度看，农业转移人口能够在城市住下来，他们的消费能力、对自身的人力资本投资也会有所提升，这是解决城镇居民和农村居民的收入分配不平等、财富不平等、发展机会不平等问题的重要途径。

第二，保障性租赁住房 REITs 有助于推动我国房地产行业向新发展模式转型。

自 1998 年房地产改革启动以来，我国房地产行业历经了 20 多年的高速发展阶段。近年来，房地产从增量阶段逐渐进入存量和增量并重的新阶段，以商品房开发为核心的"快周转"业务模式已难以为继，我国房地产行业正普遍面临着较大的战

略转型压力。"持有型不动产"是国内房地产行业转型的重要方向，而"保障性租赁住房"这一具体资产类型为全行业平稳过渡提供了重要的现实抓手。一方面，保障性租赁住房在我国正处于快速发展阶段，未来一段时期存在较大投资建设需求；另一方面，保障性租赁住房在产品形态、管理模式等方面与传统住宅业务存在一定的关联性，为房地产企业提供了合理可行的转型选择。

保障性租赁住房 REITs 作为权益型的成熟资产持有平台，可为保障性租赁住房企业提供有效的退出渠道，从而使企业在不累积负债的同时，形成项目开发和退出的闭环，形成可持续发展的"开发、运营、盘活"的新模式，提升住房租赁行业权益融资比例，降低住房租赁行业杠杆率和金融风险。

保障性租赁住房 REITs 的发展和壮大，有助于改善中国目前以个人供给为主的市场结构，促进住房租赁市场向规模化、机构化和专业化发展。通过向租客提供需求适配的租赁住房，有利于解决目前住房租赁市场存在的供给结构失衡问题；同时，通过提升租赁服务水平，稳定租赁关系，规范租赁市场主体行为，保障租客权益，有利于解决租住品质差、租期不稳定等问题。

第三，保障性租赁住房 REITs 是进一步发挥好资本市场功能，服务经济高质量发展的具体体现。

2020 年底的中央经济工作会议强调"高度重视保障性租赁住房建设""加快完善长租房政策"，并将其确立为 2021 年经济工作八项重点任务之一。2021 年政府工作报告中指出："切实增加保障性租赁住房和共有产权住房供给""尽最大努力帮助新市民、青年人等缓解住房困难"。"十四五"规划和 2035 年远景目标纲要明确提出，"加快培育和发展住房租赁市场，有效盘活存量住房资源，有力有序扩大城市租赁住房供给"。

"十四五"期间，全国 40 个重点城市计划新增 650 万套（间）保障性租赁住房，预计可以帮助 1 300 万新市民、青年人等缓解住房困难。同时我们也看到，在原有的投融资模式下，保障性租赁住房行业在土地成本、资金来源、运营管理效率等方面仍面临挑战，而 REITs 作为与重资产行业天然匹配的创新产品，对于行业当前相关问题的解决具有关键作用。

发展保障性租赁住房 REITs，有助于住房租赁市场"以存量带动增量"。"十四五"期间的保障性租赁住房建设任务艰巨，而资金筹措来源无疑是国家战略目标能否实现的一项重要影响因素。通过发行保障性租赁住房 REITs 盘活成熟的存量资产，并将回收资金用于新的项目建设，有助于构建保障性租赁住房投资的良性循环，实现"以存量带动增量"。REITs 作为资本市场公开发行的金融产品，投资门槛低，可最广范围、最大限度地利用社会资金，进一步增强社会资本在保障性租赁住房领域的参与力度。

发展保障性租赁住房 REITs，是优化住房租赁企业现有融资方式的可行选择。当前来看，相比住房租赁企业直接 IPO，资产 IPO（REITs）可能是更为适合的工具。REITs 的价值主张在于持续的稳定的租金现金流，成长性不是估值的关键，而股票市场（特别是 A 股市场）的估值逻辑重成长性、轻现金流。因此，REITs 的估值逻辑和租赁住房的商业逻辑更为匹配，可以形成良性的市场激励。

二、三单保障性租赁住房 REITs 试点项目取得了良好的示范效应

保障性租赁住房自纳入基础设施 REITs 试点范围以来，持续受到市场高度关注。此次三单试点项目成功上市，不仅在发行阶段受到市场投资人的高度认可，更是在行业模式、制度建设、操作流程、估值定价等方面为保障性租赁住房行业以及保障性租赁住房 REITs 的未来发展产生了良好的示范效应。

第一，打通"募投管退"循环，"以存量带动增量"效果显著。此次发行上市的三单保障性租赁住房 REITs 基金，合计发行规模 37.97 亿元，扣除原始权益人战略配售、偿还存量借款等金额后，累计净回收资金超过 22 亿元。同时，《招募说明书》等公开文件披露，三单保障性租赁住房 REITs 的原始权益人拟将净回收资金全部用于新的保障性租赁住房项目建设，共涉及至少 8 个项目，保守估算合计总投资规模超过 300 亿元。

第二，完善制度建设，落实"房住不炒"的行业发展定位。2022 年 5 月 27 日，中国证监会办公厅、国家发展改革委办公厅联合发布《关于规范做好保障性租赁住房试点发行基础设施领域不动产投资信托基金（REITs）有关工作的通知》（证监办发〔2022〕53 号），明确要求"发起人（原始权益人）应当为开展保障性租赁住房业务的独立法人主体，不得开展商品住宅和商业地产开发业务"。在此基础上，沪深交易所相继发布了《公开募集基础设施证券投资基金（REITs）规则适用指引第 4 号——保障性租赁住房（试行）》，对原始权益人在资产、业务、财务、人员和机构等方面与商品住宅和商业地产开发业务的有效隔离提出了进一步具体措施。

首批保障性租赁住房 REITs 项目的发行主体（深圳市人才安居集团、厦门安居集团和北京保障房中心）均为区域内从事保障性租赁住房业务的专门公司，在此次试点过程中严格贯彻"专款专用、专门负责"的理念，在法律地位、建设主体、资

金运用等方面实现专门管理，同时加强信息披露工作，有效规避了募集资金流入房地产市场的风险。

第三，针对发行中的多样性问题，提出合理的解决方案。我国现有的保障性租赁住房大部分是在原有各类租赁住房存量资产的基础上，经过纳保认定程序转化形成的。因此，我国的保障性租赁住房行业在土地权属类型、产品市场定位、经营管理模式、定价调整机制等方面呈现较强的多样性和差异性，客观上这也提升了保障性租赁住房 REITs 产品发行的复杂性。

首批保障性租赁住房 REITs 在各方面进行了有益的探索尝试：在土地取得方式上，厦门安居项目在原有划拨地基础上，通过补缴土地出让金将其转变为出让用地；在产品市场定位方面，既有针对基础民生保障的公租房，也有主要服务于新毕业大学生、青年人等"新市民"的人才房；在地理区位方面，首批保障性租赁住房项目也分布于北京、深圳、厦门等多个重点城市，各地在转让限制、定价调整机制等方面的差异也在此次试点过程中得到了充分的研究论证。

第四，发挥资本市场定价功能，初步构建保障性租赁住房估值体系。保障性租赁住房在我国发展时间短，缺乏市场交易，租金定价及调整机制尚在摸索优化过程中。因此，保障性租赁住房在发行 REITs 时的估值定价问题始终是一个核心关注点。折现率如何确定、未来租金的增长水平如何预测、不同区域的资产在定价上呈现怎样的关系、资本市场对于保障性租赁住房 REITs 的风险收益偏好如何，这些关键问题在首批保障性租赁住房 REITs 试点项目的推进过程中形成了很多对市场非常具有参考借鉴意义的初步成果。

目前这三单保障性租赁住房 REITs 中，折现率在不同区位的不同项目之间未形成明显差异，总体上处于 6.0% ~ 6.5% 的取值范围，该折现率水平与现有可比城市级别的产业园区 REITs 产品较为相近。在租金增长率预测方面，三单试点项目普遍采取了"以市场化租金调整幅度为参考，兼顾保障性租赁住房社会民生属性"的审慎预测方式，租金增长率的模拟假设情况相对于市场化水平更加保守温和。就资本市场角度而言，前期 14 单已上市项目的价格表现为此次保障性租赁住房 REITs 的定价提供了参考依据，我们也期待看到三单保障性租赁住房 REITs 上市后，借助于资本市场的价格发现功能，能够为保障性租赁住房行业的投资建设提供更好的定价指引。

三、有关保障性租赁住房 REITs 未来发展的四点建议

保障性租赁住房 REITs 的良好社会经济效应已初步显现。为了更加有效地推动

保障性租赁住房 REITs 持续扩容，助力我国保障性租赁住房行业加快发展，建议对以下方面做出优化：

第一，进一步鼓励多主体、多类型资产参与发行保障性租赁住房 REITs 产品。首批试点项目在原始权益人方面，主要集中于具有地方政府性质的租赁住房运营企业，后续可进一步鼓励民营企业、房地产背景企业参与发行保障性租赁住房 REITs 产品。此外，对于出让地以外的其他土地获取方式（划拨地、村集体用地等）相应的保障性租赁住房项目，也可以进一步探讨发行 REITs 的可行性。鼓励各类市场主体参与保障性租赁住房 REITs 底层资产的运营，提高资产运营质量。

第二，在税务方面，本着税收中性的原则，针对性完善保障性租赁住房配套税收政策。随着 2022 年 1 月财政部、税务总局第 3 号公告的发布，基础设施 REITs 在发行重组环节和存续运营环节的一些重要问题已得到明确安排。然而，在保障性租赁住房领域，对于我国现有住房保障体系中既有的一些税收政策能否普遍适用（如公租房相关税收优惠），完成纳保认定后是否会对已享受的一些税收政策产生影响，仍需要税务部门给予进一步明确指导。

第三，制定合理稳定的补贴政策及租金调整机制，构建符合保障属性的商业逻辑，形成保障性租赁住房发展的长效机制。由于各地与保障性租赁住房相关的补贴政策及租金调整机制存在较多差异，且实际执行情况与既有政策的贴合程度也不尽相同，因此在保障性租赁住房 REITs 的估值定价方面，关于补贴和未来租金增长的预测依然是一个普遍性难题。从行业整体更加透明化、专业化发展的角度出发，建议持续优化租金补贴政策及租金调整机制，探索社会民生属性与 REITs 市场化逻辑的结合点，形成更加科学稳定的长效发展机制。

第四，将住房公积金制度改革与租赁住房建设、保障性租赁住房 REITs 发展结合起来，推动新型住房体制建设。一方面，住房公积金通过权益投资方式，与住房租赁企业、社会资本等从供给端参与建设保障性租赁住房；另一方面，住房租赁企业主要为缴纳公积金的新市民、青年人、农业转移人口等各类租户提供职住平衡、高性价比、多层次的住房产品，让租户享受一定的租金优惠。这种方案不仅有利于农业转移人口真正融入城市，消除因"身份识别"形成的各种不平等现象，还可以有效扩大住房公积金的缴存面，提高住房公积金的投资收益，使住房公积金成为缴存人养老金的补充。此外，与租赁住房上下游配套相关的产业由此能够发展起来，社区建设将成为社会稳定的支柱之一。

第五部分

城乡融合和区域协调发展

城乡关系是经济社会发展中的一项基本关系，城乡融合发展是中国式现代化的必然要求。如何处理城乡关系，在一定程度上决定着现代化的成败。

本部分深入探讨了城乡融合和区域协调发展这一重大议题。本部分首先描绘了 2035 年城市发展的宏阔愿景，进而从土地政策、企业帮扶、政策支持等角度为城乡和区域协调发展提供建议。本部分还详细讨论了地方官员基层工作与城乡协调发展的关系，并深入研究了温州、海南两地区域治理的先进经验。本部分旨在提供城乡融合发展的理论框架和政策建议，以期助力城乡融合和区域协调发展。

2035 城市发展新格局

陈玉宇 王雨露

观点概览

中国的城市化进程将稳健迈进。2035 年，中国城镇化率将提升至 74%，城镇人口规模将突破 10.6 亿人，并有 20 个城市的 GDP 总额将跻身全球前 50 位。城市化将成为扩大内需、应对老龄化挑战的重要抓手。

未来十五年，中国城市将呈现扩张与收缩并存的发展格局。随着人口持续向头部城市聚集，城市发展将从"大中小城市齐增"转向"百强争雄"，仅有 100～150 个城市能够持续增长并成为经济增长的主要引擎，而其余城市将通过瘦身健体，向"小而美"的方向发展。

中国将形成"2 群＋n 圈"的城市空间格局。粤港澳大湾区和长三角城市群凭借成熟的都市圈体系，将通过发展都市圈来促进城市群发展；其他地区则将通过大力发展中心城市、逐步发展周边城市来推动都市圈发展。

2020 年 11 月，党中央在我国"十四五"规划和 2035 年远景目标中提出，要以推动高质量发展为主题，加快构建以国内大循环为主体、国内国际双循环相互促进的新发展格局，到"十四五"末达到现行高收入国家标准，到 2035 年实现经济总量或人均收入翻一番。作为经济发展的最重要的空间载体，到 2035 年，我国的城市格局也将发生巨大的改变。第一，城市化继续进行。2035 年，我国城镇化率将提升至 74%，城市人口将增加至 10.6 亿人。第二，我国头部城市将进入世界一线城市序列，大城市的数量和规模都将增加。第三，城市的扩张和收缩并存。过去我国的城市化是遍地开花，未来十五年能够持续增长的城市将只有 100～150 个，这些城市将成为我国经济的拉动力，吸引要素流入，其余城市将会瘦身健体，向"小而美"的方向发展。第四，我国的城市发展进入"2 群＋n 圈"时代。粤港澳大湾区和长三角城市群的都市圈发展已经较为成熟，将"以圈促群"，通过发展都市圈来促进城市群发展。而其余都市圈将"以心育圈"，通过大力发展中心城市、逐步发展周边城市来推动都市圈发展。以下将分别从 2035 年的全球城市格局、我国城市格局和城市化前景进行分析。

一、全球城市格局

（一）中国城市登上全球舞台

未来 30 年，中国、印度仍将是世界增长的主要动力，贡献全球一半的增长。过去的数十年新兴国家成为世界增长的引擎，全球的经济重心由欧美向新兴市场转移，国家间经济总量的差距逐步收敛。2019 年，中国对世界经济增长贡献率达 30% 左右，已经连续 14 年成为世界经济增长的第一引擎（见图 5-1）。未来 30 年，中国仍然是世界经济增长重要贡献力量。

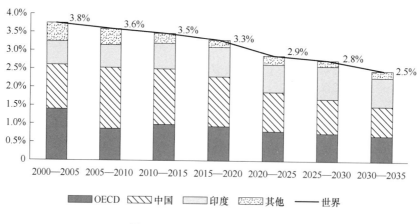

图 5-1　对世界经济增长的贡献

按市场汇率算，2035 年中国 GDP 总量将追平美国[⊖]（见表 5-1）。2019 年中国的人均 GDP 为 1 万美元，预计 2035 年将达到 2 万美元，中国 GDP 总量将达到 30 万亿美元，追平美国。到 2035 年，世界 GDP 总量前五名将变为中、美、印、日、德。

表 5-1　2019/2035 年 GDP 规模前 10 名国家

序号	2019 排序	2019 现价 GDP（万亿美元）	2035 排序	2035GDP（2019 不变价，MER）	平均增速
1	美国	21.4	中国	30.1	5.1%
2	中国	14.3	美国	30.0	2.3%

⊖ 此处未加入汇率升值因素，随着我国生产能力的发展，人民币汇率会呈现升值趋势。在汇率升值的情况下，我国的 GDP 将会于 2035 年之前超过美国。但由于未来十五年国际环境的复杂性以及我国可能面临的打压，本文将这一情况作为预测的安全边际。即在稳健情形下，我国能够在 2035 年超过美国。此外，按照购买力平价，中国 GDP 在 2013 年已经超越美国，2035 年将是美国的 1.6 倍。

（续）

序号	2019 排序	2019 现价 GDP（万亿美元）	2035 排序	2035GDP（2019 不变价，MER）	平均增速
3	日本	5.1	印度	10.3	8.9%
4	德国	3.8	日本	5.8	0.9%
5	印度	2.9	德国	5.1	1.9%
6	英国	2.8	英国	3.9	2.2%
7	法国	2.7	法国	3.7	2.0%
8	意大利	2.0	巴西	3.4	4.2%
9	巴西	1.8	印尼	3.2	7.3%
10	加拿大	1.7	意大利	2.5	1.6%

伴随着中国经济赶超的是中国城市登上全球一线城市舞台。当前上海、北京、深圳的 GDP 分别位列全球第 9、10、14 位，预计 2035 年将提升至第 2、4、7 位，从亚洲一线城市跻身全球一线城市。届时中国将有 20 个城市的 GDP 进入全球前 50，超过美国的 12 个。

（二）人口向头部城市集聚，"大城市的胜利"

从发达国家城市化中后期的经验来看，人口会持续向都市圈，特别是头部都市圈集聚。以美、日、德、英、法为例，进入 21 世纪后，这五国的城镇化率均超过了 75%；2000—2018 年 50% 的新增人口进入其前 25 个城市，仅 15% 的新增人口进入其后 100 个城市。日本在此期间人口总数减少了 70 万，但容纳了日本近 30% 人口的东京都市圈却逆势增加了 287 万。以中小城市兴盛闻名的德国，在近二十年也出现人口向大城市集聚的趋势。2000—2018 年，德国总人口增加了 56 万，而前六大城市人口数则增长 152 万。英、法两国的首都人口占全国人口比例约为 19%，两国新增人口中超过 20% 都进入了首都都市圈。世界城市化历史中，分散和集聚一直在同时进行，逆城市化现象一度出现，但从现在看来，人口向城市的集聚还没有到顶峰。

（三）世界城市结构：大城市会更多

2019 年世界城镇化率为 55%，预计 2035 年将提升到 62%，年均新增 7300 万城市人口。人口数在 100 万以上的城市比例将持续提升，其占总城市人口比重将从 2020 年的 43% 上升到 2035 年的 47%（见图 5-2）。

全球现有 34 个千万级城市，未来 15 年预计将新增 14 个，其中中国现有 6 个，未来 15 年将新增 3 个（武汉、成都、南京）。全球现有 51 个五百万级城市，未来 15 年将新增 22 个，其中中国现有 14 个，未来 15 年将新增 7 个（如长沙、苏州等）。全球现有 494 个百万级城市，未来 15 年将新增 145 个，其中中国现有 114 个，未来 15 年将新增 41 个。

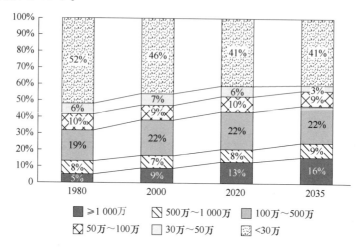

图 5-2　世界城市人口在不同规模城市的分布

数据来源：2018 世界城市化展望。

　　一个城市的全市人口包括城镇人口和农村人口。当前我国流行的城市规模定义主要以全市人口为口径。从研究地域发展的角度来说，以全市人口定义城市可以全面分析地区发展；但在经济意义上，城镇人口才是城市规模更好的定义。例如，保定的全市人口约为 1 000 万，但城镇人口仅百余万，以全市口径分析城市发展会存在较大的偏误。本文接下来的两部分将分别以全市人口和城镇人口作为分析口径：以全市人口来分析城市的经济和人口格局，以城镇人口来分析我国的城市化前景。

二、我国城市格局

（一）城市经济展望

1. 预测逻辑

　　本文通过"长期趋势 + 短期增长惯性"方法来预测各地级及以上城市全市的 GDP 增长。本文选取影响 GDP 的长期因素，包括创新能力、市场化水平、市场潜能（周边 150km 内的 GDP 总额）、产业结构和人才吸引力，通过对每个因素赋值得到城市的长期增速。由于仍有影响经济增速的因子未能被这些长期因素反映，而历史增速在一定程度上体现了这些因子的信息，因此还需要利用历史增速。经济增速从历史增速向长期增速收敛，因此对过去几个阶段的历史增速赋权再加上长期增速可以得到预测增速。

2. 城市增速全景图

华东、华南"腾笼换鸟"，高技术、高开放水平引领经济快速发展。东部地区面临劳动力成本上升和土地资源紧张，正在进行"腾笼换鸟"。例如，广东实施产业、劳动力双转移战略；江苏实施产业高端发展、信息化引领等六大行动，推动产业向"高轻优强"调整优化；浙江实施"四换三名"工程。东部的产业升级将成为其发展的新动力，未来仍能保持高于全国平均水平的增速。自贸区和自贸港将迎来更高程度的开放，如海南大力发展旅游业、现代服务业和高新技术产业，将进一步提升其增长前景。

长江经济带产业集聚带来高增长，贵州的高债务透支了增长潜力。①非沿海城市运输成本较高，依靠发展中心城市延长产业链和形成产业集群，用产业集聚的效应抵消运输成本的提升，而产业集聚进一步要求集中发展中心城市。沿海地区的加工贸易是原材料零部件和销售两头在外的"大进大出"型加工贸易。在这种模式中，物流成本至关重要，因此这类发展模式只出现在沿海地区。当前一些产业向东南亚转移，除了因为东南亚劳动力成本较低，还因为东南亚靠海，而海运成本低。我国中西部地区要想承接产业，就不能照搬沿海地区的模式，必须延长产业链以及形成产业集群。这也决定了中西部的产业承接将主要发生在中西部的中心城市。以重庆的电脑产业为例，重庆推动整机加零部件垂直整合一体化，目前生产了全球1/3的电脑。其做法是从"微笑曲线"最底端的加工向前端的零部件和原材料生产以及后端的金融结算延伸，将电脑产值的70%留在了重庆。相比之下，沿海地区仅留下15%~20%的产值。此外，重庆推动形成产业集群，以产生规模经济。五大品牌商、六大整机商、860多家零部件厂商都集聚在重庆，降低了生产成本。②高债务透支增长潜力：贵州等省份过去靠高负债发展，在控制金融系统性风险的背景下，未来增速会有所回调。同时，贵州也正谋求经济转型，依靠当地优势发展大数据等新兴产业，未来依然能够保持高于全国平均水平的增速。

三北地区在2020—2025年会逐步恢复正增长，未来增长依赖于供给侧改革效果。东三省、内蒙古、天津、河北在2000—2020年出现了大滑坡，年均增速出现负值。①东三省的普遍问题是过于依赖单一产业。辽宁省依赖装备制造业，但高端装备制造占比低、龙头企业数量不足、自主创新能力不强。黑龙江省依赖能源产业，能源产业占工业比重最高时达73%，存在"资源诅咒"问题。吉林省则依赖汽车制造业，受汽车业行情影响较大。而且吉林的服务业发展落后，服务业产值占比不到40%，远低于全国平均水平。东三省需要调整产业结构，将产业链向上下游延伸，形成产业群，改变单一结构。②华北地区的产业依赖资源、重工业，产业层次低、质量效益差、污染排放重。华北地区的服务业仍以交通、商贸、餐饮、住宿等传统行业为主，现代服务业发展较慢。随着近两年的"挤水分"，华北地区部分省份可以抛开历史包袱轻装上阵，未来经济增速会有所抬升，但短时期内难以回到全国平均水平。各省的经济增速将取决于其供给侧结构性改革的效果。③西北地区的产业结构依赖能源、原材料，未来增速会进一步放缓。西北地区工业比重大，其中重化工业和原材料工业占比高。例如，陕西煤炭、油气等能源化工占比近40%；甘肃以石油化工、装备制造、有色冶金、能源电力为支柱，工业中重工业占比超80%。之前西北地区曾出现的高增长是因经济总量比较低，高增长掩盖了内部的结构性问题。西北地区国土面积广大、生态环境脆弱、自然资源丰富，必须因地施策。例如，陕西降低对能源的依赖，工业中其能源工业占比已从60%降至40%左右，正在发展电子信息、智能装备、新能源汽车等先进制造业；而甘肃也在挖掘其资源优势，开拓新能源产业、新材料产业、生物医药等领域。此外，"一带一路"倡议也为西北地区带来了新机遇。

3. 城市经济：强者更强，集聚百强

强者更强。国际金融危机后，世界包括我国的经济均发生深度调整：粗放型发展的小城市逐步失速，城市发展逐步转向强者更强。同时，在全国增速放慢的背景下，大部分城市难以实现超越，城市经济格局基本奠定，仅少数城市能有机会跃变。

集聚百强。2015年前尾部城市的GDP贡献度一度较高（见图5-3），但未来十五年，前150的城市将贡献全国约75%的经济增长。未来，前150的城市占全国GDP的比重将从2020年的83%提升到2035年的85%（见图5-4）。

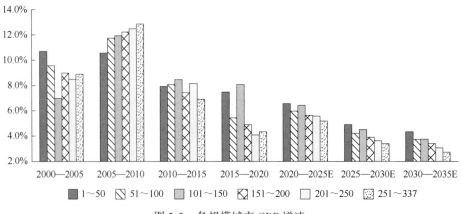

图5-3 各规模城市GDP增速

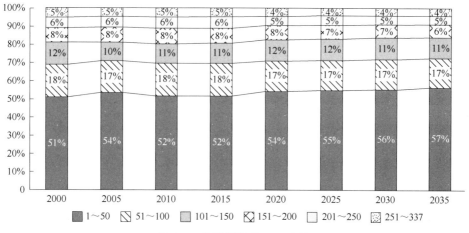

图 5-4　各规模城市 GDP 占比

4. 城市沉浮

一些城市的排名不断向上，如重庆、成都、郑州等城市，而鄂尔多斯、邯郸等城市却增长堪忧。未来 15 年，城市排名将有所变化。在宏观增速放缓的大背景下，后面城市再想赶超则难上加难（见表 5-2）。

（二）城市人口展望

1. 预测逻辑

影响人口增长的因素主要有四个：城市未来的人均 GDP、城市的自然增长率、政策导向、历史增速。①结合前一部分的 GDP 预测，未来 GDP 增速越高的地区的人口吸引力越强。②在人口迁移极化背景下，城市的自然增长率对人口增长的影响程度加大，自然增长率高的城市人口增长更快。③随着国家对大城市户籍制度和土地流动政策的放开，大城市特别是区域中心城市获得人口增长新动力。④历史增速主要反映了人口的迁移和其他未考虑的因素。⑤对于城区人口的增长，还与城镇化率相关：城镇化率越低，城区人口增长潜力越大；此外，也考虑了城区对其他县城人口的吸引力。

2. 城市人口增长全景图

未来十五年，各地区的人口预计将出现如下特征：①东南人口增长最多：人口向温暖地带迁移，广东、浙江对全国人口增量贡献率最高，分别为 20% 和 10%。②中西部人口平稳增长：在中西部内，安徽和贵州人口增量贡献率最高，均达 6%。③东北西北人口流出：东三省黑龙江、辽宁、吉林的贡献率分别为 –4%、–4%、–2%，西北特别是甘肃由于环境脆弱，未来人口可能流出。东北、西北和华北的人口变化态势

表 5-2 各城市 GDP 排名预测及名次变化

城市	2015	2019	2025	2030	2035	2015—2019	2019—2035
上海市	1	1	1	1	1	0	0
北京市	2	2	2	2	2	0	0
深圳市	4	3	3	3	3	1	0
广州市	3	4	5	5	5	-1	-1
重庆市	6	5	4	4	4	1	1
苏州市	7	6	6	7	7	1	-1
成都市	9	7	7	6	6	2	1
武汉市	8	8	8	8	8	0	0
杭州市	10	9	9	9	9	1	0
天津市	5	10	11	11	11	-5	-1
南京市	11	11	10	10	10	0	1
宁波市	16	12	13	13	13	4	-1
无锡市	13	13	15	15	17	0	-4
青岛市	12	14	16	17	18	-2	-4
郑州市	18	15	12	12	12	3	3
长沙市	14	16	14	14	15	-2	1
佛山市	15	17	19	21	22	-2	-5
泉州市	23	18	17	16	14	5	4
常州市	33	26	25	25	25	7	1
徐州市	32	27	26	27	28	5	-1
大连市	17	28	31	32	31	-11	-3
唐山市	24	29	29	30	29	-5	0
温州市	35	30	30	29	30	5	0
昆明市	43	31	28	26	27	12	4
沈阳市	19	32	34	35	35	-13	-3
厦门市	51	33	32	28	26	18	7
长春市	30	34	40	42	43	-4	-9
扬州市	40	35	33	33	34	5	1
石家庄	31	36	35	34	33	-5	3
绍兴市	36	37	37	39	39	-1	-2
盐城市	38	38	36	36	37	0	1
潍坊市	34	39	41	43	45	-5	-6
南昌市	42	40	38	40	41	2	-1
嘉兴市	48	41	39	37	38	7	3
哈尔滨	27	42	47	47	47	-15	-5
台州市	47	43	44	44	42	4	1
宜昌市	55	51	48	49	50	4	1
济宁市	41	52	55	60	62	-11	-10
惠州市	61	53	54	54	54	8	-1
榆林市	77	54	51	51	49	23	5
镇江市	49	55	58	63	65	-6	-10
贵阳市	66	56	63	52	52	10	4
太原市	72	57	56	57	58	15	-1
淮安市	71	58	57	56	57	13	1
南阳市	68	59	66	69	74	9	-15
岳阳市	57	60	61	64	63	7	-3
淄博市	39	61	70	72	70	-22	-9
常德市	73	62	65	68	68	11	-6
芜湖市	79	63	62	61	61	16	2
鄂尔多斯	37	64	82	96	110	-27	-46
沧州市	57	65	64	62	59	-8	6
邯郸市	60	66	76	84	84	-6	-18
遵义市	90	67	60	59	60	23	7
赣州市	101	68	59	55	53	33	15

城市							
东莞市	21	19	23	22	20	2	-1
合肥市	28	20	18	18	16	8	4
福州市	29	21	20	19	19	8	2
南通市	22	22	22	23	23	0	-1
西安市	26	23	21	20	21	3	2
济南市	25	24	24	24	24	1	0
烟台市	20	25	27	31	32	-5	-7
周口市	95	76	74	73	77	19	-1
廊坊市	78	77	79	82	81	1	-4
江门市	88	78	86	86	88	10	-10
连云港	91	79	77	80	82	12	-3
柳州市	87	80	87	88	90	7	-10
湖州市	96	81	78	79	78	15	3
九江市	105	82	72	71	71	23	11
中山市	63	83	83	81	72	-20	11
宿迁市	93	84	75	74	76	9	8
湛江市	83	85	89	91	91	-2	-6
德州市	70	86	94	103	104	-16	-18
株洲市	86	87	91	92	95	-1	-8
威海市	64	88	96	99	97	-24	-9
新乡市	100	89	90	90	89	11	0
东营市	52	90	107	111	113	-38	-23
商丘市	112	91	88	85	86	21	5

城市							
泰州市	46	44	43	41	40	2	4
洛阳市	50	45	46	46	46	5	-1
襄阳市	56	46	45	45	44	10	2
漳州市	69	47	42	38	36	22	11
临沂市	44	48	52	53	55	-4	-7
金华市	54	49	49	48	48	5	1
南宁市	53	50	50	50	51	3	-1
汕头市	110	101	104	104	102	9	-1
宜春市	127	102	92	87	85	25	17
龙岩市	116	103	99	97	99	13	4
泰安市	59	104	110	109	105	-45	-1
曲靖市	125	105	101	109	105	-45	9
宜宾市	133	106	93	89	87	27	19
三明市	117	107	108	106	106	10	1
莆田市	122	108	100	94	94	14	14
大庆市	65	109	145	157	163	-44	-54
荆州市	131	110	105	102	98	21	12
上饶市	123	111	109	107	103	12	8
滨州市	84	112	126	134	140	-28	-28
宁德市	137	113	102	95	92	24	21
郴州市	99	114	120	128	131	-15	-17
安庆市	143	115	111	110	109	28	6
平顶山	120	116	121	125	125	4	-9

城市							
乌鲁木齐	75	69	67	67	64	6	5
珠海市	98	70	63	58	56	28	14
菏泽市	81	71	69	70	75	10	-4
许昌市	89	72	68	66	66	17	6
衡阳市	76	73	73	76	80	3	-7
茂名市	80	74	81	83	83	6	-9
保定市	58	75	80	78	69	-17	6
伊犁	126	126	140	147	157	0	-31
宝鸡市	114	127	129	130	135	-13	-8
红河	176	128	117	120	128	48	0
咸阳市	92	129	130	136	139	-37	-10
邵阳市	145	130	119	119	119	15	11
邢台市	115	131	147	148	153	-16	-22
马鞍山市	146	132	133	133	133	14	-1
桂林市	103	133	122	117	111	-30	22
揭阳市	106	134	136	135	134	-28	0
吉安市	153	135	128	123	124	18	11
泸州市	150	136	127	122	123	14	13
蚌埠市	168	137	124	118	118	31	19
达州市	151	138	137	132	130	13	8
荆门市	144	139	135	131	129	5	10
永州市	142	140	138	138	137	2	3
十堰市	159	141	134	129	127	18	14

城市	2015	2019	2025	2030	2035	2015—2019	2019—2035
滁州市	157	92	71	65	67	65	25
绵阳市	119	93	84	75	73	26	20
兰州市	94	94	97	101	101	0	-7
呼和浩特	62	95	106	108	108	-33	-13
焦作市	104	96	103	105	107	8	-11
信阳市	107	97	98	100	100	10	-3
驻马店	113	98	95	93	93	15	5
包头市	45	99	118	137	142	-54	-43
阜阳市	166	100	85	77	79	66	21

城市	2015	2019	2025	2030	2035	2015—2019	2019—2035
开封市	128	117	114	114	115	11	2
德阳市	129	118	116	116	116	11	2
黄冈市	132	119	115	115	117	13	2
南充市	134	120	113	113	114	14	6
孝感市	139	121	112	112	112	18	9
聊城市	74	122	125	121	120	-48	2
湘潭市	118	123	123	126	126	-5	-3
肇庆市	102	124	132	141	141	-22	-17
安阳市	109	125	142	144	146	-16	-21

（续）

城市	2015	2019	2025	2030	2035	2015—2019	2019—2035
南平市	152	142	139	139	138	10	4
宿州市	173	143	131	124	122	30	21
玉溪市	172	144	144	140	136	28	8
日照市	121	145	149	149	150	-24	-5
毕节市	138	146	143	142	143	-8	3
银川市	136	147	146	145	145	-11	2
乐山市	158	148	148	146	144	10	4
渭南市	141	149	153	156	155	-8	-6
益阳市	149	150	151	150	147	-1	3

预测如下：第一，东北地区长期依赖老工业，民营经济不发达，经济动能不足，导致人口流出。随着年轻劳动力流出，人口更趋老龄化，人口增速将进一步下降。而且人口分布高度聚集，主要向沈阳、哈尔滨、长春和大连流入，大量中小城市收缩。随着人口的流出，人均资本存量上升，同时经济增速逐步恢复，东北地区人口迁移的边际成本上升，人口净流出将逐步变少。第二，西北地区未来的经济增速放慢，加之脆弱的生态环境难以承载大规模人口，人口可能呈现流出趋势。第三，华北地区人口增速放缓，2030 年后将仅能维持增减平衡。

3. 城市人口：“大中小城市齐增”转变为“前 100 城抢夺小城市人口”

"人往高处走"：尾部城市依次出现负增长。2030—2035 年，GDP 排名 1 ~ 50 的城市保持正增长，51 ~ 100 以及 101 ~ 150 的城市人口保持增减平衡，其余城市人口减少（见图 5-5）。

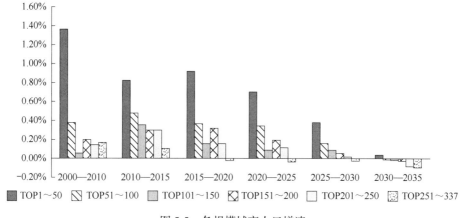

图 5-5 各规模城市人口增速

未来的人口竞争主要是前 100 城抢夺后 200 城的人口，以及前 100 城内部对高端人才的竞争，而后 200 城内部的竞争较弱。其原因在于：①人口密度会向经济密度收敛，而后 200 城人均收入差别不大（见图 5-6）。若某地经济密度高于人口密度，则代表该地的人均收入高于平均水平。当两地人均收入差值高过迁移成本时，人口就会向高人均收入地区流动。我国不同 GDP 排名城市之间人均收入差距较大，2020 年 GDP 排名前 50 城市人均 GDP 约 11 万元，GDP 排名 51 ~ 100 城市人均 GDP 约 6 万元，而 GDP 排名百名以外城市的人均 GDP 约 3 万 ~ 5 万元，百名以外内部差距较小。这说明前 100 城较后 200 城有更大的吸引力，而后 200 城内部的收入差距较小，因此人口主要从后 200 城向前 100 城流动。②要素市场化降低迁移成本，将推动人口从小城市向大城市流动。长期以来，我国的要素市场建设要慢于商品服务市场。

2020 年 4 月，中共中央、国务院发布《关于构建更加完善的要素市场化配置体制机制的意见》，提出要推进要素市场制度建设，实现要素价格市场决定、流动自主有序、配置高效公平。随着政策的落地，除特大城市还有所限制外，大部分大城市开始逐步放宽落户限制、推进基本公共服务均等化。这将大大推动人口从小城市向大城市流动。过去因迁移门槛和成本过高，人口向大城市的流动受限，迁移人口可能会就近选择进入中小城市。但随着政策放开，人口会向进一步向"高处"走。

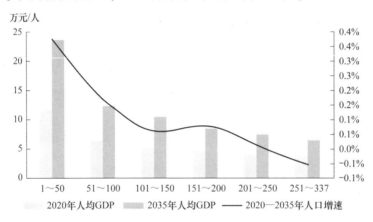

图 5-6　各规模城市人均 GDP 和人口增速

4. 城市人口：百城增长、集聚百城

2020 年我国有 243 个城市人口正增长，2025 年将减少至 204 个，2035 年将仅有 140 个（见图 5-7）。从 2020 年到 2035 年，我国前 150 城人口占全国人口的比例从 69% 上升到 70%。2035 年前 100 城人口占全国人口的比例为 54%，前 150 城人口占比 70%，分别比 2020 年提升 1% 和 1%（见图 5-8）。

图 5-7　人口增减城市数量

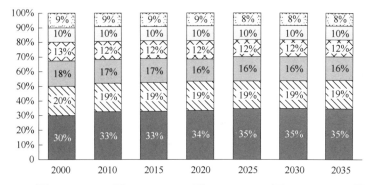

图 5-8　各规模城市人口占比

（三）城市的扩张与收缩

未来十五年，我国城市的扩张和收缩现象并存，将有五类扩张城市和五类收缩城市。

五类扩张城市。①"中心城市"：在要素市场化改革下，土地和人口要素向大城市集聚阻力减少，有利于大城市发展。除北京、上海会控制人口外，杭州、成都、重庆等大城市将得到大发展。②成熟"都市圈"的周边城市：当中心城市充分发展后，会向周边城市转移资源，产业转移和市场潜能将共同推动周边城市发展。如北京过去对周边城市产生虹吸，但随着北京非核心功能的向外转移，周边的廊坊等城市将具备较快发展的潜力。③重大战略辐射范围内的城市：如粤港澳大湾区城市、拥有自贸港开放优势的海口。④发掘自身自然禀赋的城市：如以便宜的电力发展大数据的贵阳、具有丰富旅游资源的三亚。⑤交通条件便利的城市：如厦门附近的漳州成为厦深铁路、龙厦铁路、鹰厦铁路、福厦高铁交汇的重要枢纽地区、国家区域级流通节点城市，发展速度较快。

五类收缩城市。①成长型"都市圈"周边城市：仍处于成长期的中心城市将会对周边城市产生虹吸，如郑州周边的焦作等城市。②非"城市群"地区：在我国实施城市群战略后，不适合城市化的地区的发展有限，除部分边境城市需保留适当人口外，其余非城市群地区的人口可能会逐步流出，如甘肃的酒泉。③资源枯竭的城市：如大庆、伊春、鹤岗等因石油或其他资源枯竭，经济发展后劲不足，人口外流。④产业结构单一且产能过剩的城市：如河北保定等依赖钢铁、煤炭、水泥等产业，在去产能和环保政策收紧的情况下，这类城市将进入深度调整阶段。⑤债务过高透支发展潜力的城市：先建城再吸引人口的"造城"运动违背经济规律，大量的新城和产业园区不能吸引足够多的人口和产业，且留下高昂的债务负担，如贵州的黔南、甘肃的白银。

三、城市化前景

（一）城市化前景：15 年再增 2 亿人

我国城市化步子稳健，正沿欧美发达国家路径前进。世界城市化主要有欧美和拉美两种路径，欧美路径稳健，而拉美路径激进。在人均 GDP 达到 8 000 美元时，欧美路径的城镇化率大约为 60%，拉美路径的城镇化率则高达 70%（见图 5-9）。当下我国的城镇化率和人均收入的关系较合理，正沿着欧美发达国家的路径前进。

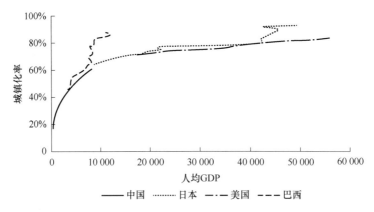

图 5-9　城镇化率和人均 GDP（2010 年不变价美元）

当前，我国进入城市化的中期，城镇化率未来十五年有望再上升 14% 至 74%。

应对老龄化带来的养老金支付冲击和扩大内需，将成为我国城市化的新动因。在应对人口老龄化带来的养老金压力时，欧美的做法通常是吸收外来移民，而中国可以通过将更加年轻、出生率更高的农村人口吸入城市来应对养老金缺口问题。此外，城市化是培育中等收入群体、扩大内需，从而实现国内大循环的关键举措。引导劳动力从低生产率部门向高生产率部门转移，可以培育更多的中等收入群体，真正实现扩大内需。

（二）城市结构：大城市更多

到 2035 年，我国将新增 3 个千万级人口城市（武汉、成都、南京），总数达 9 个，人口占比将从 2020 年的 12% 提升到 14%；新增 7 个五百万级人口城市，总数达 18 个，人口占比从 2020 年的 9% 提升到 11%；新增 41 个百万级人口城市，总数达 155 个，人口占比从 2020 年的 25% 提升到 27%。2020 年城区人口百万以上城市有 131 个，预计 2035 年将达到 182 个（见图 5-10～图 5-12）。

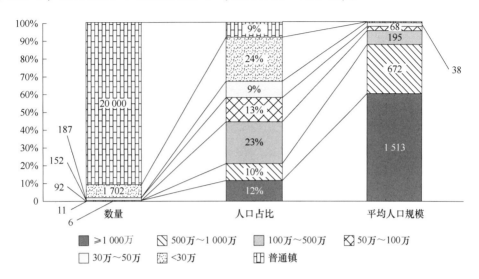

图 5-10　2015 年各类城镇的数量（个）、人口占比和平均人口规模（万）

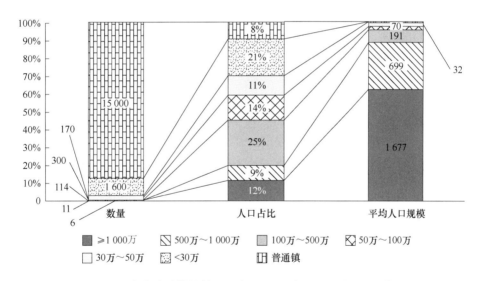

图 5-11　2020 年各类城镇的数量（个）、人口占比和平均人口规模（万）

（三）城市发展阶段：都市圈时代

城市发展有四个阶段：城市、中心城市、都市圈、城市群。都市圈和城市群均是城市发展的最高形态，但并不是所有都市圈都会发展为城市群。城市的发展伴随着要素集散、产业分工和知识积累，这三者在城市发展的不同阶段呈现不同的特点。

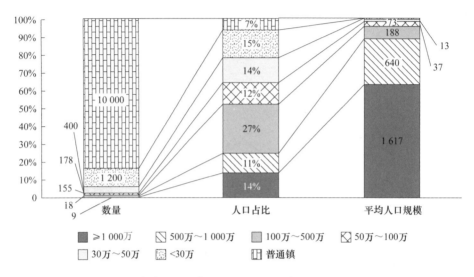

图 5-12　2035 年各类城镇的数量（个）、人口占比和平均人口规模（万）

"十三五"规划确定了我国 19 大城市群和 2 个都市圈的空间布局，"19＋2"覆盖全国 228 个城市，占全国 80% 的人口、88% 的 GDP，是我国主要人口聚集地和经济增长区。我国国土面积大，但真正适宜大规模开发、高密度聚集人口的地方很少。城市群的意义在于为我国圈定了适宜城市化的区域，避免在不适宜大规模城市化的区域进行"人为造城"。我国城市群的跨度太大、入群城市太多，城市发展阶段不同，跨省协调困难，当前真正有条件实行城市群协同发展的地区只有珠三角和长三角地区，京津冀、成渝和长江中游城市群还处于培育阶段，其余城市群则远达不到要求。本文认为对我国城市发展阶段更好的判断是"都市圈时代"。其中，粤港澳和长三角处于由都市圈向城市群过渡阶段，其他都市圈属于发展中心城市、培育都市圈阶段。

粤港澳和长三角处于城市群协调发展阶段，要"以圈促群"。粤港澳和长三角一体化发展就是要实现城市群的协调，但真正实现协调发展非一日之功。发展这两个城市群的抓手就是都市圈，要通过发展都市圈来促进城市群发展。

而其余城市群还处于发展中心城市阶段，要"以心育圈"。从各城市群发展规划可以看出，各地普遍存在两大问题。一是中心城市发展不足，带动能力弱，与周边城市交流不紧密等。这些地区的中心城市还未得到足够的发展，当前带动其都市圈内城市发展的能力和意愿都不强。还需要充分发展中心城市，逐步培育其都市圈。二是都市圈内中小城市数量不够，发展质量不高。都市圈的周边城市需要足够的经济实力和人口规模，才能承接中心城市转移的产业，成为都市圈分工的一环。基于这两点原因，这些地区的都市圈发展还需首先发展中心城市，在发展中逐步培育都市圈。

（四）都市圈时代的特征

2017 年党的十九大后，我国城市化进入都市圈时代，"城市群-都市圈-中心城市"成为承载发展要素的主要空间形式。在这种特征下，城市化将发生如下 8 个转变：

从"限制大城市"到"发展都市圈"。在改革开放初期，发展小城镇是适应我国乡镇企业崛起的举措。然而，随着世界经济的转型，产业集聚度在上升，大型企业在崛起。更适合新兴产业、大型企业的空间载体是能够发挥规模经济效应的大城市。我国的城市化政策导向也逐步转向发展"都市圈"。

从"遍地开花"到"顺势而为"。先建城再吸引人口的"造城"运动违背经济规律，大量的新城和产业园区并不能吸引足够多的人口和产业，留下的只是烂尾楼和债务负担，会进一步透支地方的长远发展潜力。未来的城市化将主要在城市群地区进行，尽量避免"遍地开花"；资源枯竭、过度依赖外需、产能严重过剩的城市会逐渐收缩。

从"同质化竞争"到"差异化竞合"。在分税制改革（土地财政）和官员晋升激励体制影响下，我国许多城市同质化现象严重，产业无法形成互补，部分城市过度工业化。未来我国的城市应该采用差异化竞合策略，都市圈周边城市将围绕中心城市进行布局，实现产业合作，从"单打独斗"转为"紧密联系"。

从"资源错配"到"在集聚中走向平衡"。2003 年后我国推出了一系列区域平衡政策，包括建设用地偏向中西部的土地政策。然而，在人口向沿海迁移的背景下，此类政策造成了土地资源的错配——人口流出地的土地供应持续高于人口流入地。户籍制度则限制了人口的流动。土地和户籍制度改革将推动我国人口与土地资源在集聚中逐步走向平衡。

从"低密度扩张"到"集约发展"。城市的根本特征就是"高密度"，造成"大城市病"的一个原因不是密度过高，而是密度不够。北京都市圈的面积是东京都市圈的 1.2 倍，常住人口约为东京都市圈的 60%，GDP 只有东京都市圈的 30%，能耗却是东京都市圈的 7.4 倍，单位 GDP 二氧化碳排放量则为东京都市圈的 4.7 倍。限制城市的密度反而会阻碍城市的发展，导致物价上涨、总体环境恶化、阶级分化。

从"堵"到"疏"。造成我国大城市"大城市病"的另一个原因不是人口过多，而是城市功能过多和资源分配不平衡。在我国的行政体系下，资源往往按城市的行政级别分配，这导致资源过度向高行政级别城市集中，进而人口会不断向这些城市集聚，引发"大城市病"。要解决"大城市病"就需要向都市圈疏解非核心功能，更合理地分配资源。

从"以乡补城"到"以城带乡"。新中国成立后的60年间，"以乡补城"的做法拉开了农村和城市间的差距。2012年党的十八大提出"新型城镇化"，就是要推动城乡一体化发展，增强城市的辐射功能，带动小城镇和乡村的发展，改变城乡的二元对立。

从"乡城流动"到"城城流动"。在流动人口中，"城城流动"比例从2010年的21%上升到2015年的38%，乡城流动比例则从63%下降到49%。随着农村向城市提供人口速度变慢，城市间将展开存量竞争。

四、总结

我们认为，未来我国城市格局将出现两大现象：一是仅有100~150城人口能够保持持续增长，二是将形成"2群+n圈"的城市空间格局。具体来说，我国城市发展正顺应世界发展规律，人口、土地、资本等要素流动的政策阻碍逐步破除，各类要素向高收益地区集聚。在"双循环"新发展格局下，我国更加依赖城市的集聚效应来提升生产率、扩大内需，实现创新和可持续发展。中心城市、都市圈和城市群将成为经济发展的主要承载空间。未来十五年，经济能持续发展、人口能持续增加的仅有100~150城，2035年前150城将占据全国85%的GDP和70%的人口，而在空间格局上，将形成"2大城市群+n个都市圈"的城市新格局。

工业用地出让最低价政策与地方经济增长

王 之　田文佳　张庆华

观点概览

本研究以 2007 年我国工业用地市场的"最低价政策"为切入点，利用最低价在区县间的差异，使用双重差分模型来考察这项政策对地方经济增长的影响。

在受最低价政策约束的区县里⊖，最低价标准每提高 100 元，区县范围内夜间灯光强度平均下降约 2.6%。机制分析显示，"过高"的工业用地出让最低价阻碍了新企业的进入和已有企业的扩张，抑制了区县内第二产业的发展，进而对地方经济增长产生了负面影响。该不利影响在东部地区、高第二产业的区县更为显著。

然而，工业用地出让最低价对经济基础较好、用地需求旺盛的区县经济发展的影响并不显著。

改革开放以来，土地的利用和开发在我国工业化、城市化进程中发挥了核心作用，土地要素市场改革是促进经济持续增长的重要推力。然而，土地资源配置的低价引资模式虽然促进了地方产业集群和集聚经济的形成，但也带来了工业用地以粗放的方式过度扩张的问题，这催生了针对工业用地配置效率的改革措施。其中，2007 年针对工业用地市场出台的最低价政策是工业土地要素市场改革的关键举措。本研究以该政策出台为节点，使用全国区县数据，系统地考察工业用地最低价政策对地方经济增长的影响和机制，通过全面、准确地评估这项改革措施对地方经济增长的影响，为进一步优化政策提供参考。

一、研究背景

为遏制工业用地压价竞争、低成本过度扩张，提高土地利用效率，2006 年12 月，原国土资源部发布实施《全国工业用地出让最低价标准》，规定了 2 864 个县级行政区的工业用地等级和相应的最低价，要求自 2007 年 1 月开始，工业用地的出让价格原则上不得低于各区县的最低价标准。该政策的初衷在于提高工业用地出让价格，促进工业企业节约、集约用地，进而推动地方工业产业升级和结构调整。

⊖　即该区域内工业用地的市场均衡价低于政策最低价。

土地交易数据显示，2007 年前后，工业用地平均出让价格从不到 100 元/平方米跳涨到超过 200 元/平方米。

在针对最低价政策对地方经济增长的影响的研究中，一方面，已有研究发现最低价政策降低了工业用地出让补贴，提高了新进入企业的产量和生产效率，并促进了工业的区域转移；但另一方面，也发现最低价降低了工业企业的拿地需求，导致土地交易数量和成交面积的萎缩。值得注意的是，在"招、拍、挂"取代协议成为工业用地主要出让方式的背景下，工业用地出让最低价政策对不同区县的影响并不相同。在用地需求相对旺盛的区县，市场均衡价格大多高于最低价标准，即最低价政策对于这些区县的工业用地出让并不具有约束力。但对于市场均衡价格低于或等于最低价标准的区县，地方政府往往会选择以最低价出让土地，此种情况下土地交易量会随着最低价标准的提高而下降。换言之，在这些区县，最低价政策对于工业土地出让具有约束力，过高的最低价标准对地方经济增长可能会产生负向影响。

二、实证研究

（一）最低价政策与区县经济增长

1. 研究方法

区县级夜间灯光强度与第二产业 GDP 之间高度正相关，夜间灯光强度能够很好地反映地方工业发展水平。因此，本研究采用美国国家海洋和大气管理局发布的全部夜间灯光数据来度量各区县在 2002—2013 年的经济增长。

由于不同区县受政策影响程度不同，本研究结合工业地块成交价格数据和对应区县的最低价标准来识别受政策约束和不受政策约束的两类区县，并通过回归分析分别考察最低价标准对这两类区县夜间灯光亮度的影响。本研究将 2007—2015 年工业土地交易实际出让价格等于（或获特批低于）政策最低价的受约束地块多于总交易地块 50% 的区县定义为受最低价约束的区县，此类区县约占样本量的 1/3；其余区县为不受最低价约束的县域，约占样本量的 2/3。

在此基础上，本研究选用双重差分模型，在对区县与年份特征进行控制的基础上，从政策出台前后和各区县最低价标准两个维度，对 2007 年最低价政策的实施对地方经济增长造成的影响进行了探究。

2. 实证结论

回归结果显示，最低价政策仅对受最低价约束的区县子样本有影响。对这些区县，最低价的提高显著降低了曲线的夜间灯光强度，具体来看，区县最低价每提高100元，该区县范围内的夜间灯光强度平均下降2.6%。而对于不受最低价约束的区县子样本，最低价的提高对其夜间灯光强度的影响程度较小并且在统计上不显著。⊖

以上结果意味着，对于部分区县，最低价政策的制定并没有充分考虑当地经济发展水平，过高的工业土地出让最低价可能阻碍其工业发展，对地方经济发展产生不利影响，这也提示政策存在进一步优化的空间。

（二）机制分析——最低价政策与工业企业发展

1. 研究方法

首先，本部分收集了2002—2013年县级行政区的工业企业就业总数，将其对数值作为被解释变量，来探究最低价政策对已有工业企业扩张的影响；其次，本研究使用规模以上工业企业数据库计算了每个样本区县在2004—2009年新进入工业企业数量，将其对数值作为机制检验的另一个被解释变量，以探究最低价政策对新企业进入的影响。

2. 实证结论

回归分析结果显示，在受最低价政策约束的区县里，最低价每上升100元，该地第二产业从业人数平均降低6.5%，新进入工业企业数量平均降低9.9%，影响均在统计上显著；在不受最低价政策约束的区县里，最低价对于两个被解释变量的影响程度较小且在统计上不显著。上述机制分析表明，在受约束的区县里，更高的最低价显著降低了地方新进入工业企业数量和已有工业企业的就业规模，即不合理的最低价标准会阻碍地方已有工业企业扩张、新企业进入，进而对地方经济增长产生不利影响；在不受约束的区县里，最低价对二者均没有显著影响。

（三）机制分析——最低价政策与产业结构

1. 研究方法

本部分使用2002—2013年县级行政区分产业增加值数据，来探究最低价政策对区县第一、二、三产业增加值的影响，检验最低价政策是否通过影响地方工业发展而非农业或服务业发展来影响夜间灯光强度。

⊖　此结论在一系列稳健性测试中依旧稳健，包括对"招、拍、挂"政策实施和2008年国际金融危机的影响进行控制、调整受最低价政策约束的区县样本等。此外，平行趋势检验也表明，最低价政策对于地方经济增长的影响在时间上具有持续性。

2. 实证结论

在受最低价政策约束的区县里，最低价每上升 100 元，该地第二产业增加值平均降低 9.5%，且在统计上显著，而最低价政策对于第一、三产业增加值的影响程度较小且在统计上不显著，这说明政策是通过影响地方工业发展这一渠道作用于夜间灯光强度的。

（四）异质性分析

前文分析可见，从平均效应来看，过高的最低价显著降低了受约束区县的经济增长水平，但该效应在不同地区也许存在差异。本部分从地理区域和制造业占比来考察最低价政策对地方经济增长的异质性影响。

1. 地理区域

我国幅员辽阔，区域间经济发展水平差异较大，最低价政策的影响可能在不同的区域存在差异。通过将样本分为东部和中西部两个子样本来进行政策影响的异质性考察，本文发现政策影响在两者间存在异质性。最低价政策对经济增长的负向影响在东部区县更强，最低价每上升 100 元，区县夜间灯光强度显著下降 6.1%；而最低价政策对中西部区县的影响程度较小，在统计上也不显著。两组间有统计意义上的明显差异。这意味着，政策制定者在优化政策时要特别关注那些位于东部地区、由于所在城市行政级别高而被赋予"过高"工业用地出让最低价的区县。

2. 制造业占比

如果最低价政策是通过影响地方工业发展作用于夜间灯光强度的，那么政策效果应该在制造业比重高的区县更为明显。本研究将 2005 年第二产业 GDP 高于样本中位数的区县定义为高第二产业区县，其余定义为低第二产业区县。研究发现，最低价政策的影响在高第二产业区县显著为负，而在低第二产业区县最低价政策的影响程度较小，且统计上不显著。两组间有统计意义上的明显差异。这说明，由于最低价政策主要是通过影响地方工业发展来影响当地经济增长，在那些第二产业规模较大的区县，政策对于经济增长的影响较大，而在第二产业规模较小的区县则影响有限。

三、结论与讨论

本研究以 2007 年我国工业用地市场的最低价政策为切入点，利用最低价在区县间的差异，使用双重差分模型来考察这项政策对地方经济增长的影响。本研究将区县划分为受最低价政策约束与不受最低价政策约束的两组区县，发现在受最低价政策约束的区县里，平均来看，最低价每提高 100 元，区县夜间灯光强度显著下降 2.6%，且该影响存在持续性。这意味着价格限制可能会阻碍地方工业发展，也提示在制定行政性限制时应该根据实际情况给予适当的调整空间。机制分析表明，在受约束的区县里，更高的最低价显著降低了地方新进入工业企业数量和已有工业企业的就业规模；在不受约束的区县里，最低价对新进入企业数量和已有工业企业的就业规模均没有显著影响。此外，在受约束的区县里，最低价标准显著地降低了区县第二产业增加值，但对第一、三产业增加值没有显著影响。异质性分析表明，最低价政策对地方经济增长的不利影响在东部地区、高第二产业的区县更为显著。

以上实证结果说明，与地方经济发展特点不相匹配的行政性干预措施可能会给地方经济发展带来意料之外的负面影响。在持续推进土地要素市场化改革的大背景下，本研究有望为进一步优化工业用地配置体制机制，推动地方经济持续增长提供参考。

企业结对帮扶能助力县域经济增长吗

——来自扶贫工作信息披露准自然实验的证据

周梓洵　　张闫龙　　周欣雨

观点概览

　　企业结对帮扶能显著推动对口县域经济增长，这一方面源于企业知识的转移传递和相关实践经验的整合，另一方面源于结对企业帮助推动县域金融发展和产业结构优化。

　　当结对县域中帮扶企业的全要素生产率较高、绩效较好、社会责任经历较丰富，或者帮扶国企数量较多时，结对帮扶能更好地促进县域经济增长。

　　在县域层面的机制方面，企业助力对口县域加快金融发展、优化产业结构，从而推动县域经济增长。

　　结对县域中帮扶企业之间资源互补性越强、帮扶企业网络嵌入度越高，企业结对帮扶县域的经济增长效应越明显。

　　发展壮大县域经济是当前全面推进乡村振兴的重要抓手，而实现县域经济高质量发展的重点在于促进各类要素的有效整合。这不仅需要各级政府强化政策保障，还应进一步发挥企业等社会力量在对接市场主体方面的积极作用。因此，在巩固拓展脱贫攻坚成果同乡村振兴有效衔接阶段，明晰上市公司结对帮扶对县域经济的影响和可能机制，有助于发挥企业践行社会责任对社会福利与共同富裕的促进效应。本研究从县域经济增长的视角切入，分析企业结对帮扶对县域经济增长的影响——通过利用精确到区县层面的企业结对帮扶地点信息，揭示企业结对帮扶县域的经济增长效应，聚焦企业如何在结对帮扶中助力地区经济增长，并探讨帮扶企业如何基于知识转移与经验整合的方式助益结对县域。

一、政策背景

　　2016年9月，证监会发布了《中国证监会关于发挥资本市场作用服务国家脱贫攻坚战略的意见》，明确提出"鼓励上市公司结对帮扶贫困县或贫困村"。同年，沪深交易所全面细化了上市公司扶贫工作信息披露要求，分别发布了《关于进一步完善上市公司扶贫工作信息披露的通知》和《关于做好上市公司扶贫工作信息披露的通知》。上述证监会和沪深交易所通知所组成的披露政策规定，上市公司应在年度报告"重要事项"章节中，充分、及时、详尽披露报告期内公司参与扶贫的具体情况。

就帮扶企业来说，2016 年前，企业参与精准扶贫更多通过捐款捐物、购买农产品等传统方式；2016 年后，企业扶贫工作信息披露政策开始引导企业参与结对帮扶等更能体现"精准扶贫"要义的实践，这从侧面反映了披露政策的外生性。对于结对县域，在披露政策实施前县域并无预期能否与企业结对，也不会因为企业结对帮扶而专门调整政策规划，这两方面因素为披露政策赋予了相对外生的"准自然"实验情境。

二、作用与机制研究

本研究收集了 2016—2018 年中国上市公司年报、社会责任报告中的相关信息，对上市公司结对帮扶县域的详细信息进行识别和整理，并匹配县域经济统计数据，以此构建了帮扶企业——结对县域面板数据。该数据集涵盖了 2014—2018 年 2 000 余个被帮扶和未被帮扶县的相关信息，共计 9 474 个观测值。

（一）企业帮扶与对口县域经济增长

1. 理论框架

在金融发展方面，帮扶企业能够从产业链上游和下游助力金融发展。一方面，帮扶企业可以整合数字化相关知识，通过引导市场主体使用数字金融工具与助建电商等渠道，帮助结对县域扩大农产品交易范围。另一方面，帮扶企业基于自身金融相关经验，利用"合作社＋农民＋企业"等方式，降低农户授信的难度，帮助其融入普惠金融体系。金融科技的推广、数字技术的应用与受益人群的扩大，有利于更好地实现金融发展对县域经济增长的催化作用。

在产业结构方面，帮扶企业能够帮助县域延长产业链条，助推产业结构优化，直接推动县域经济增长。通过立足对口地区的资源禀赋和产业规划，帮扶企业支持覆盖人口广、当地资源足、致富能力强的产业发展，以产业帮扶等方式鼓励当地居民参与特色产业。同时，帮扶企业也能给对口地区传递较为先进的发展理念与技术，促进农业产业链条延长至第二、三产业，从而实现产业结构优化。

因此，理论推断企业结对帮扶可以促进对口县域的经济增长。

2. 实证研究

强度多期双重差分模型[一]分析结果表明，企业结对帮扶对县域经济增长有着统计学意义上显著的影响，即企业结对帮扶可以促进对口县域的经济增长，且本结论在对县域个体特征进行控制后依然显著。

在经济显著性方面，企业结对帮扶能提升对口县域地区生产总值约 3.1%，提升对口县域人均地区生产总值约 2.7%。

3. 机制分析

通过中介效应计量模型，以数字普惠金融指数代表地区金融发展水平，以第二、三产业增加值占比代表地区产业结构优化程度，以企业帮扶作为解释变量，以县域数字普惠金融指数和第二、三产业增加值占比作为被解释变量，回归结果表明，企业结对帮扶能够提高县域金融发展水平及促进地区产业结构优化。

以县域 GDP 作为被解释变量，对核心解释变量进行分析，以分析中介变量对县域经济增长的影响，回归结果表明，县域金融发展与产业结构优化均对县域 GDP 有正向影响，即企业结对帮扶能够提高地区金融发展水平并促进产业结构升级，进而促进县域经济增长。

(二) 企业全要素生产率和绩效与对口县域经济增长

1. 理论框架

帮扶企业能将自身从市场竞争中获得的知识或根据已有相关实践总结的经验传递给结对县域市场主体，促进相应领域发展，培育竞争优势。全要素生产率反映了企业在将劳动、资本等生产要素投入生产经营后的综合经济产出效率，展现了企业的高质量发展水平。绩效则反映了企业在市场竞争中价值创造的结果，体现了企业竞争优势。企业全要素生产率越高、绩效越好，往往意味着在结对帮扶中能够投入的资源越多。此外，全要素生产率较高、绩效较好的帮扶企业在开发市场与参与竞争方面的知识更为丰富，更能在产业投资与市场利用上帮助结对县域。

因此，理论推断结对帮扶企业的全要素生产率越高、绩效越好，越能促进县域经济增长。

2. 实证研究

通过将面板数据集中的帮扶企业全要素生产率、帮扶企业绩效分别作为解释变

⊖ 强度多期双重差分模型可在考虑帮扶样本和未被帮扶样本间差异的基础上，体现帮扶企业自身特征差异带来的影响，从而可以帮助检验帮扶企业特征的差异如何影响帮扶成效。

量进行回归分析，在对县域特征和年份等因素进行控制后，回归结果显示两个解释变量均对县域 GDP 有着统计学意义上显著的正向影响，即当县域对应的帮扶企业全要素生产率更高、绩效更好时，企业结对帮扶对县域经济增长的正向影响更为显著。

（三）企业社会责任经历和所有权性质与对口县域经济增长

1. 理论框架

履行社会责任经历丰富的企业或国有企业，能更好地向外界传递企业服务社会、促进可持续发展等积极信号，利用相关实践积累的声誉提升外界对结对县域的发展预期。企业履行社会责任的既有经验丰富，意味着企业更熟悉如何践行社会责任；而从企业所有权性质的角度看，国有企业具有"国企办社会"的历史与保障社会福利的传统，具有更丰富的履行社会责任的经验。

社会责任经历丰富的企业或国有企业，可以在助力当地产业发展时，根据过往经验的总结与整合，准确识别当地发展的关键要素，有效引导当地市场主体利用外部资源，培育壮大县域富民产业。此外，具有上述经验的企业能够更好地降低与结对县域利益相关者的信息沟通成本，更好地协调各方利益。

因此，理论推断当结对县域帮扶企业的社会责任经历更丰富、其中国有企业更多时，县域经济增长效应会更明显。

2. 实证研究

实证研究中选用帮扶企业捐赠金额作为企业既有社会责任经验的度量。将县域对口的帮扶企业捐赠金额和帮扶国有企业数量分别作为解释变量进行回归分析。在对县域特征和年份等因素进行控制后，结果显示，当帮扶企业的捐赠金额更高或者当帮扶企业中国有企业数量更多时，对口县域的经济增长更显著，且两种影响均在统计学意义上显著。这验证了社会责任经历更丰富的企业和国有企业对结对县域经济增长的正面助推效应。

（四）异质性分析

1. 资源互补性

回归分析显示，结对县域中帮扶项目的数量、企业所属行业的差异都会影响结对帮扶的效果。第一，县域内企业帮扶的项目数量越多，项目通过纽带联结、资源共享促进县域经济增长的可能性越大。第二，县域内帮扶企业的来源行业越多样，越能促进不同行业间资源禀赋与技术能力的互补，更好地帮助地区提升经济增长潜力。

2. 网络嵌入度

在帮扶地点方面，若结对县域受本省企业的帮扶，这部分企业就能顺畅地嵌入本地网络、吸收本地知识，发挥本地社会网络与社会资源的优势。回归分析显示，接受本省企业帮扶对县域经济增长有显著促进作用，说明县域受本省企业帮扶能够更好实现经济增长。

三、结论与政策启示

通过将上市公司结对帮扶信息与县域基本信息合并，并实证检验企业结对帮扶对县域经济增长的影响及其机制，本研究发现，公司结对帮扶能促进对口县域经济增长。在帮扶企业层面的机制方面，帮扶企业与对口县域之间存在知识转移与经验整合效应。具体而言，当结对县域中帮扶企业的全要素生产率较高、绩效较好、社会责任经历较丰富，或者帮扶国有企业数量较多时，结对帮扶能更好地促进县域经济增长。在县域层面的机制方面，企业助力对口县域加快金融发展、优化产业结构，从而推动县域经济增长。异质性分析发现，结对县域中帮扶企业之间资源互补性越强、帮扶企业网络嵌入度越高，对县域经济增长的促进效应越大。

本研究的政策启示主要存在于两方面：一方面，政府在推动企业等社会主体参与帮扶时，应优化帮扶企业行业背景与参与方式的协同，充分发挥企业各自行业背景和多样化帮扶方式的优势。应加强行业协会的引导和协调作用，鼓励帮扶企业在结对县域中的合作和资源共享。同时，政府可以对企业结对帮扶效果开展长期监测和评估，确保企业结对帮扶能够在长期维度上真正发挥"造血"功能。另一方面，企业应深化对社会责任实践的理解与认识，转变企业社会责任等同于慈善捐赠的传统观念，通过参与结对帮扶等具有特色的社会责任实践，切实改善社会福利。在帮扶过程中，企业可以强化与结对县域之间的知识转移和经验整合，将自身积累的知识和经验传递给县域市场主体，从自身长处出发履行社会责任，以促进结对县域经济的高质量发展。

过渡期后农村低收入人口和欠发达地区常态化帮扶机制研究

刘　俏　张　峥　张　琳　张佳慧　冯雨菲

观点概览

　　按现行标准，我国已经消除了绝对贫困现象，但是还存在低收入群体。

　　我国农村低收入人口的成因包括：农业全要素生产率（TFP）水平相对较低；农业转移人口的市民化程度相对较低；不具备工作能力的低收入人口由于地域劣势、年龄较大、身负疾病等原因，成为容易发生返贫情况的"高危人群"。

　　本文建议：第一，实施更加积极的财政政策，提高对低收入群体的转移支付力度；第二，改革户籍制度，大力推进农业转移人口市民化；第三，大力发展保障性租赁住房，以公共服务体系的改进有效推动农业转移人口的市民化进程；第四，大力促进农村土地经营权流转，提高农村居民的财产性收入；第五，大力投资农业农村现代化，促进全要素生产率提升；第六，加大对农村人力资本的投资力度，建立高效的职业培训体系。

　　2020年，我国完成脱贫攻坚，自此贫困治理从消除绝对贫困转换至防止大规模返贫、建立贫困阻断机制的阶段。2021年2月21日，中央一号文件《中共中央　国务院关于全面推进乡村振兴加快农业农村现代化的意见》提出，摆脱贫困的县设立5年过渡期，实现巩固拓展脱贫攻坚成果同乡村振兴有效衔接。习近平总书记指出，我们要切实做好巩固拓展脱贫攻坚成果同乡村振兴有效衔接各项工作，让脱贫基础更加稳固、成效更可持续。如何有效地巩固脱贫攻坚成果，落实各项帮扶政策以防止返贫，建立健全过渡期后对农村低收入人口和欠发达地区的常态化帮扶机制，是亟待探讨解决的问题。

一、农村低收入人口规模和现状

　　按现行标准，我国已经消除了绝对贫困现象，但是还存在低收入群体。各国和各类组织在低收入人口和贫困人口的划分上有所差异。从低收入监测来看，截至2022年6月，我国民政部门建立的全国低收入人口动态监测平台已覆盖约6 200万人，涵盖了低保对象、特困人员、低保边缘家庭、支出型困难人口、易返贫致贫和其他困难人员五类人群（见图5-13），占同期全国总人口的4.4%[⊖]。

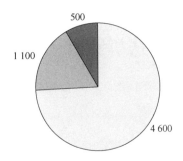

图5-13　全国低收入人口动态监测平台涵盖人群分布

资料来源：民政部《民政统计数据》统计季报。

从低保覆盖范围来看，截至2022年底，全国共有低保对象4 032万人、特困人员约470万人，分别占同期全国总人口的2.9%和0.3%，其中农村居民低保对象3 349万人、特困人员435万人（见图5-14），分别占同期农村户籍人口的4.5%和0.6%[⊜]。目前在低保准入标准上仍有明显的城乡户籍区隔，2022年度城市低保平均标准为8 938元/年，农村低保平均标准为6 849元/年[⊜]。

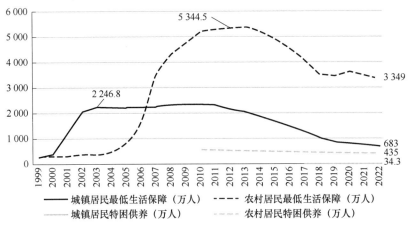

图5-14　城乡居民享受低保和特困供养的规模

资料来源：民政部1999—2022年度《民政事业发展统计公报》。

⊖　资料来源：根据光明网和民政部新闻整理，https：//m. gmw. cn/baijia/2022-09/08/36012374. html。
⊜　资料来源：国家统计局《中华人民共和国2022年国民经济和社会发展统计公报》。
⊜　资料来源：民政部《民政统计数据》统计季报。

从收入五等分来看，2022 年，农村常住居民中的低收入组约有 9 821 万人，人均可支配收入为 5 025 元。假设农村居民的可支配收入分布均匀，2022 年约有 9 821 万农村居民的可支配收入低于 8 495 元[⊖]。

二、农村低收入人口成因分析

根据国家统计局数据，2020 年城乡居民人均可支配收入之比为 2.56，2021 年为 2.50，2022 年为 2.45[⊜]。其一，反映出我国的城乡二元结构。其二，大量农村居民的可支配收入非常低，财产性收入占比更低。

究其根本，第一，农业全要素生产率水平相对较低。2022 年，第一产业占 GDP 的比例约为 7.3%，但就业人员占比约为 23%[⊜]，这使得农业就业人口在初次分配中的收入水平偏低，加之缺乏财产性收入，其可支配收入处于较低水平，与城镇居民存在较大差距。第二，农业转移人口的市民化程度相对较低。根据国家发展改革委的数据，2021 年中国常住人口城镇化率为 64.7%，而户籍人口城镇化率只有 46.7%，这也就意味着有 18% 的人口在城市常住却没有户籍[⊜]。这个群体的收入情况、子女教育、人力资本投入、社保与养老金发放、享受基本公共服务等各方面情况，均与户籍人口存在差距，并直接或间接成为扩大收入不平等的因素。第三，我国农村地区尚有很多不具备工作能力的低收入人口，由于地域劣势、年龄较大、身负疾病等原因，成为容易发生返贫情况的"高危人群"。其中较为普遍的问题是老龄化问题。第七次全国人口普查数据显示，2020 年农村常住人口中 50 岁以上的有 2.11 亿人，占比为 41.46%，明显高于全国平均的 34.53%。此外，2020 年全国约 2.9 亿农民工中，50 岁以上的占比约为 26.4%，这部分农民工正在步入职业周期的尾声，受到社会保障、经济状况等因素影响，其中很大一部分将面临返乡养老的问题。对于缺乏工作能力和收入来源的农村老年人群体，如何为他们提供基本的养老服务，及时将其纳入低收入人口监测和帮扶体系，将是未来需要着重关注的问题。

⊖　资料来源：国家统计局《中华人民共和国 2022 年国民经济和社会发展统计公报》。

⊜　资料来源：国家统计局 2020—2022 年度《中华人民共和国国民经济和社会发展统计公报》。

⊜　资料来源：国家统计局。

⊜　资料来源：人民日报海外版，https：//www.gov.cn/xinwen/2022-03/22/content_ 5680376.htm。

放眼世界，收入不平等是一个引起广泛关注的问题。近 30 年间，在各国居民人均收入普遍持续提高的背景下，美国、德国等国高收入群体所占的收入份额缓慢上升，相应的低收入群体的收入占比却在下降，收入差距呈现扩大趋势。在全球化高歌猛进的时代，一大部分群体并没有从增长中受益，这加剧了群体的极化和对立，也是当前很多问题以及逆全球化思潮产生的根源。

三、过渡期后常态化帮扶机制的相关建议

（一）实施更加积极的财政政策，提高对低收入群体的转移支付力度

为推动落实共同富裕目标，促进社会消费需求，当前阶段应考虑加大对低收入群体的转移支付力度，以此缩小收入差距、促进居民消费。在低保政策上，适当提高最低生活保障标准和低保覆盖范围。特别是针对由于年龄较大、身负疾病等原因，难以通过技能培训和外出劳动提升收入的群体，通过有针对性地发放现金或消费券（例如，1∶1 比例的现金券），进行直接补贴。已有研究证实，政府通过转移支付增加居民消费，消费增加带动企业生产，生产增加提供就业岗位，就业增加促进居民消费，整个过程不仅是良性循环且具有乘数效应。

在政策设计方面，可以将对个人和家庭的转移支付与消除"数字鸿沟"结合起来，中国在数字经济基础设施上的长期投入和应用场景方面的大量创新，为此类公共政策的设计与执行提供了非常大的空间。通过电信、第三方支付平台、民政部门、财政部门等协同，准确甄别出受益群体，精准发放。例如，针对纳入低收入动态监测的 6 200 万低收入群体，每人每年发放 1 万元的现金券。按照消费券的 3 倍乘数效应，将带来 1.86 万亿元的新增消费，相当于 2022 年社会消费品零售总额的 4.23%，如果消费拉动 60% 的 GDP 增加，那么这一项财政支持将带动 GDP 增长 2.54 个百分点。

在资金来源方面，建议以财政政策统领，以更大的力度增加长期国债或者专项债的发行。实施积极的财政政策，稍大幅度地提升宏观杠杆率水平。而这些资金如果能够分配到居民手中，将极大地推进消费的增长。未来可以考虑大幅增加国债的发行规模，特别是创新性地大规模发行长期国债或专项债，为积极的财政政策提供资金来源。在推进乡村振兴和共同富裕目标的过程中，增加对农村低收入人口的转移支付，从中长期维度来看，有利于包容性增长，对于推进中国经济的高质量发展

有着非常重要的意义。

(二) 改革户籍制度，大力推进农业转移人口市民化

党的二十大报告指出，推进以人为核心的新型城镇化，加快农业转移人口市民化。户籍制度改革是农村转移人口市民化的关键。我国现有的 1.7 亿外出工作（异地打工）的农村人口，大多处于最有生产力的年龄段，而家庭中非劳动年龄的人口仍然留在农村。只有通过户籍制度改革推进农业转移人口市民化，才有可能实现农村人口的举家迁移。农业转移人口市民化在规模和预期效果方面潜力巨大。根据光华思想力课题组的测算，到 2035 年中国基本实现社会主义现代化后，农业在 GDP 中的占比或下降至 3% 左右，农业就业人口或下降到 6% 左右。这意味着还会有 18% 的人口需要跨行业转移，以当前全国 7.5 亿就业人口计算，未来十几年时间里，约有 1.35 亿农业就业人口要实现跨行业、跨区域的转移。在预期效果方面，2022 年，我国农民工年均收入为 55 380 元，与同期低收入组农村居民人均可支配收入 5 025 元相比，高出 10 倍有余，因此鼓励农村低收入人口进入城市工作，是切实提升收入的重要措施。让农业转移人口、灵活就业人员中的很大一部分真正转变为新市民，是解决中国城乡二元结构，缩小城镇居民与农村居民可支配收入差距的关键，也是一个可行的政策路径。

(三) 大力发展保障性租赁住房，以公共服务体系的改进有效推动农业转移人口的市民化进程

建议启动"住房公积金制度改革、租赁住房改革和 REITs 建设三位一体"的新一轮改革。当前，大量的灵活就业人员、农业转移人口在城市难以获得长期固定住所，也享受不到与户籍人口对等的住房服务。光华思想力课题组"灵活就业人员参加住房公积金制度调查问卷"发现，提供长租租赁住房是最受灵活就业人员欢迎的政策因素之一，尤其是对于房价高的城市来说，长租租赁住房的需求更为迫切。根据住建部、财政部和中国人民银行公布的《全国住房公积金 2022 年年度报告》，截至 2022 年底，住房公积金结余资金 1.9 万亿元，大量沉积的资金难以获得理想的运作收益，对于住房公积金保值、增值乃至政策性住房金融的长远发展都存在不利影响。

建议由住房公积金中心或财政部门提供资本金，设立"开发建设引导基金"，

㊀　资料来源：国家统计局《农民工监测调查报告》。

加上市场机构的参与和金融机构提供的融资，直接参与租赁住房建设，大规模建设保障性租赁住房或长租公寓，或者收购现有资产，将其更新为租赁住房，针对不同的新市民群体给予不同需求的供给，让农业转移人口和新市民能够在城市住下来，鼓励租赁住房企业以更加市场化的方式开发与运营长租租赁住房。培育成熟之后通过公募 REITs 退出，形成"开发→培育→退出→开发"的投融资闭环。这项举措的思路是利用社会资本，通过市场化的机制来推进第二次房改，真正把新市民以及没有解决住房问题的农业转移人口从城市的高房价里解放出来，通过这种方式，增加他们的消费需求和消费意愿。农业转移人口能够在城市住下来，他们的消费能力、对自身人力资本的投资也会有所提升。

（四）大力促进农村土地经营权流转，提升农村居民财产性收入

建议大力促进农村土地流转，提升土地配置效率，实现农业生产的集约化和机械化，提升农业的全要素生产率。2022 年我国农村居民人均可支配财产净收入为 509 元，仅占农村居民人均可支配收入的 2.5%，远低于城镇居民 10.6% 的水平[○]。一方面，我国农村居民的财产性收入来源比较单一，利息、租金、土地征用补偿占绝大部分，土地等重要资产的价值没有充分发挥出来。深化土地要素市场化改革，能够让农民手中的财产释放出更大的价值。另一方面，我国农村土地经营权流转的比例仍需提升，土地流转模式需要创新，农业规模化经营的比例尚需提升。

（五）大力投资农业农村现代化，促进全要素生产率提升

建议加快形成财政优先支持、金融重点倾斜、社会积极参与的多元投入格局，接续推进乡村全面振兴，为兴旺发展现代种养业、现代种业、乡村富民产业、农产品加工流通业、乡村新型服务业等提供有力支撑，大力推进数字乡村和智慧农业建设、农村人居环境整治等工作。实现农业农村现代化，需要巨量的资金投入。光华思想力课题组的估算表明，改革开放以来的四十多年时间里，中国的投资率与全要素生产率之间呈显著正相关关系，投资率每增加 10 个百分点，全要素生产率基本增加 1.18 个百分点。未来农业农村的高质量发展需由全要素生产率的增长驱动，这意味着需要在关键行业和领域保持一定的投资强度。

（六）加大对农村人力资本的投资力度，建立高效的职业培训体系

建议构建全覆盖、多形式、分层次的高效的培训体系，促进农村人口劳动力素

质的广泛提升，推动劳动力市场竞争力和创新创造能力不断增强，在农业转移人口培训、人力资本积累、产业结构升级和劳动力可持续就业之间建构良性循环。当前我国农民工平均收入仅为城镇单位就业人员的51.8%，加大对农村人力资本的投资力度，建立高效的职业培训体系，是促使农业转移人口进入高附加值领域从事工作、切实提升收入水平，降低城乡居民收入差距的关键。

上述针对农村低收入人口和欠发达地区的常态化帮扶建议不仅有助于提升农村低收入人口的收入水平和生活水平，在过渡期后防止返贫的发生，从长远来看，伴随户籍制度改革、农村土地经营权流转的加快和农业转移人口市民化进程的推进，通过集约化生产提升农业全要素生产率，还可以多渠道增加农村居民可支配收入，逐步缩小城乡收入差距，推动乡村振兴和共同富裕的实现。

官员基层工作经历与城乡协调发展

曹光宇　邓博文　周黎安　徐铭威

观点概览

以县域主政经历为代表的基层工作经历对领导干部的政策取向具有深刻的塑造作用。在基层吃劲、在重要的岗位磨炼能够帮助干部更好地适应新时代中国特色社会主义的发展要求。

总体而言，具有县委书记任职经历的市委书记可以更为显著地缩小辖区内的城乡收入差距。

若市委书记在县委书记之外还曾担任过乡镇党委书记，在缩小城乡收入差距方面的成绩会更突出；若市委书记具有本市所辖县、非市辖区类型的县、农业人口大县的任职经历，则缩小城乡收入差距的效果会更为显著。

若市委书记主政城市下辖有国家级贫困县，则其县域主政经历对缩小城乡收入差距的影响更为显著。

具有县域主政经历的官员在任期间，当地政府工作报告会对农业工作给予更高关注，当地农业现代化水平和农业生产水准更高，农村金融供给也会有显著改善。

一、研究背景及意义

党的二十大报告指出"城乡区域发展和收入分配差距仍然较大"，强调"全面建设社会主义现代化国家，最艰巨最繁重的任务仍然在农村"。因此，缩小城乡收入差距、形成城乡协调发展格局，是实现中国式现代化、解决我国社会主要矛盾的内在要求。

我国地方政府在制定发展规划、推进区域发展等方面发挥着实质而重要的作用，而地方党政主官（以下统称为"市委书记"）又在此过程中扮演着关键角色。在各类基层工作经历当中，在县委书记岗位的历练是干部成长的重要台阶：一个能治理好一个拥有数十万甚至上百万人口的县的干部，往往就具备了在更高层次岗位施政的能力水平。近年来，在干部培养、选拔、任用过程中，党的各级组织部门也更加强调县域主政经历对领导干部的历练作用。

党的十八大以来，我国地级行政区党委主官当中有县委书记任职经历的人数占比稳步上升，从2012年的37.9%上升至2019年的45.5%。评估任职经历对官员政策取向和政策选择的影响、理解县域主政经历对领导干部的塑造作用，对于我国进一步缩小城乡收入差距、践行协调发展理念、实现高质量发展具有十分重要的理论和现实意义。

二、研究方法和描述性统计

本文以城乡收入差距为切入点，聚焦于县委书记这一重要岗位的任职经历，考察县域主政经历对市委书记治理绩效和政策取向的影响。本文基于2001—2019年市级-年度面板数据开展实证分析。我们获取了2001—2019年间市委书记的任职履历信息，在市级-年度层面展开，构造了市级-年度经济社会发展指标面板数据。为了充实、丰富信息，我们还获取了2001—2019年间市级工作报告全文、中国家庭追踪调查数据、银行业金融机构网点许可证信息、北京大学数字普惠金融指数等信息。在实验中，我们依次加入控制变量和固定效应，考察县域主政经历对市委书记在推进城乡协调发展、缩小城乡收入差距方面的治理绩效和施政手段的影响。

如表5-3所示，样本总数为5 320，城乡人均收入比均值为2.695 8；具有县委书记任职经历的市委书记占比40.2%，样本中市委书记的平均年龄52.621 9岁，平均任期为3.214 3年；42.7%的市委书记由本市市长转任，13.6%的市委书记为副省级高配干部，73.1%的市委书记具备研究生学历，72.1%的市委书记有中央或省直部门任职经历。

表5-3　主要变量的描述性统计

变量名称	样本数	均值	标准差
市级-年度经济社会发展指标			
城乡人均收入比	5 320	2.695 8	0.756 0
滞后一期人均GDP（对数）	5 320	9.864 8	0.911 7
人口（对数）	5 320	14.940 4	0.761 1
第一产业产值占比	5 320	16.063 5	9.562 3
一般公共财政预算支出占GDP比重	5 320	19.654 8	18.466 0
市委书记任职经历和个人特征			
具有县委书记任职经历	5 320	0.401 9	0.490 3
年龄	5 320	52.621 9	3.728 2
平均任期	5 320	3.214 3	1.667 4
是否由本市市长转任	5 320	0.426 9	0.494 7
是否为副省级高配干部	5 320	0.136 3	0.343 1
是否具备研究生学历	5 320	0.730 6	0.443 7
是否有中央或省直部门任职经历	5 320	0.721 1	0.448 5

注：本表报告了主要变量的描述性统计，样本时间范围为2001—2019年。

三、研究结论和原因分析

（一）总体而言，具有县域主政经历的市委书记可以更为显著地缩小辖区内城乡收入差距

本文的实证研究表明，若某市的市委书记此前曾有县委书记任职经历，则该市的城乡人均收入之比会显著降低，也即城乡收入差距会显著缩小。在控制年度和城市固定效应变量的基础上，进一步控制人口、人均 GDP 等城市特征变量和市委书记年龄、任期等个人特征变量以及省份–年度固定效应变量，这一影响仍然显著，且系数大小稳定在 −4.06% ~ −3.50%。稳健性检验表明，上述结果并非由脱贫攻坚所驱动，也并非由与农业相关的专业性经历所驱动，在地级行政区层面有普遍参考价值。

基层工作经验提供了领导干部与基层直接互动的机会，这种互动使得领导干部能够直观地感受到城乡发展不平衡带来的社会问题和经济效率的损失。经过县委书记岗位历练的干部，一般对基层情况的了解更为深入、对民众特别是农民的感情更为深厚、对城乡差距现状和成因的把握更为深刻。这些经验进而成为领导干部在制定和执行政策时考虑问题的重要视角。

（二）在本市所辖县、非市辖区类型的县、农业人口大县的任职经历有助于市委书记缩小辖区内城乡收入差距，但"补课式"任职作用并不显著

县域主政经历可以帮助领导干部更好地掌握基层信息，那么本市下辖县的县委书记工作经历应当对市委书记更具直接参考意义，而非本市的县委书记工作经历则只是一种普遍意义上的历练。结果表明，虽然非本市的县域主政经历也有助于市委书记促进城乡协调发展，但本市下辖县的主政经历对市委书记减少城乡收入差距的促进作用更大。

本文根据市委书记担任县委书记时的县级行政区类型，将县域主政经历分为市辖区和非市辖区两种。市辖区作为城市中心的组成部分，财政自主权和经济事务决策权更依附于上级地市政府，工作职能也更侧重于城市规划、公共服务等；与之相对，县、县级市、自治县等类型的县级行政区具有更高的工作自主度，工作重心也更侧重于经济发展，特别是农村经济发展。结果表明，非市辖区的县域主政经历更有助于帮助市委书记在缩小城乡收入差距方面取得进展。

本文将 1986 年非农人口占比低于全省平均占比的县视为"农业人口大县"，其他县则被对应地称为"非农业人口大县"。在农业人口占比较高的地区，领导干部

有更多机会接触、参与农业发展、农民增收等相关工作。结果表明，此类地区的工作经历更有助于市委书记缩小辖区内的城乡收入差距。

在参加工作后期，当其已成为副厅级乃至正厅级领导干部时担任县委书记，此时该县委书记通常还会兼任所在地市的市委常委、副市长等更高一级的领导职务。此即所谓的"补课式"任职，意在补齐领导干部的基层主政经历短板。结果表明，与常规性县域主政经历相比，"补课式"县域主政经历对减少城乡收入差距的作用并不显著。

（三）如果市委书记在县委书记之外还曾担任过乡镇党委书记，在缩小城乡收入差距方面的成绩会更突出

我国乡镇一级政府虽然在辖区面积、人口规模、财政管理权限等方面远小于县级，但却是最贴近基层群众、最了解基层情况的一级政府。我们根据市委书记是否还具有乡镇党委书记任职经历，将此前的核心解释变量"具有县域主政经历"进一步分解为"兼具乡镇主政经历"和"仅具县域主政经历"两个虚拟变量。结果表明，如果市委书记在县委书记之外还曾担任过更为基层的乡镇党委书记，则可以更为显著地缩小辖区内的城乡收入差距。

（四）若市委书记主政城市下辖有国家级贫困县，则其县域主政经历对缩小城乡收入差距的影响更为显著

我们根据地市下辖县级区划中有无国家级贫困县，将面板数据分为两个子样本进行回归分析。研究结果显示，主政官员的个人履历与主政区域的发展禀赋之间存在一定的匹配效应：在下辖贫困县的地市，促进城乡发展、缩小城乡收入差距的任务更繁重，市委书记县域主政经历的作用和影响也更加凸显。

四、促进城乡协调发展的政策手段和启示

本文进一步分析发现，城乡收入差距缩小的主要驱动力是农村居民收入的提升和农业生产经营收入的提升。这是一种"造血式"的收入改善，意味着农村居民收入以农业生产为基础实现了长足的发展。具有县域主政工作经历的市委书记能够更有效地促进城乡协调发展的原因，主要体现在其对政策的针对性和关注程度的增强。

如果市委书记具有县域主政经历，则该市的政府工作报告会对农业工作给予更多关注，当地农业现代化水平和农业生产水准更高，农村金融供给也会有显著改善。具体表现为，市委书记的县域主政经历可以显著提升当地的农业现代化、机械化水

平，进而提高粮食总体产量；此外，还有助于增加农村地区的传统金融供给，也能促进以数字金融为代表的新型普惠金融发展。

本文对进一步贯彻新发展理念，特别是在缩小城乡收入差距、形成城乡协调发展格局方面，提供了一定的政策启示。本文发现，以县域主政经历为代表的基层工作经历对领导干部的政策取向具有深刻的塑造作用。在基层吃劲、在重要的岗位磨炼能够帮助干部更好地适应新时代中国特色社会主义的发展要求。干部递进式培养具有显著成效，有助于贯彻落实新发展理念，"宰相必起于州部"这一论断具有扎实的经验基础。这为新时期推进乡村振兴、实现共同富裕进程中的干部选任工作提供了良好借鉴。

何以善治：官员特征与地区平衡发展相关性研究

张建君　周欣雨　柴闫明

观点概览

　　地方官员在地区发展中起着重要作用，官员差异化的个人特征也是地区经济增长与社会发展平衡程度的决定因素之一。

　　地方官员的动机、认知和能力会影响发展决策及其结果。官员自身的不同特征会影响其职业前景，从而影响他们制定侧重各异的地区发展决策。总体而言，年长的官员、有上级部门任职经历的官员和任职部门数更多的官员能更好地平衡地区经济增长与社会发展。

　　省级政府对 GDP 增长的重视程度和绩效考核观的全面化均会减弱官员个人特征对地区经济与社会平衡发展的影响。

　　许多对我国官员晋升机制的研究都发现，官员任期内的相对经济增长与其晋升概率正向相关。而随着中国经济的高速增长和发展不平衡不充分问题的日益凸显，如何实现地区内经济与社会事业的平衡发展成为各界关注的重要议题。本研究聚焦地区内经济增长和社会发展的平衡，并基于晋升激励理论和高阶梯队理论，探究地方官员的个人特征对地区均衡发展的影响，为我国实现"有发展的增长"提供来自公共服务治理角度的建议。

一、官员个人特征与地区平衡发展

　　本研究构建了衡量城市经济增长与社会发展水平协调度与耦合协调度的综合指标，并选用1993—2016 年27 个省级行政单位284 个地市的1 827 位次市委书记的信息进行分析。

（一）官员个人特征与地区均衡发展

1. 年龄

回归分析显示，与年龄超过 55 岁的市委书记相比，年轻的官员对地区经济与社会的平衡发展有显著的负向影响，而且官员越年轻，越重视 GDP，对平衡发展的负面影响越大。可能的原因是，一方面，由于干部"年轻化"的要求，年长的官员较难获得晋升，因而他们更可能坦然地将资源和精力投入其他领域，避免单一追求短期经济增长；同时，他们可能更注重声誉，对人生的意义和追求有更加豁达的态度，追求"为官一任，造福一方""人过留名，雁过留声"，所以会更侧重于真正对当地人民有利的事业，以满足其自我实现的需要。而提供教育、医疗、社会保障和环境保护等社会公共服务，正是造福一方和人过留名的极好途径，所以年长的官员更能促进经济与社会的平衡发展。另一方面，年长的官员更注重职位的稳定性，由经济发展带来的环境污染给他们带来的边际收益较小，但由环境事故遭受惩罚的成本却很大，因此，在晋升收益与惩罚成本的权衡中，年长官员会选择提升地区环境治理力度。同理，他们也更可能增加民生财政支出，提升当地的教育水平。综上，年长的官员更加注重地区社会发展，更倾向于促进经济与社会发展的平衡。

2. 任职经历

回归分析发现，有过上级部门（省委、省政府或中央）任职经历、任职部门数量多的市委书记，能更好地平衡地区经济增长与社会发展。

在上级部门工作过的官员拥有其他官员不具有的优势，他们更容易获得晋升，因而单一追求经济增长的动力相对较弱，在意愿、能力和资源方面都更有可能倾向于提升社会发展水平，实现平衡发展。一方面，因为在省委、省政府或中央工作过的官员更容易被上级所熟知，更被了解和信任，晋升概率较大，并且到下级部门历练的官员本身为上级政府所重视和有意培养，他们进行交流的目的更多的在于熟悉地方政府运作、积累地方工作经验或者解决特定问题等，因而，这些官员并不依赖高经济增长率获得晋升，有更大的空间追求平衡发展。另一方面，在省委、省政府或中央工作过的官员，通过与上级行政单位的联系，能够为地方发展争取到更多如财政资金等资源，使得地方在发展经济的同时能兼顾社会性支出，促进地区平衡发展。

有多部门任职经历的官员有着更加多样化的知识、经验和能力，对平衡发展有更具体和更清晰的认识，也积累了更广泛的社会资本和人力资本，晋升概率更高，因此能更好地平衡地区经济增长与社会发展。人力资本与社会资本均与个体的工作经历密切相关。工作经历的多样性增加了官员知识和视野的广度与经验的丰富度，提供了解决问题的各种方案和工具，深化了官员对平衡发展重要性的认识，也使得官员能更好地协调和整合各部门、各组织。社会资本提供了通过人际关系网络获得信息和资源的潜力。拥有更多的社会资本的官员不仅能接触到来自多视角的信息，也更能通过自身的知识经验和人际网络塑造上级领导和社会各界对其能力的正面感知，从而改善其职业前景。丰富的人力资本和社会资本更有可能给这些官员带来地区发展的资源，拓宽官员在地区发展中的选择空间，最终推动地区经济与社会的平衡发展。

3. 其他特征

本研究也发现，与来自外省的官员相比，在籍贯所在省市任职的官员所管辖地区的平衡发展水平较低。一方面可能是因为来自外省的官员在当地的政企合谋行为更少，另一方面是因为异地交流更多针对那些年龄较小、有培养前途的党政领导干部，这些官员相对来说晋升概率较高。

同时，有经济管理类专业背景的官员能更好地平衡地区发展。

从地区特点来看，人口越密集的地区，由于有平衡发展的需求和来自民众的压力，会有较高的平衡发展水平。

（二）官员个人特征与晋升

本研究认为，官员个人特征对地区发展均衡程度的影响可能存在两种作用渠道。首先，官员的个人特征可能对其经济增长和社会发展的资源分配偏好带来影响，因此可以直接影响地区发展均衡程度。其次，官员个人特征与其晋升前景存在关联，而晋升前景不同的官员可能会选择不同的地区发展战略，因此，官员个人特征也可能通过影响其晋升前景而间接地对地区发展均衡程度产生影响。

而有序 Probit 回归模型也证实了官员个人特征与其晋升前景间的关联。回归结果显示，与年龄大于 55 岁的官员相比，年轻的市委书记更容易晋升，有上级部门任职经历的官员、任职部门数量多的官员更容易晋升。

本研究认为，在对地区发展战略的抉择中，晋升前景是官员的考量因素之一。晋升前景较为明朗的官员对经济增长的依赖度较低，通过经济增长向上级展现能力和业绩的动机较弱，因而有选择平衡发展的意愿。对于晋升概率较小的官员，他们可能会转而注重自己的声誉，因而也倾向于选择平衡发展。而对于晋升概率居中的官员，他们只有在努力满足经济增长的绩效门槛要求后，才有资格参与晋升竞争，因此他们会更注重经济增长而非平衡发展。

二、官员个人特征对地区发展均衡度影响的调节因素

（一）省级政府发展导向的调节作用

官员个人特征对地区发展均衡程度的影响也受到上级政府偏好的影响。以省级政府每年的计划 GDP 增长率与前一年 GDP 增长率的差值作为省级政府对 GDP 增长重视程度的代理变量，实证分析发现，在重视 GDP 增长的省份，市委书记的年龄、上级部门任职经历和任职部门数量，对地区平衡发展没有显著影响。也就是说，在中国"下管一级"的行政体制和干部人事制度下，省级政府的发展导向会显著影响地市官员的行为，而省级政府对 GDP 增长的重视程度会减弱官员个人特征对地区平衡发展的影响。

可能的原因在于，省级政府对 GDP 增长的重视程度和计划的 GDP 增长速度会直接影响下属地市的工作重心和努力目标。其一，指标会层层分解到地市；其二，指标的完成程度会影响地市官员的晋升；其三，GDP 导向的氛围会在省内形成普遍的压力。这些都会影响地市官员的工作动力、努力方向和资源分配。省级政府对 GDP 增长的重视，自然会增加地市官员通过 GDP 增长而获得晋升激励的强度，导致地市官员片面重视 GDP 增长，从而降低地区平衡发展水平。省级政府对 GDP 增长的重视，会压缩官员自主发挥的空间，从而弱化官员个人特征的影响。

（二）绩效考核观的纵向变化

官员个人特征对经济与社会平衡发展的影响也可能随着时间和绩效考核观的变化而呈现动态性。在回归分析中，若以 2013 年作为分界点，2013 年后官员个人特征对地区平衡发展的影响程度有所降低。并且，2013 年后官员个人特征对其晋升概率的影响也同样减小，除了上级部门的任职经历更有利于晋升外，年龄和任职部门数对晋升前景的影响均有所降低或不再显著。

本研究认为，这是因为 2013 年后 GDP 增长指标在地方官员考核体系中的重要性减弱，而环保等指标的作用在增强。随着发展观和政绩观转型取得进展，短期 GDP 增长对官员晋升的正向影响减弱，而环保等有利于社会发展的指标对晋升的正向影响增强。这无疑会影响官员们的行为，使他们在推动地区经济增长的同时，更加注重环保等地区社会发展指标，有助于地区平衡发展。

三、结论与启示

本研究关注地区内经济增长和社会发展的平衡以及地区官员特征对其的影响。本研究的理论基础是，地方官员自身的不同特征会影响其职业前景，从而影响他们制定侧重各异的地区发展决策。整体而言，本研究提出并实证验证了年长的、有上级部门工作经历的、任职部门数量多的官员能更好地平衡地区内经济与社会发展。此外，本研究发现，省级政府对 GDP 增长的重视和绩效考核观的全面化均会弱化官员个人特征对经济与社会平衡发展的影响，这也从侧面揭示了地方官员的晋升更可能是基于业绩的"资格赛"：既存在业绩的门槛要求，同时也为上级组织留下了充分的人事安排处置权。上述结论为我们带来了如下政策启示：

第一，需要不断调整和变革官员选拔制度和激励制度以适应各发展阶段的需要，并同时考虑其与辖区发展的匹配。"治国之要，首在用人"，过去 30 多年以 GDP 增长率为主要绩效考核标准的做法，既推动了经济的迅速增长，也带来了一些负面结果。在贯彻创新、协调、绿色、开放、共享的新发展理念的时代背景下，需要适时调整官员选拔和激励方式。具体而言，在官员选拔方面，可以考虑根据地方发展需要，将不同特征的官员与地区发展状况进行匹配；在官员激励方面，需要对不同特征的官员设置合理的差异化激励，以助力发展方式转变、经济结构优化和增长动能转换。

第二，政绩考核要更加强调地区平衡发展，以平衡发展为导向完善政绩考核体系，激励地方政府不要片面追求经济增长率，而应该更加注重经济的高质量、可持续发展，以实现"有发展的增长"。党的二十大报告提出，采取更多惠民生、暖民心举措，着力解决好人民群众急难愁盼问题，健全基本公共服务体系，提高公共服务水平，增强均衡性和可及性，扎实推进共同富裕。目前，很多地方政府在环保等基本公共服务指标考核中推行"一票否决"，但过高的政绩压力激化了公共价值冲突，降低了环境治理效率。"一票否决"并不是目的，其主要目的在于引导官员提升地区社会发展水平，推动地区平衡发展。

综合而言，实现发展观的转型，一方面需要对地方官员进行教育，使他们树立正确的政绩观，把人民群众的需要和幸福放在首位，"在其位，谋其政，尽其责"，让人民群众真正"蒙其利"。另一方面也需要完善地方政府的绩效考核指标，增加更多与社会公共服务相关的指标，比如公共教育、医疗卫生、公共文化、体育等，激励地方政府平衡地区内经济增长与社会发展，从而逐渐改变地方政府以牺牲公共服务换取 GDP 增长的做法，使其更加注重当前和长远、发展和基础、显绩和潜绩的统一，这将有助于从制度上解决经济增长与社会发展之间的矛盾。

城市社会韧性提升的实践方向

——温州经验及其启示

张志学　张三保

观点概览

建设韧性城市是提升城市应对各种不确定性和重大风险能力水平的有效策略，也是经济全球化背景下城市应对自然与社会风险的必然选择。

温州市在考验中所体现出来的城市韧性既来自温州市政府的组织能力，也源自良好的政企、政民关系。

除必要的硬件设施外，提升城市社会韧性可以从弘扬价值创造与风雨同舟的精神、发展数智技术的治理优势、建立提升社会韧性的教育体系和营造良好的营商环境四个方面入手。

重大灾害何时以何种方式来临，往往很难预测。认识到重大突发事件发生的可能性，并在意外危险发生时调动资源成功应对并复原，是经济社会可持续发展的重要课题。常态意外理论（Normal Accident Theory）认为，组织存在结构上的复杂交互性和运行上的紧密耦合性，因此事故发生不能简单地以决策失误、设备失灵等表面原因来解释，而应该深刻探讨如何通过组织运转让城市增强抵御风险的能力。建设韧性城市，是提升城市应对各种不确定性和重大风险能力水平的有效策略。

一、建设韧性城市的重要性

21世纪初，西方兴起了韧性城市规划与建设的浪潮。2018年，我国出台《关于推进城市安全发展的意见》。随后，国务院安全生产委员会牵头开展"安全发展示范城市"创建与评价工作，城市韧性建设在我国开始大规模实践。北京、上海将韧性城市建设任务纳入城市总体规划；国家自然科学基金委员会配合"千年大计"和国家雄安新区建设，启动了"韧性雄安"应急课题；黄石、德阳、海盐和义乌入选了洛克菲勒基金会"全球100韧性城市"计划，在韧性城市建设中积极探索国际合作。2020年，党的十九届五中全会首次从国家战略的高度提出"建设韧性城市"。党的二十大要求："坚持人民城市人民建、人民城市为人民，提高城市规划、建设、治理水平，加快转变超大特大城市发展方式，实施城市更新行动，加强城市基础设施建设，打造宜居、韧性、智慧城市。"

（一）建设韧性城市的风险应对作用

建设韧性城市是经济全球化背景下城市应对自然与社会风险的必然选择。近年来，地震、台风、爆炸、坍塌等自然灾害、事故灾难层出不穷，影响重大且深远。并且，随着风险耦合和级联效应的增强，灾害链和受灾范围都极大延长。城市作为经济与人口聚集的重要场所，往往受到原生灾害和次生灾害的多重冲击，甚至波及周边乃至全球其他城市，各城市若想完全恢复往往有很长的路要走。

（二）建设韧性城市的战略意义

建设韧性城市是顺应以人为核心的新型城镇化进程的战略性决策。我国的城镇化正处于快速发展中后期向成熟期过渡的关键阶段，目前已形成以中心城市、城市群和都市圈为主体的城镇发展格局。2021 年我国常住人口城镇化率达到 64.72%，现有的 19 个城市群集聚了全国 70% 以上的人口和 80% 以上的经济量；2010—2020 年，部分大城市常住人口增量达数百万，部分市辖区人口密度超 2 万人／平方公里。城市规模不断扩张，各类要素快速流动并向城市聚集，加剧了城市风险与脆弱性。当社会系统的演进规律和生态系统的承载能力跟不上城市的发展速度时，就会破坏社会与自然的平衡，引发许多城市安全问题。

（三）建设韧性城市以提升政府治理能力

建设韧性城市是推进政府应急管理体系和能力现代化的必然要求。韧性城市建设涉及多个利益相关者，要求增强政府的整体性，发挥政府权威作用，通过信息共享、政策沟通等手段实现行政机构之间、政府与社会之间的协调统一和城市治理一体化。跨界危机和风险级联效应的强化机制强调政府的紧急动员、快速支援能力，以在最短的时间内防止风险扩散。城市问题的复杂性同样呼唤多样化的公共服务，政府要加快转变职能，与社会组织良性互动，对民众需求快速反应。

二、韧性城市建设的温州经验

温州市在各类灾害的考验中表现出的城市韧性，既来自温州市政府的组织能力，也源自良好的政企、政民关系。

（一）有为的服务型政府

1. 努力构建"亲""清"新型政商关系，与企业建立健康而良性的互动

非公有制经济是社会主义市场经济的重要组成部分，在满足人民多样化需要、增加就业、促进国民经济发展中起着积极作用。习近平总书记高度重视非公有制经济发展。近些年,温州市通过关注非公有制经济健康发展和非公有制经济人士健康成长的"两个健康"先行区、每年11月1日举办的"民营企业家节"、聚焦政商交往和清廉民企建设的"三清单一承诺"制度等创新举措,在"亲""清"新型政商关系构建上进行了开创性的探索。在制度上,温州市建立了企业家紧急事态应对制度,实行重大涉企案件风险报告制度,全面推行涉企柔性执法制度,为企业家干事创业保驾护航。同时,组织开展以"两个健康"为主题的"万名干部进万企"专项行动,抽调干部与企业结对,帮助企业化解难题、代办项目。此外,温州市着手健全"政府承诺+社会监督+失信问责"机制,严格兑现依法做出的政策承诺,防止"新官不理旧账",营造"一任接着一任干"的良好氛围。

2. 未雨绸缪、居安思危,强力推进重大突发事件应急保障体系建设

温州市作为经常会受到台风、水文地质灾害影响的沿海城市,其各级政府在常年应对自然灾害的实践中,摸索出了一套有效的防灾救灾常态机制,建立了完善的应急救援队伍和组织力量体系,理顺了突发事件处置流程。2020年应急保障体系的韧性得到检验,彰显了党委、政府和各级党员干部的有为和敢当;而后期快速有序推动复工复产,再次展现了自上而下的指导与动员、自下而上的配合与响应相互交融而形成的社会韧性与活力。

(二)企业的快速响应与应对

1. 增强企业抗风险能力

温州市制造业发达,出口经济活跃,若干企业通过踏实经营形成了独特的优势,产品的市场份额也相对稳定,企业普遍具有较强的抗风险能力。例如,新冠疫情发生后,温州市一些企业在同行业其他企业无法正常生产的情况下,想办法突出重围,努力响应国内外客户诉求,保持住了业绩增长势头,为后续复工复产奠定了良好基础。

2. 创新企业运行模式

近年来,数字经济蓬勃发展,在推动生产力发展和生产关系变革的同时,对产业数字化转型升级提出了新要求。温州市一些民营企业在无资源依赖的情况下,把智能化改造作为加快传统产业升级和新兴产业发展的关键性举措,大力推动产业数字化和数字产业化。

三、韧性城市建设的方向

基于温州市建设韧性城市的经验,本文提出四个社会韧性提升的发力方向。

（一）推进志愿服务常态化，弘扬价值创造和风雨同舟的精神

充足的物质资源是应对风险挑战的基础，也是城市保持韧性的根本。经过改革开放以来四十多年的奋斗，我国的城市和乡村都发生了天翻地覆的变化，现行标准下农村贫困人口全部脱贫。下一步，应通过有效的措施在全社会弘扬价值创造和风雨同舟的精神，鼓励人们互帮互助、同舟共济。各级党委和政府应为志愿服务搭建更多平台，更好发挥志愿服务在社会治理中的积极作用，进一步弘扬奉献、友爱、互助、进步的志愿精神，推进志愿服务制度化、常态化，为韧性城市建设奠定更坚实的社会基础。

（二）充分利用数智技术的优势

数智化是在信息化和数字化能力基础上，结合人工智能技术后形成的技术手段和工作系统。城市借助数智技术提升能力和韧性，是推动城市治理优化升级和提升居民获得感、幸福感、安全感的重要手段。不仅要通过基础设施投入实现城市各个系统和部门间的信息化和数字化联结，还需要利用大数据和人工智能技术对与城市运营和发展相关的多模态数据进行分析，提升决策质量和效率。值得注意的是，数智化虽能为城市治理带来便利，但数据搜集事关个人隐私乃至公共安全，应从搜集什么数据、在哪些情境下搜集数据、怎样使用数据等方面，将数据搜集过程制度化、规范化。在实际应用中，不能将数字技术当作简便的管控工具，更不能过于依赖数字系统而变得懒政、脱离群众和远离实践。综合来看，利用数字技术提升城市韧性是城市治理各个部门面临的重大机遇与挑战。

（三）建立提升社会韧性的教育体系

组织良好运转的关键在于人，以人为本是培养城市韧性的立足点。相比于城市风险与灾害防护视角下的传统城市韧性，人本主义视角下的城市韧性更注重城市中人的韧性。个人和社会的韧性来自于应对危机的能力与素质，因而建立增强社会韧性的教育体系、提升公民风险防范能力尤为必要。第一步，通过素质教育让每个以自我为中心的自然人转变为考虑公共利益的社会人。第二步，通过职业教育让人们从遵守社会规范的社会人转化为组织人，即在组织里遵守组织制度、规则和工作流程。第三步，通过专业培训使人们从组织人转变为专业人，以更好地应对各种风险挑战，提高组织绩效，为社会做出贡献。这样，就能充分提升人力素质，以优秀的人力资源提升城市韧性。

（四）创造良好的营商环境

营商环境是指企业等市场主体在市场经济活动中所涉及的体制机制性因素和条件，是城市的重要软实力。营造市场化、法治化、国际化的营商环境可以增强城市发展的内生动力，是打造韧性城市的关键着力点。各个城市要精准定位，树立标杆，补齐短板，着力优化营商环境。具体实施方向为：

其一，营造公平竞争的市场环境。多措并举优化融资环境，保障市场主体融资需求；加大研发投入和专利保护力度，以创新引领产业转型升级；完善公平竞争制度，改革监管体制，加强行业自律；降低资源获取成本；努力打造种类齐全、分布广泛、功能完善的现代中介服务体系。

其二，营造高效廉洁的政务环境。积极构建"亲""清"新型政商关系，加大对企业的关怀力度；深化"放管服"改革，提升政府服务效率和能力；加快建设廉洁政府、透明政府。

其三，营造公正透明的法治环境。保证司法公正、公开；打通司法服务"最后一公里"；加强知识产权保护；完善社会治安防控体系，维护安定有序的社会治安环境。

其四，营造开放包容的人文环境。坚持对外开放、互利共赢；培育和弘扬企业家精神，完善社会信用制度，提升城市人文魅力。

其五，找准城市战略定位。发挥城市特色和比较优势，以城市群和都市圈为依托，实现资源共享、优势互补、共赢发展。

制度集成创新的原理与应用

——来自海南自由贸易港的建设实践

董 涛 郭 强 仲为国 程升彦 邓 晓

观点概览

海南省经济发展水平、基础设施建设、社会治理等方面虽已进步良多，但仍然无法满足建设高水平自由贸易港的发展需要，亟须制度集成创新的理论指导和实践经验。

现阶段海南省制度集成创新存在的问题及原因包括：突破体制机制障碍，实施系统性重大集成创新的成果不多；整体性、协同性和联动性制度集成创新不足；基层单位的制度集成创新能力不高；"集成性"和"成果性"的考核不够。

成功实现政府流程再造和制度集成创新需要思想层面、能力支持与体制机制保障层面和组织层面自上而下、自下而上以及横向和纵向的支持与协同。

海南省的制度集成创新方向需要把握好"五个关系"：地方特色和全国影响的关系、上下联动和左右协同的关系、一枝独秀和百花齐放的关系、小步快跑和稳扎稳打的关系以及先行先试和风险防控的关系。

一、引言

在各地自由贸易试验区相继建立的背景下，制度改革创新的速度不断加快、质量不断提高，从产业、税收、贸易等政策突破到投资自由便利、跨境资金自由便利、人员自由进出等规则制定，区域间的竞争也日趋升级。然而，改革只有进行时、没有完成时，面对复杂多变的国际形势，我国加快构建以国内大循环为主体、国内国际双循环相互促进的新发展格局，这需要更高水平的开放程度和更加成熟有效的制度体系。

海南省由于独特的地理位置和经济特区自带的改革基因成为建设自由贸易港的首选之地。从1988年海南经济特区成立开始，海南省敢为人先，推出多项"全国率先"的改革政策，并坚持生态立省的原则科学发展，逐步形成具有海南特色、拥有较大增长潜力的现代产业体系。所以，海南省是深化改革、试验制度创新、推动双循环格局、建设自由贸易港的理想之地。

海南省在建设对标国际一流标准的自由贸易港时，体制机制和制度障碍较为明显。一方面，海南省的经济发展水平、基础设施建设、社会治理等方面虽然从建设经济特区以来进步良多，但仍然无法满足建设高水平自由贸易港的市场、人才、制度、法制环境、营商环境的发展需要。制度体系是各种生产要素聚集并实现良好流动的重要基础，所以下好建设海南自由贸易港的"先手棋"就是要完善体制机制等制度体系。另一方面，建设中国特色自由贸易港是新时代的一项重要战略任务，但经验方法还不多，基础积累还不足。因此，海南自由贸易港的制度体系建设任重道远，需要在投资、贸易、金融、税收、人才、数据、运输往来、社会治理、法治保障和风险防控体系等多方面进行制度完善。

由于海南省现行的政策和体制机制从整体性、协同性、灵活性和服务性上均无法达到建设高水平自由贸易港的要求，因此本文以"要把制度集成创新摆在突出位置"的要求为指引，聚焦制度集成创新的理论构建，尝试构筑行之有效、适宜海南自由贸易港发展需要的制度集成创新机制，突破现行体制机制障碍，提出破解海南自由贸易港制度集成创新难题的建议。

二、海南省制度集成创新的现状与问题

（一）海南省制度集成创新的现状

为建设具有较强国际竞争力、影响力、发展力的高水平中国特色自由贸易港，海南省已经围绕贸易、投资、跨境资金流动、人员进出、运输来往自由便利和数据流动安全有序等方面制度集成创新制定行动方案和任务清单（见图5-15）。

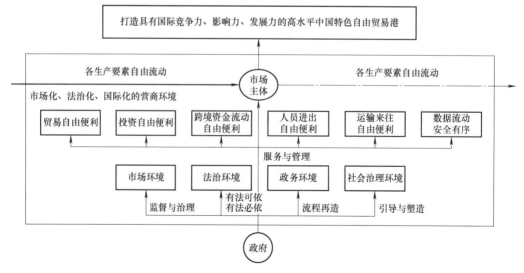

图5-15　制度集成创新的现状

海南省各省直部门、市县及中央驻琼单位以及重点园区按照省委、省政府统一部署，制定实施制度集成创新具体方案，积极谋划、大胆创新，推动形成了一大批质量较高的制度集成创新案例。通过以制度集成创新助推改革、力促发展、狠抓落实，海南自由贸易港建设取得了显著治理成效。

（二）海南省制度集成创新存在的问题与原因

海南省以制度集成创新推进自由贸易港建设取得了显著成效，但现阶段海南自由贸易港制度集成创新仍然面临不少改革难点，其存在问题和内在原因主要有以下几个方面：

1. 从深度上看，"真刀真枪、刀刃向内"突破体制机制障碍、实施系统性重大集成创新的成果还不多

从整体环境上看，一些创新主体求稳怕变、小富即安、小成即满；从具体案例来看，制度创新皮毛功夫的多、伤筋动骨的少；从基层实践来看，在体制机制上真正打破常规、突破障碍的重大制度集成创新成果还不多。

通过对创新政策的整理和实地调研走访发现，部分地区和部门对制度集成创新的认识不深、理解不透，解放思想、大胆创新不够，存在畏难情绪、积极性不高。外部激励和个体内生动力的传导机制不够，对创新实施主体的考核激励、评优评先、职务晋升、容错纠错等保障机制不足。基层单位和创新个体的内生动力的调动明显不够，基层单位主动参与制度集成创新的积极度还不高。

2. 从宽度上看，制度集成创新存在碎片化、条块化、单一化，整体性、协同性和联动性制度集成创新还不足

海南省目前已发布的制度创新案例中存在单打独斗、零敲碎打制度创新的现象。究其原因为，单一的直线职能型组织结构不足以支持跨领域、跨部门、跨地区的联动集成创新。现阶段的制度集成创新案例无法体现出整体性、协调性和系统性的原因之一是跨部门、跨地区、跨领域的合作不到位。而直线职能型组织结构的上下级领导关系在跨部门合作时容易发生不配合、相互推诿等问题。同时，当部门内人员有调动时，对接速度、对接质量均会产生影响。此外，制度集成创新的主体单位、主推人员的权力配比会直接影响到集成创新速度、质量和效果，故而权责错位易产生集成性较差、单打独斗、零敲碎打的制度创新。

3. 从广度上看，制度集成创新的实施主体分布不均、差异较大，基层单位的制度集成创新能力亟待提升

从已发布的制度创新案例来看，省部单位多而市县单位少，园区制度集成创新的示范性不高，重点园区制度集成创新的改革示范性有待提升。究其原因，一是省直部门对基层市县和重点园区的授权不够、"放管服"不足，导致基层单位制度集成创新"心有余而力不足"；二是省直部门借助于职能优势，对基层单位的制度创新存在垄断和虹吸效应；三是省直部门和基层单位之间制度集成创新的竞争意识过强，而合作意识较弱，有时出现采取信息保密、不愿协同创新的现象。

4. 从效度上看，制度集成创新过程缺乏对社会和市场需求的精准把握，过于重视"首创性""创新性"，而忽略对"集成性""成果性"的考核

制度集成创新的现状是：一方面是创新结果和市场需求的错位，导致创新结果不是企业想要的，而企业想要的制度创新又无法支持的错位；另一方面是创新结果和总体要求的错位，有时因为基层单位忽略全省制度集成创新的目标规划和统筹，基层制度创新单位无法深刻理解自有制度创新的目标与总目标间的关系、缺乏对创新制度间关联性的认识，导致相互协调、协同合作的错位。

出现这类问题主要是因为信息不充分。一方面对外沟通不畅，另一方面组织内部沟通不便。另一个原因是过于重视"首创性""创新性"，而忽略"集成性""成果性"的制度集成创新考核制度，变相引导创新主体过分用力于制度创新的与众不同，而忽略了其制度创新的集成性体现和实施效果。

三、制度集成创新的定义与成功因素解析

制度集成创新是自由贸易港建设的核心任务，引领海南自由贸易港的建设方向。然而，通过对海南省制度集成创新发展现状、问题的分析，其制度集成创新效果不佳、力度不深、示范性不强的深层次原因是参与制度集成创新的主体对制度集成创新的理解认识有偏差。本文确定了现阶段制度集成创新的定义、动因、内涵和成功因素，逐步形成有逻辑、有方法、有实践支撑的制度集成创新理论。

（一）制度集成创新的定义

制度集成创新可以拆解为制度、制度创新、集成创新 3 个概念。本文结合制度创新和集成创新提出建设海南自由贸易港的制度集成创新的定义：以问题、需求、结果、质效为工作导向，聚焦最突出、最重要、最紧迫的群众、社会和市场主体需求，注重顶层制度设计，整合优势资源要素，突破体制机制障碍，实施跨领域、跨行业、跨部门、跨地区的系统性、整体性、协同性、穿透性制度创新的过程。

对于该定义可以从以下几方面解析和理解：①制度集成创新内涵是跨领域、跨行业、跨部门、跨地区的涉及体制机制的制度体系创新。②制度集成创新的动

力来源是群众、社会和市场主体需求，既需要自上而下的顶层设计，也有赖于自下而上的基层实践。③制度集成创新的本质是集成思维下的制度创新方法的改革。④制度集成创新的特征是上下联动的系统性、左右协同的整体性、制度之间的协同性和结果质效的穿透性。⑤制度集成创新的评价标准是完成顶层设计任务的结果和真正解决群众、社会和市场主体面临问题的质效。

（二）制度集成创新的运作原理与成功因素

我国政府流程再造与制度集成创新在目标上均秉承以人为本、为民服务、提高效率的思维，在范围上均强调跨部门的系统性协作，在实施手段上均注重现代信息技术的使用。唯有在实施高度和力度上，制度集成创新比政府流程再造更加强调制度性的改变，也因而更具有顶层设计的高度和法治化、制度化的效果。本文借鉴政府流程再造的思维，融合制度性变革的顶层设计理念，对制度集成创新进行全面分析和思考，总结其成功的关键因素，绘制制度集成创新成功因素鱼骨图（见图5-16）。

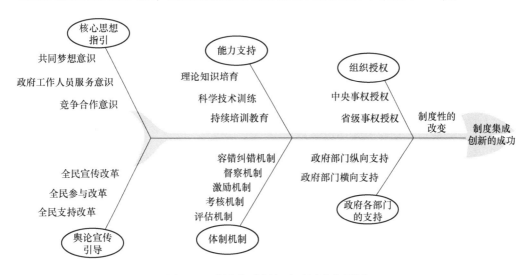

图5-16　制度集成创新成功因素鱼骨图

第一层是思想层面，以习近平新时代中国特色社会主义思想为指引，以改革舆论氛围营造为制度集成创新提供土壤。一方面，在核心思想的指引下，一是形成共同梦想意识，明确全民同梦；二是引导提升政府工作人员服务意识，打造"以人民为中心"的服务型团队，为服务型政府的形成创造思想基础；三是明确并平衡上下级部门、同层级部门间业务指导、协同配合、竞争合作意识。另一方面，从社会层面加强舆论宣传引导，形成人人支持改革、人人参与改革、人人宣传改革的良好社会氛围，做到群众拥护、企业获利、社会进步。

第二层是能力支持与体制机制保障层面。参与改革创新人员的能力是确保制度集成创新取得实效的重要基础。改革创新者的专业、能力、视野来源于理论知识培育、科学技术训练和持续培训教育。体制机制是确保制度集成创新顺利实施的重要保障，主要包括评估机制、考核机制、激励机制、督察机制和容错纠错机制。

第三层是组织支持层面，包括组织授权和政府各部门的支持。一方面，制度集成创新既需要自上而下的顶层设计，也需要自下而上的基层实践，两者缺一不可、相互促进。中国已进入法治社会，每一项重大改革创新都需要明确的法律依据，并得到上级部门的信任和授权。另一方面，制度集成创新的关键是系统集成，需要跨地区、跨部门、跨行业、跨领域的穿透式改革创新。政府各部门的支持包括政府部门纵向支持和政府部门横向支持。上下层级之间、横向部门之间需要充分交流与沟通，问题的识别与认识、创新的路径与模式、目标的确认与实现，需要在统一愿景基础上得到认同与支持，确保制度集成创新的最终成功。

四、海南自由贸易港制度集成创新的建议

（一）海南自由贸易港制度集成创新方向的建议

结合实践需要和制度集成创新原理，将海南省制度集成创新方向归纳为把握好"五个关系"。

1. 把握好地方特色和全国影响的关系

在中国特色自由贸易港建设之际，海南独特的地理优势、政策优势以及旅游服务产业优势在建设全面深化改革开放试验区、国家生态文明试验区、国际旅游消费中心、国家重大战略服务保障区都具有其独特性。而基于该特征所实施的制度集成创新案例和经验如何形成全国影响力，丰富和扩充我国深度改革开放经验并推广全国，完成顶层制度设计中"有利于探索可复制可推广的经验"的任务，是海南自由贸易港制度创新设计者、实施者、参与者共同思考的课题。

2. 把握好上下联动和左右协同的关系

制度集成创新的特征在于整体性、系统性和集成性，体现在顶层设计的整体战略布局、参与部门内部的积极合作、参与部门间的及时有效沟通，所以在制度集成创新中处理好上下联动和左右协同的关系就尤为重要。集成创新过程是基于中央部署、部省联动、市县（区）执行而完成的。所以在流程中如何确保思想不变味、内涵不曲解、目标不偏移、效果不打折是制度集成创新成功的关键，也是上下联动的核心思想。从流程设计到过程管理，上级指导和控制，下级反馈和修

正，如何做到及时、有效、通畅、实时的同步共建十分重要。制度集成创新的核心在于集成性，因此各项创新任务之间是关联的、整体的，所以推动不同部门和地区之间的左右协同尤为关键。清晰的职责边界是左右协同的关键。

3. 把握好一枝独秀和百花齐放的关系

海南自由贸易港建设是一项重大的系统工程，可以说整体上就是一项制度集成创新。高起点、高质量、高标准建设海南自由贸易港，既需要有单个部门、单个地区、单个领域的"小而美"的"微创新"，也需要系统集成的制度创新。海南自由贸易港建设既积极鼓励敢于闯、敢于试、自主改的一枝独秀"独奏曲"，也更加需要跨部门、跨地区、跨行业、跨领域统筹推进"交响乐"式的制度集成创新。

制度集成创新的中国特色在于整体性、全局性、长远性、重大性目标的顶层设计。顶层设计是根据人民需要、现实需要、实践需要，将社会经济发展规律和社会主义奋斗目标阶段性统一，形成有理可循、有据可依的统筹计划。

4. 把握好小步快跑和稳扎稳打的关系

建设海南自由贸易港是一项重大国家战略，每一项制度集成创新都有改革的机遇期、窗口期、发展期，海南自由贸易港建设应紧紧抓住每一个发展机遇，在确保管得住的前提下迅速往前推进。同时，从世界自由贸易港发展经验来看，自由贸易港建设是循序渐进的。海南自由贸易港建设不可能一蹴而就，不能要求在一两年内就有翻天覆地的变化，必须稳扎稳打、行稳致远。海南省在自身基础设施建设条件不完善、资源结构单一的情况下还需要更多的时间，而在具备优越的地理位置、政策支持和建设自由贸易试验区的成功经验的情况下，海南按照既定节奏的发展速度和稳扎稳打的发展质量就能实现后来居上、弯道超车。

5. 把握好先行先试和风险防控的关系

制度集成创新，贵在敢为人先、先行先试。海南自由贸易港建设要把握好改革的窗口期、发展的机遇期，聚焦贸易、投资、跨境资金、人员进出、运输往来自由便利和数据流动安全有序等方面的制度集成创新，对标世界最高开放形态和国际最新经贸规则，推动形成科学有效、高度开放、充满活力的制度安排。

每一项制度集成创新既会带来显著的改革成效，同时也伴随着潜在风险。要坚持"管得住才能放得开"的原则，对各类潜在的风险要做到精准识别、提前防控，坚决防范各类系统性和颠覆性风险。同时，制度集成创新在某种程度上也意味着"试错"，对于局部的、偶发的、可控的风险，应提高对这类风险的容忍度、包容度、适应度，对制度集成创新过程中因为改革经验不足而出现的无心之错，可采取容错纠错的方式予以包容，从而为真心实意的改革者撑腰，让实干者免除后顾之忧。

（二）海南自由贸易港制度集成创新流程的建议

制度集成创新的成功不是一蹴而就的，是以问题为触发、以理论为支撑、以实践为指引，稳扎稳打造就而成。根据本文提出的制度集成创新的定义、内涵、动力、本质和评价标准，结合海南省建设自由贸易港的需求和总体目标，建议其创新流程如图 5-17 所示。

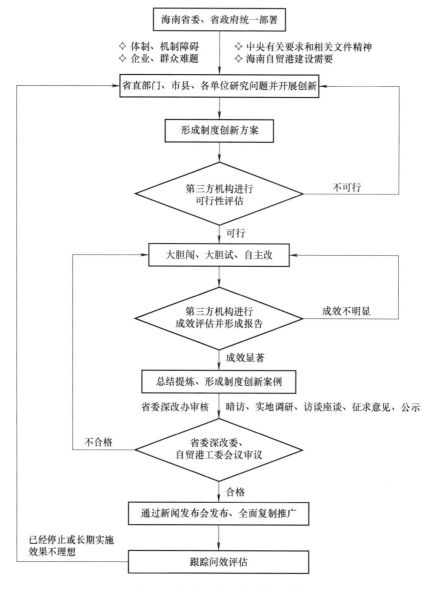

图 5-17　制度集成创新流程的建议

第六部分

人口发展支持和服务体系

人口发展是关系中华民族伟大复兴的大事。当前我国人口发展呈现少子化、老龄化、区域人口增减分化等明显的趋势性特征，需要积极应对困难与挑战，以人口高质量发展支撑中国式现代化。

本部分聚焦于人口发展支持和服务体系，深入探讨了中国人口结构、人口与经济、产业之间的复杂关系，并通过随机实验研究揭示了生育潜力的影响因素。同时，对中老年群体的退休制度、资产配置、医疗保障等问题的深入研究也是学界积极回应人口老龄化国家战略的实施要求，结合理论研究与实证探讨，提供科学、准确、有效的决策依据，增进民生福祉，为实现经济社会可持续发展提供新思路。

人口学与经济学视角下的老龄化与中国经济

周　羿[○]

观点概览

中国未来将面临的不仅是老龄化社会，还是高龄、长寿化社会。未来人们带病生存乃至带病工作都会成为常态，慢病管理也将成为社会和经济功能中的重要组成部分。

之所以没有在中国社会中发现"退休消费之谜"这一在西方国家中较为普遍的现象，一个可能的原因是社会中存在许多"退而不休"的人群。

老龄化与家庭消费需求呈现如下趋势：新一代年轻人的消费有明显提升；"生育惩罚"现象逐渐加剧；老年人家庭消费会出现上升。

针对社会老龄化的必然发展趋势，政府可以通过进一步开放市场，鼓励市场创新、提升市场活力，利用市场的自然规律和调节功能，激发创新、促进相关行业的技术发展，从长远角度提升社会对老龄化转型的适应度和应对水平。

老龄化有两个根本原因，一个是长寿化，即人的寿命越来越长；另一个则是少子化，即年轻人越来越少、人口金字塔越来越陡峭。在接下来的时间里，长寿化将会成为中国社会老龄化的主要推动因素。本报告从人口学和经济学的视角对高龄化与老年群体相关研究展开探讨，旨在帮助读者更好地理解社会老龄化现象及老年人群的行为特征与消费趋势。

一、长寿化趋势：中国内地人的预期寿命还有多大上升空间？

从过往数据来看，从 18 世纪中期至今，世界上预期寿命最高的国家的国民预期寿命是呈持续上升趋势的，而该趋势在进入 21 世纪后依然没有放缓。在数据记载之初的 1750—1790 年，瑞典、丹麦和英国的预期寿命为世界最高水平，但也仅有

○ 2024 年 10 月 25 日，光华思想力智库举办了"银发经济与养老金融"闭门研讨会。本次研讨会聚焦银发经济与养老金融的融合发展，与会专家从养老保险和养老金的管理、养老金融服务模式创新、养老产业的高质量发展等多方面展开交流，探究如何有效支持我国银发经济发展，共同应对人口老龄化挑战。本文内容根据会议发言整理。

40 岁左右，且保持平稳，并无增长趋势。1790 年，天花疫苗问世，伴随着农业生产、商品流通、传染病控制和天花疫苗等方面的发展与突破，人类预期寿命开始逐渐上升，预期寿命最高的地区则开始在北欧国家、澳大利亚、日本、中国香港间变换。如今，中国香港地区人口的预期寿命已超过 85 岁——这代表了人类社会在现今阶段能实现的最高预期寿命水平，而中国内地与香港的预期寿命水平还有 7 年左右的差距。因此，未来的很长一段时间，中国内地人的预期寿命还会有所增长，人口中老年人的比例将不断提升。

预期寿命提升主要有两个渠道，一是降低青少年死亡率，即让更多人能进入老年阶段；二是降低中老年人死亡率，即让老年人活得更久。从数据上来看，1900—1950 年，全世界人口预期寿命的延长主要源于青少年和中年预期寿命增长所做出的贡献；而 1950 年后，越来越多的预期寿命的延长来自老年群体的贡献。随着医学对癌症、心脑血管疾病的治疗方法以及对阿尔兹海默病等老年疾病的理解不断提升和突破，老年群体的预期寿命显著提升。

因此，从数据来看，中国未来将面临的不仅是老龄化社会，还是高龄、长寿化社会。

二、人口学与经济学视角下的老龄化和老年群体研究

（一）以年龄为分级的生命周期研究

生命周期假设是经济学的一个基本假设，其核心观点认为人们于不同的年龄阶段会有不同的劳动供给、产出、消费、储蓄行为，这其中任意一个或多个行为的变化都会带来国家经济的变化。

我的老师、美国加利福尼亚大学伯克利分校的 Ronald Lee 教授和他领导的国民转移账户（National Transfer Account，NTA）团队强调，国民经济核算不应只关心总量上的投资、消费和劳动供给，而是应该细化到每一岁——即对每一个年龄人群的劳动供给、工资、投资、消费和储蓄进行统计。他的研究致力于分析每个年龄阶段间人群的经济交互，如劳动力、工资、投资等资源要素如何在不同年龄的人群中流动[一]。其中，利用中国 2014 年的数据，他描绘了一个"典型"中国人一生在不同年龄的收入与消费水平。从收入来看，其顶峰大多在 40 岁左右，之后开始逐渐下降，

一 如，记录中的一条可能是一个 60 岁的人为一个 80 岁的人提供了时间支持。

这也许是因为他们的工资有所下降，或者是逐渐退出了劳动力市场。而从消费来看，其顶峰多在 20 岁左右。将收入和消费两者结合起来看，我们便能大概理解一个典型中国人的一生，即他是如何为社会创造价值，又是如何消耗社会资源的。由此，我们也可以看出这个人的一生是为社会创造了净价值还是净负债。

此外，该研究还用 2002 年、2007 年和 2009 年的数据分别刻画了不同时间节点下中国人在不同年龄的收入和消费水平，这三者与 2014 年数据的整体趋势基本相同⊖。但相比于十年前，2014 年，5~15 岁的青少年以教育为主的支出和 80~90 岁的老年人以服务和医疗为主的支出有了最明显的上涨。

许多新的治疗、技术和药物在刚刚被应用的初期都会十分昂贵（如曾经的青霉素，二十年前的心脏搭桥手术和如今的癌症靶向药），到了后期也许会逐渐降价和普及。先进医疗服务普及所需的时间与成本意味着在未来，人们带病生存乃至带病工作都会成为常态，慢病管理也将成为社会和经济功能中的重要组成部分。

（二）"退休—消费之谜"与中国退休人群研究

生命周期视角的经济学研究中有个经典的"退休—消费之谜"，即对理性人而言，如果已知自己终身效用最大化的方式是保持生命周期中各阶段的消费基本一致，⊖且已知自己退休的年龄，那他一定会提前做好养老金融财富管理，保证自己在退休前后的消费不会有大的变化。然而，西方的实证研究发现，许多人的实际消费在退休后都经历了明显下降，这说明了现实中的人可能存在行为偏误（如短视或时间不一致）、金融素养不足等问题，从而导致养老规划不完善。然而，这种典型现象在中国却没有出现——我们发现，中国人退休后的消费反而较退休前有小幅度提升。

之所以没有在中国社会中发现"退休消费之谜"这一在西方国家中较为普遍的现象，一个可能的原因是社会中存在许多"退而不休"的人群：退休后，许多人依然可以通过其他工作获得收入，虽然工资收入相比退休前可能也有所减少，但养老

⊖　例如，根据这四年的数据，40 岁人群的收入和消费都高于 80 岁人群。当然，随着时间推移，在同一年龄（如，2007 年的 40 岁和 2014 年的 40 岁）的中国人，其收入和消费水平都随着经济发展而有所提升。

⊖　这是经济学中的一个假设，即随着消费量增加，每一单位额外消费带来的效用（"边际效用"）会递减。如果一个人在年轻时消费高、年老时却几乎不消费，那么他在年轻时的边际效用会迅速降低，而年老时的低消费会导致效用得不到充分满足。保持平稳的消费能够避免这种边际效用递减的影响，从而在整个生命周期中获得更高的总效用。

金的加入使得他们的家庭实际收入的社会平均水平在退休后并未减少，该数据在女性群体样本中甚至还上升了7%。

我与合作者的一项研究利用了2010—2012年和2014—2016年的中国城镇家户调查月度数据，用事件分析法系统地研究了中国城镇居民的劳动参与与收入消费在退休年龄前后的季度动态变化。我们发现，在达到法定退休年龄后的前三年，在男性与女性人群中，领取养老金的比例都超过了不工作的人群比例，约14%的男性和约22%的女性在办理退休后、领取养老金的同时会继续参与劳动力市场，如女性群体退休后会继续从事育儿嫂、家政等工作，或教师群体退休后开展家教等工作。整体而言，虽然有许多高收入人群在退休后利用自己的高效人力资本继续"发光发热"，但"退而不休"现象更为普遍地出现在低收入和低养老金群体中。考虑到"退而不休"现象的社会普及度，建议未来制定养老和延迟退休政策时将这一现象及其可能的影响纳入考量。

此外，该研究还发现，人们在退休后，除消费总量的变化，其消费需求与支出会出现结构性变化。例如，在退休后，家庭的食品与医疗开支会明显上升，而没有了通勤与正式着装的需求，家庭的服饰与交通支出会有所减少。

（三）老龄化与家庭消费需求变化研究

与上述我老师的想法相近，我的另一项合作研究也对以年龄分级的消费变化进行研究。但是，在这项研究中我们采取了家庭视角，这是因为许多消费都是以家庭而非个人为单位进行的。通过将家庭消费用统计学方法进行拆解，我们希望研究家庭中每增加一个特定年龄的人会对家庭消费带来怎样的影响。我们利用2005年、2010年、2015年和2020年的数据，发现了以下几个主要趋势：

首先，新一代年轻人的消费有明显提升。相比于早期的数据，2020年，年轻人（具体而言，为有年轻女性的家庭）的消费有了明显提升，这代表了新一代年轻人在收入更高的同时，储蓄水平较上一代有所降低，消费在收入中的占比增大。

其次，"生育惩罚"现象逐渐加剧。"生育惩罚"现象是指许多家庭中的女性在孩子出生后会选择离开职场，全职照顾孩子。这带来了家庭收入的减少，从而降低了家庭消费。我们发现，有孩子的家庭（具体而言，为有0~15岁女性儿童的家庭）整体消费会出现下降，且该趋势在过去20年间逐渐加剧。

最后，老年人家庭（具体而言，为有55岁以上的女性的家庭）中，消费会出现上升。这是一个在2020年的数据中出现的现象，在2005年、2010年和2015年的数据中，老年人家庭的消费都是随着年龄上涨而逐渐降低的。这代表了银发经济在过去十年中已开始逐渐成形和兴起。

（四）银发经济中的电商消费研究

然而，我们通过对某电商平台销售数据的分析发现，老年人在电商平台的消费比起年轻人是相对较低的。这与上述的结果并不一致，但这种相悖也不难理解：首先，老年人的很多需求在于服务，而服务在（早些年的）该电子平台中无法购买。此外，老年人的数字适应度较低，很多老人不太会用软件。其实，不便出门线下购物的老年人是最需要网上购物的群体，但购物软件的低"适老度"为老年人的使用带来了较高障碍，许多软件中繁杂的广告、直播、优惠规则让老年人很容易感到眼花缭乱、无所适从。对于这些"数字孤老"，未来电子消费软硬件设施的"适老性"将越发值得关注。

三、政策建议：应对老龄化，我们能做些什么？

此前我的一项合作研究发现，当一个省的老年人口抚养比变化值越高，省内人均累积工业机器人的安装量越高——虽然工业机器人技术并无地区壁垒，各个省的机器人安装和应用程度却存在明显差别，且此差别与该省的老龄化速度在统计意义上相关。其逻辑在于，在有活力的市场机制下，当劳动力出现短缺时，劳动力价格上升，安装机器人就会有利可图，人们自然就会安装机器人。因此，针对社会老龄化的必然发展趋势，政府可以通过进一步开放市场，鼓励市场创新、提升市场活力，利用市场的自然规律和调节功能，激发创新、促进相关行业技术发展，从长远角度提升社会对老龄化转型的适应度和应对水平。

中国人口红利与产业结构转型

颜　色　郭凯明　杭　静

观点概览

中国劳动力供给对产业结构转型的影响显著。

针对制造业或服务业内部一些资本和劳动替代弹性[⊖]较高的行业，政府应为企业设备更新换代或技术研发创新等提供一定税费减免或补贴，积极推动企业用资本替代劳动，加快转型升级步伐。

在农业部门等资本和劳动替代弹性较低的行业，政府应当加强对劳动力的职业培训和再就业辅导，降低这些行业的劳动力进入壁垒，缓解产业结构转型对就业市场的负向冲击。

人口红利对产业结构转型产生了什么影响？总结中国的发展道路，既能为新阶段实施积极应对人口老龄化国家战略、推动经济高质量发展提供事实基础，也能为其他国家发掘人力资源、推动结构转型提供中国经验。本研究在模型中引入了劳动力供给和人口规模变化趋势，以及投资结构和市场摩擦等中国经济特征，展示了劳动力和人口影响产业结构转型的经济机制，为中国应对人口转变推动产业结构转型提出了政策建议。

一、研究背景及意义

改革开放后中国劳动力供给和人口规模保持了 40 年左右的增长，形成了人口红利[⊖]。结合国家统计局《中国统计年鉴》和学者的数据计算，1978—2015 年，中国劳动力供给和人口规模分别增长了 65.3% 和 42.8%，同期中国第一、第二和第三产业就业比重分别变化 –42.2 个、+12.0 个和 +30.2 个百分点，产出比重分别变化

⊖ 劳动力与资本的相对价格变化 1 个百分点所引起的资本劳动比率变化的百分数。它反映了资本和劳动力两种生产要素之间相互替代的程度。一般来说，替代弹性为正值，即随着劳动力的相对价格上升，企业会遵循利润最大化原则减少使用劳动力而多使用资本。

⊖ 人口红利是指劳动年龄人口数量增长和占比提高，从而保证了劳动力供给充足和储蓄率提高，为经济增长提供了额外的源泉（蔡昉，2009；蔡昉，2010）。由于人口红利的来源是人口规模增长与劳动年龄人口比重上升，本文直接使用人口规模和劳动力供给增长来反映人口红利。

-18.8个、-6.8个和+25.6个百分点。中国劳动力供给和人口规模增长对产业结构转型产生了什么影响？回答这一问题对理解要素禀赋结构与产业结构转型的经济关系有重要理论意义，对新发展阶段经历快速的人口结构转变和人口红利收缩的中国而言，也有重要现实意义。

二、研究方法及结果

从理论上看，如果不同产业的生产要素替代弹性均为1、生产要素密集度和产品需求收入弹性均相同，那么劳动力供给和人口规模对产业结构转型的影响就是中性的。但是通常这三个条件并不成立。首先，农业部门生产要素替代弹性相对较低，因此新增劳动力供给可能难以在农业中替代土地和资本，也难以被农业所吸收，从而更多转移到工业和服务业。其次，不同产业的生产要素密集度并不同，因此劳动力供给增长降低了劳动工资，就会进一步降低劳动密集度高的产业的产品相对价格，从而影响产品相对需求。最后，农业部门产品需求收入弹性较低，因此人口规模增长会降低人均消费支出，从而提高农业产品的消费需求比重。

由此出发，本研究通过在模型中设定要素替代弹性可以不等于1的常替代弹性农业生产技术、三个产业生产要素密集度存在差别、三个产业产品需求收入弹性不同，引入了上述三种可能的经济机制。模型还引入了投资结构和市场摩擦等中国经济重要特征。一方面，中国投资和消费的产业增加值构成差别显著，投资结构可能对产业结构转型有着重要影响；另一方面，中国劳动力市场等多个市场还存在一定程度的摩擦，新增劳动力从农业转移到其他产业面临转移壁垒，也可能会影响产业结构转型。本研究从理论上探讨了劳动力供给和人口规模影响产业结构转型的经济机制，之后定量评估了理论机制在中国现实经济中的影响大小。

模型分析结果表明，在需求侧，劳动力供给和人口规模通过收入渠道影响了消费的产业增加值比重，通过价格渠道影响了投资的产业增加值比重，按照消费率和投资率加权平均后进一步影响了产业增加值比重。在供给侧，劳动力供给增长使工业和服务业就业比重倾向于更大幅度的提高。劳动力供给增长在需求侧对消费的农业增加值比重是负向影响，倾向于降低农业产品相对需求；在供给侧使工业和服务业吸纳了更多的新增劳动力，倾向于降低农业产品相对供给。农业产品相对需求和相对供给同时下降，于是农业产品相对价格的变动可正可负。如果农业产品相对价格上升，那么在需求侧，投资的农业增加值比重将倾向于提高，减缓农业相对需求的下降幅度；在供给侧，农业工资率将倾向于提高，抑制劳动力从农业转移出去，从而减缓农业相对供给的下降幅度。反之亦然。在农业生产要素替代弹性较低，或资本和土地收入份额之和较高时，劳动力供给在供给侧的直接影响较显著。

如果在农业部门劳动与其他要素完全互补，那么劳动力供给过高就会在农业形成过剩劳动力。此时随着农业全要素生产率的提高，农业产出相对价格下降，但不会影响农业劳动工资；而非农业部门产品相对需求提高，非农业劳动工资就会上升。这就会推动劳动力从农业转向非农业。本文没有直接设定农业劳动与其他要素完全互补，以更一般性的假设纳入了这一机制。

三、总结与政策讨论

本文运用理论模型和量化分析工具，结合中国经济特征和宏观数据探讨了改革开放后中国人口红利对产业结构转型产生的影响。

（一）在理论上，本文发现劳动力供给影响了产业结构

从需求侧看，劳动力供给和人口规模通过收入渠道影响了消费的产业增加值比重，通过价格渠道影响了投资的产业增加值比重，按照消费率和投资率加权平均后进而影响了总体经济的产业结构；从供给侧看，劳动力供给增长后，如果农业生产要素替代弹性较低，或资本和土地收入份额之和较高，那么新增劳动力就会更多流向非农业部门。

（二）通过定量分析，本文发现中国劳动力供给对产业结构转型的影响显著，人口规模的影响相对有限

劳动力供给增长平均降低了农业就业比重 7.2 个百分点，其影响相当于降低农业劳动力 20% 左右的转移成本。劳动力供给和人口规模增长的影响效应呈现先上升后下降的倒 U 型趋势，所带来的农业转移劳动力更多被服务业吸收。农业技术变迁显著降低了劳动力供给和人口规模的影响程度，而工业和服务业全要素生产率提高或劳动力转移成本下降等外部环境变化后，劳动力供给和人口规模的影响保持了较高的稳健性。

（三）本文研究为新时代中国应对人口结构转变，推动产业结构转型提供了政策参考

虽然改革开放后中国劳动力供给快速增长有力推动了产业结构转型，但是劳动力供给和人口规模正在发生显著转变。本文理论研究表明，劳动力供给对产业结构转型的影响取决于产业内部不同生产要素之间的替代弹性。这一机制不仅限于三个

产业结构转型分析，也可以直接分析其他行业或产业的结构转型。对于资本和劳动替代弹性较高的行业，劳动力供给下降反而会激励这些行业使用资本替代劳动，加快转型升级，从而降低该行业的就业比重；反之亦然。考虑到细分行业生产特征的显著差异性，政府应当顺应劳动力供给下降对部分行业转型升级的"倒逼"机制，针对制造业或服务业内部一些资本和劳动替代弹性较高的行业，为企业设备更新换代或技术研发创新等提供一定税费减免或补贴，积极推动企业用资本替代劳动，加快转型升级步伐。而在那些资本和劳动替代弹性较低的行业，应当加强对劳动力的职业培训和再就业辅导，降低这些行业的劳动力进入壁垒，缓解产业结构转型对就业市场的负向冲击。随着新一轮技术革命和产业变革兴起，高技术制造业和现代服务业对高技能劳动力需求更快上升，中国在优化生育政策、鼓励生育和稳定人口数量的同时，还应当继续降低教育费用和人力资本投资成本，加快人口质量增长，使更高质量的劳动力供给结构与更高水平的产业结构相适应，从而推动产业升级与生产率提高。

（四）本文研究表明，提高全要素生产率和降低劳动力转移成本可以对冲劳动力供给下降的不利影响，从而继续推动中国产业结构转型

一方面，提高全要素生产率可以弱化劳动力供给和人口规模对产业结构转型的影响效应。因此，加快产业创新和技术进步，特别是在包括农业在内的一些行业通过普及应用新技术变革传统生产方式，加快资本和土地对劳动的替代过程，将有助于缩小劳动力供给趋势转变的负向影响。比如，政府在实施乡村振兴战略中重点推动农业生产的机械化、智能化和数字化转型，有助于促进资本和技术与劳动供给结构变化相匹配。另一方面，降低劳动力转移成本也可以有效促进产业结构转型，完全可以对冲劳动力供给下降的负面影响。考虑到当前劳动力在不同产业、区域、城乡和所有制之间仍面临较高的转移成本，建议政府通过深化户籍制度改革、畅通劳动力社会性流动渠道等措施，释放劳动力市场改革红利对冲人口红利收缩的影响，从而继续推动产业结构转型。

中国育龄人群生育潜力影响因素的随机实验研究

於　嘉　沈小杰　谢　宇

观点概览

　　个体对生育规范的认知具有可变性。经济资源对二孩与三孩生育潜力均有显著促进作用，生育在当代社会呈现出明显的消费品属性。

　　照料资源的可及性高有助于提升生育潜力，其中有长辈提供照料支持对二孩和三孩生育潜力的刺激效应分别约相当于家庭年收入增加 12.5 万元和 6.29 万元。

　　低价的市场化托育服务对二孩生育潜力的提升作用相当于家庭年收入增加 13.86 万元。

　　性别偏好在生育潜力评估中的影响已不再显著，反映了传统生育规范的弱化。

　　未来中国的生育行为可能因社会经济特征而呈现明显的分化，生育支持政策需要重点加强经济资源与社会照料资源的配套支持。

一、研究背景和思路

　　为适应人口形势变化与高质量发展的要求，2021 年 6 月中国开始实施三孩生育政策，并出台了配套支持措施（以下简称"三孩政策"）。三孩政策的出台为满足不同人群多样化的生育需求提供了广阔的空间，但目前育龄人群生育意愿和生育水平"双低"的现实在根本上制约着生育率的提升。由于生育行为是个体生育意愿和态度的体现，了解育龄人群的生育态度和行为规范对预测生育水平、研究提振生育率的政策措施具有重要意义。

　　本文尝试使用生育潜力衡量育龄人群生育意愿与态度的弹性，并通过联合分析随机实验方法考察其影响因素[一]。本文利用 2021 年中国综合社会调查中搭载的联合分析实验数据，具体探讨以下问题：①在不同情境下，生育潜力是否可变，呈现怎样的变化模式？②经济资源、照料服务与性别偏好如何影响人们对二孩与三孩生育

　　[一]　生育潜力代表个体在面对特定资源条件时表现出的具有倾向性的生育态度，反映个体认知层面关于生育的社会规范，即人们在相应条件下应当做出何种生育决策。

潜力的评估？与其他资源相比，经济资源是否有更加重要的作用？③生育潜力评估的影响因素在不同群体间是否存在异质性？

二、分析框架与研究设计

本文使用的数据来自中国人民大学中国调查与数据中心实施的 2021 年中国综合社会调查，调查内容涵盖受访者多方面的社会经济特征与家庭信息。本文将研究对象界定为 18 ~ 50 周岁的成年人，共计 3 619 名受访者；剔除关键变量信息缺失的样本后，二孩生育潜力的有效分析样本共计 3 119 人，三孩生育潜力的有效样本共 3 137 人。

调查中生育意愿模块的随机实验采用了陈述性偏好设计，通过设定不同的虚拟情境获取受访者在不同实验情境下的潜在偏好，以揭示人们认知与心理层面中的潜在模式。具体的虚拟情境综合考虑了家庭年收入、家庭照料、市场化育儿服务和已有子女性别构成，分别反映经济资源、照料资源和性别偏好的假想条件，具体取值如表 6-1 所示。

表 6-1　虚拟情境因素取值分布

因素	具体取值
家庭年收入	家庭年收入为 5 万元；家庭年收入为 15 万元；家庭年收入为 50 万元
家庭照料	自己带孩子；父母帮忙带孩子
市场化育儿服务	家附近有低价优质的私立幼儿园/托儿所；家附近只有高价的公立或私立幼儿园/托儿所；家附近有低价优质的公立幼儿园/托儿所
已有子女性别构成	二孩生育潜力情境：已有一个女儿，已有一个儿子； 三孩生育潜力情境：已有两个儿子，已有两个女儿，已有一儿一女

本文的因变量包括二孩生育潜力、三孩生育潜力，分别反映受访者对于给定实验情境下个体应当生育二孩或三孩的评估，变量的初始取值范围为 1 ~ 5 分。本文关注的四类实验变量为生育潜力的主要解释或预测变量。其中，家庭年收入被视为连续变量，取值为 5 万 ~ 50 万元；家庭照料为二分类变量，自己带孩子取值为 0、父母帮忙带孩子取值为 1；市场化育儿服务为三分类变量，分析过程中进行虚拟化处理；已有子女性别构成为分类变量。结合已有研究发现，本文还控制了受访者的性别、受教育程度、个人年收入对数、户口类型、年龄、年龄的平方、已有子女数量、理想子女数量、婚姻状态等特征，并考虑了省份的固定效应。

三、研究结论和启示

（一）生育规范具有可变性

研究显示，不同虚拟情境之间，二孩及三孩生育潜力的取值均呈现显著差异，且虚拟情境中涉及的家庭年收入、家庭照料、市场化育儿服务的单因素方差分析结果也高度显著，说明这些资源禀赋本身对人们的生育潜力具有重要影响，印证了现实中生育规范的可变性。

（二）家庭经济资源对二孩和三孩生育潜力均有显著的促进作用

研究显示，不论二孩还是三孩，家庭年收入越高、有父母帮忙照料或家附近有低价托育服务时，生育潜力显著更大。具体而言，当其他条件保持不变时，家庭年收入每增加10万元，二孩生育潜力约提升7%，三孩生育潜力约提升6%。

家庭收入对生育潜力的正向效应在不同特征的育龄人群中表现相似，意味着生育的内涵已经发生了根本性转变，生育决策在很大程度上受生育及养育成本的约束，这有可能导致未来多孩生育行为呈现明显的社会经济分化。

（三）照料资源可以显著提升生育潜力，尤其是二孩生育潜力

本文利用"意愿支付价格"的概念衡量在二孩、三孩生育潜力情境中不同情境条件的重要性和货币价值。研究显示，相对于自己照料幼儿的情况，有父母照料能使二孩生育潜力提升8.8%，支持效应约相当于家庭年收入增加12.5万元；三孩生育潜力提升3.9%，相当于家庭年收入增加6.29万元。相对于家附近仅有高价育儿服务的情况，家附近有低价公立、私立托育服务时，二孩生育潜力均提升9.7%，支持效应约相当于家庭年收入增加13.86万元；三孩生育潜力分别提升5.5%和4.1%，支持效应分别相当于家庭年收入增加8.87万元和6.61万元。

价格低廉的托育服务和家庭照料支持对二孩生育潜力有着明显的激励作用，其效应相当于大幅度（十余万元）的收入增加。与家庭照料支持相比，价格低廉的市场化托育服务的支持作用更加明显。其可能原因在于，祖辈照料有可能伴随着代际育儿观念和态度的差异而产生矛盾；加之，延迟退休政策的推行使祖辈照料的可能性下降。值得一提的是，照料资源对三孩生育潜力的激励作用较小，明显不及经济资源。

（四）不同资源条件下二孩与三孩生育潜力的预测值

本文进一步对不同实验因素的变化带来的二孩及三孩生育潜力变动范围进行

估计。在没有长辈照料支持和低价市场化育儿服务资源的情况下，家庭年收入从10万元增加至50万元，可以将二孩生育潜力从36.5%提升至64.5%，将三孩生育潜力从14.9%提升至39.7%。对年收入为15万元、已有一个儿子的家庭，在缺乏低价市场化育儿服务时，有父母提供照料支持相比自己照料，对应的二孩生育潜力由40%提升至48.7%；价格低廉的市场化育儿服务比高价市场化托育服务，对应的二孩生育潜力由40%提升至49.6%。对三孩生育潜力而言，家庭照料和市场化育儿服务支持的提升效果均不明显。

已有子女性别构成对二孩和三孩生育潜力的效应在统计上并不显著，意味着在给定资源约束下，性别偏好不再影响假想情境下生育二孩的决策，人们不再认同基于性别偏好而生育二孩乃至三孩。其可能的原因是，当前社会生育规范中男孩偏好业已式微，低生育文化已经形成，资源约束对生育决策的影响已远远超过性别偏好，育龄人群中多数人并不认同为满足性别偏好而负担更多生育成本的做法。

（五）不同特征的育龄人群对生育潜力影响因素的重要性评价存在差异

女性更强调家庭照料支持对生育潜力的影响，而男性则更加强调经济资源的重要性。这可能反映了家庭内部传统性别分工的影响：由于女性承担了大量育儿责任，女性对家庭的照料支持在生育潜力评价中赋予更高的重要性。同时这也意味着仅对夫妻一方起作用的生育支持政策可能因夫妻双方需求的差异导致生育意愿无法完全实现。

社会经济地位较高的人群更加强调经济资源对二孩生育潜力的重要性，在三孩生育潜力评估中则更强调低价优质的市场化托育服务的重要性。个体生育意愿较低者更加强调经济资源对二孩生育潜力的约束效应及低价优质的市场化托育服务对三孩生育潜力的支持作用；生育意愿较高的群体强调经济资源对三孩生育潜力的影响。这些结果表明，经济资源的限制是实现高孩次生育的最主要瓶颈。

四、政策建议

（一）生育支持配套措施要突出经济资源的重要性

研究表明，个体对生育规范的认知具有可变性，而家庭经济资源对二孩和三孩生育潜力均有显著的促进作用，生育支持配套措施要突出经济资源的重要性，重点关注育儿服务的价格因素。通过生育补贴、税收调节、住房保障等途径提高育龄人群可支配收入水平，有助于缓解中国生育率的持续下降。

(二) 提供优质低价的市场化育儿服务

市场化育儿服务的价格是人们考量的主要因素，而并非服务机构的公立或私立属性。因此，国家在发展普惠托育服务体系时，低价与专业优质是最需要关注的两个方面，适当鼓励社会力量参与，这将有助于缓解家庭的育儿负担和面临的资源约束。

(三) 生育配套政策应当高度关注生育主体女性的需求

女性不仅承担生育的直接与间接成本，也是孩子的主要照料者。为适应女性对家庭照料重要性的强调，未来政策可以考虑对提供隔代照料的群体实行弹性退休制度，发挥家庭照料对生育的支持作用；同时延长男性的陪产假，鼓励男性承担育儿责任，减轻女性的育儿负担。

(四) 在生育配套措施的实施上，需要针对不同的育龄群体分类推进，精准对接不同人群的需求

以生育意愿为例，高意愿群体对经济资源的评价更高，而低意愿群体则对托育服务资源更敏感，其"不想生"背后隐含了因配套措施与照料资源不到位而产生的"不敢生"心态。在政策设计中，可以基于调研掌握育龄群体的不同需求，进而采用差异化的扶持方案。

(五) 营造生育友好的社会环境

三孩生育潜力整体较低，这与低生育文化息息相关。为了提振生育水平，亟须营造生育友好的社会环境，推进新型婚育观，提升育龄群体的生育意愿。

退休制度、劳动供给与收入消费动态

黄　炜　任昶宇　周　羿

观点概览

在达到法定退休年龄后的前三年，约14%的男性和约22%的女性在领取养老金的同时会继续参与劳动力市场。"退而不休"现象在养老金收入较低的群体中更为普遍。

家庭收入在退休年龄前后并未减少，家户消费在退休年龄后上升了4%。同一出生队列内部的收入不平等在达到退休年龄后有所缓解，消费不平等则进一步加剧。

建议退休年龄的设定要有一定的灵活性，允许个体按照自身实际情况在某个范围内选择退休时点。

随着生育率下降和预期寿命上升，包括中国在内的许多国家正面临人口持续老龄化带来的严峻挑战。如何在史上未曾有过的人口环境中推进退休制度改革，使得民生福祉、经济发展和财政可持续性三者得以兼顾，已成为亟待解决的问题。《中华人民共和国国民经济和社会发展第十四个五年规划和2035年远景目标纲要》明确提出，将"按照小步调整、弹性实施、分类推进、统筹兼顾等原则，逐步延迟法定退休年龄，促进人力资源充分利用。"退休制度改革意义深远，道阻且长。理解我国的现行退休制度对劳动供给、收入消费和经济不平等的影响，有很强的政策参考价值。

一、研究背景

在中国，党政机关、群众团体和企事业单位的城镇职工所适用的退休政策以到龄强制退休为主。按照1978年颁布的《国务院关于工人退休、退职的暂行办法》与《国务院关于安置老弱病残干部的暂行办法》，一般情况下，男性干部和工人的法定退休年龄是60岁，女性干部是55岁，女性工人是50岁。在一些特殊情况下，如完全丧失工作能力或从事井下、高空、高温和特别繁重体力劳动，劳动者可按规定提前退休。此外，国务院和相关部委还针对少数的干部和高级专家出台了一些可以延迟退休的政策。到龄强制退休意味着，对大多数城镇职工来说，退休是基于日历年龄的强制安排，而非个体的自主选择。

退休会从两个方面影响个体效用：首先，可用闲暇在退休后显著增加；其次，退休后领取的养老金通常会低于退休前的工资。退休后的收入和消费变化取决于个体如何使用其获得的闲暇。如果个体选择留在劳动力市场，在领取养老金的同时还能获得酬劳，其收入在退休后可能与其退休前相当甚至是更高。大多数消费有着正的收入弹性，这意味着，个体在退休后的消费变化与其收入变化正相关。闲暇对消费的影响则较为复杂，要视消费的内容加以具体讨论。如果这种消费是与闲暇互补的，即其边际效用随可用闲暇递增（例如，文娱和健身），那么人们在退休后会更多地消费它。反之，如果这种消费是与闲暇替代的，即消费它是为了节省时间（例如打车和点外卖），那么人们在退休后会消费更少。

二、数据与描述性统计

本文基于 2010—2012 年和 2014—2016 年的中国城镇住户调查月度数据，采用事件分析法展示了中国城镇居民的劳动参与、收入和消费在退休年龄前后的季度动态。为了兼顾样本的规模和代表性，本文选取受访时年龄正处于法定退休年龄（男性 60 周岁，女性 50 周岁）向前 6 个季度至向后 12 个季度这一窗口期的观测值。本文尽可能选取家庭经济决策的参与者，且家庭成员数较小的样本，受访人数为 10 227 人，其中男性 4 383 人，女性 5 844 人。在本文样本中，男性仍在工作的比例为 38.1%，女性为 58.2%。领取养老金的男性比例为 65.7%，女性为 43.0%。男性的转移性收入（主要为养老金和离退休金）更高，达到 1 627.2 元，女性仅为 475.2 元。男性所在家户的人均月度消费支出为 1 493.9 元，略高于女性的 1 421.5 元。

三、研究发现

（一）"退而不休"现象较为普遍，女性"退而不休"比例更高，低学历、低养老金群体更易"退而不休"

实证结果表明，不少城镇居民在办理退休手续后仍继续工作。在达到法定退休年龄后的三年内，城镇男性和城镇女性领取养老金的比例分别上升了 61 个百分点和 53 个百分点，而同期劳动参与比例仅分别下降了 47 个百分点和 30 个百分点。换言之，在达到法定退休年龄后的前三年，约 14% 的男性和约 23% 的女性在领取养老金的同时会继续参与劳动力市场。女性"退而不休"的比例更高，或许是因为她们达到退休年龄时更年轻，也更健康。"退而不休"比例虽然随着年龄增长而降低，但是减退速度较缓。在达到退休年龄后的最初三年，"退而不休"的比例在男性和女性群体中分别只下降了3.8个和7.1个百分点。

什么样的人更可能"退而不休"？本文的研究发现，刚退休的、受教育程度较低的、养老金收入较低的个体更可能"退而不休"，这表明养老财富不足是"退而不休"的重要原因。

（二）家庭收入在退休年龄前后并未减少，家户消费在退休年龄后上升了4%

本文又考察了收入和消费在退休年龄前后的变化。在达到退休年龄后的头三年，男性所在家户的人均月收入并无明显变化，女性所在家户的人均月收入上升了约120元。这是因为一些城镇居民在退休后被返聘或再就业，同时获得养老金和劳动收入。同期，家户消费支出上升了4%左右，男性和女性所在家户的季度人均消费分别增加了65.60元和60.56元，其中收入上升是女性退休后消费增加的主要原因。食品支出和医疗保健支出在男性和女性中均显著增加。男性的文化娱乐支出上升，衣服和交通通信的支出有所下降。女性的家庭用品支出上升，文化娱乐支出有所下降。

（三）退休后的收入不平等有所下降，消费不平等上升

本文还考察了经济不平等在退休年龄前后如何变化。"退而不休"在养老金收入较低的群体中更普遍这一现象表明，不同群体对于退休会有不同的行为反应。为了探究这一异质性，本文结合事件分析法和分位数回归发现，收入不平等水平下降，消费不平等水平上升。

在男性样本中，低分位家户的收入有所上升，高分位家户的收入有所下降，不同收入分位数上的女性样本均出现收入上升。这与两性在"退而不休"状态上的分布差异一致："退而不休"在女性中更为普遍，在男性中相对较少且主要集中于低收入群体。因此，同一出生队列男性内部的收入不平等水平在退休年龄后会有所下降，而同一出生队列女性内部的收入不平等水平没有显著变化。

在达到退休年龄后，男性和女性消费支出均有所增长，但是高消费群体的增速高于低消费群体。从消费水平的角度看，退休加剧了消费者福利的不平等。一方面，低收入居民选择"退而不休"主要是为了增加养老财富，因此会将一部分劳动收入储蓄起来。另一方面，高收入居民在退休年龄后更可能退出劳动力市场，闲暇相应

地更多，在那些与闲暇互补的消费类别上（例如娱乐、文化和旅游）会有更多支出。

四、研究建议

在老龄化的时代背景下，我国人口中的青壮年劳动力占比在持续下降，如何在保障民生福祉和维护社会和谐的基础上，鼓励有能力的、有意愿的老年人口继续在劳动力市场上有所作为，避免人力资源的浪费？这是一个极为重要的政策问题。本文研究结论对于退休政策改革、养老保险制度完善和老龄化事业推进都具有政策意涵。

首先，政府制定延迟退休政策时要考虑到延迟退休对于不同群体所产生的福利后果。延迟退休是一项在社会上被广泛争论的政策改革，其推行过程中难免会有阻力，会有反对声音。本文研究结果表明，不同群体对于延迟退休政策的顾虑会有不同。低收入群体的顾虑主要体现在经济收入减少，这会影响他们的养老财富积累。高收入群体的顾虑主要集中在可用闲暇的减少，这会影响他们的消费福利，特别是减少那些与闲暇互补的消费。要想提升人们对改革的接受度和降低潜在社会成本，政府需要通过多方面的政策将不同群体的诉求都考虑进来。第一，退休年龄的设定要有一定的灵活性，而不是严格的"一刀切"，允许个体按照自身实际情况在某个范围内选择退休时点。第二，进一步完善社会保险的个人账户管理，让个体在延迟退休期间所做的经济贡献能在退休后的养老金上更好地得到体现。同时，通过基本养老保障、养老金个人账户及所得税减免等方式帮助低收入人群积累养老财富，解决他们的后顾之忧。第三，探索灵活弹性的从业就业形态，加强年休假相关政策法规的落实，鼓励业务骨干和高级专家以返聘、兼职等形式继续工作，以提升高人力资本人群的劳动参与意愿，避免人力资源浪费。

其次，加强统筹、规划和引导，积极培育银发经济，满足老年人需求和提高老年人生活品质。本文发现，我国城镇居民退休后的消费水平不但没有下降，反而有所上升。退休后的消费结构发生变化，体现在食品、医疗保健和文化娱乐等方面的支出增加。政府要推动与老年人生活密切相关的食品、医疗和老年用品等行业的规范发展，完善相关的安全标准和市场监管，保护老年人消费权益。同时，要引导老龄产业发展，支持适老化产品的研发制造，提升老年人文化娱乐服务的质量和水平，满足人民对健康、幸福晚年生活的美好期望。

最后，"退而不休"现象在一定程度上表明，部分低龄老年人仍有意愿参与工作，继续创造社会价值。政府应鼓励人们"老有所为"，为有能力的、有意愿的老年人提供职业介绍、技能培训等方面的支持。中老年人在退休后再就业的方式往往较为灵活，甚至是非正式的。越来越多的退休人口成为"零工经济"的参与者，在互联网平台上匹配需求方，灵活就业。政府应当完善相关法规政策，切实保护好"退而不休"人员的生产安全和劳动权益。

中老年人健康状况与家庭资产配置

——基于资产流动性的视角

周慧珺　沈　吉　龚六堂

观点概览

　　家庭成员的健康状况对家庭的资产配置有着深远的影响。家庭成员的健康状况的变化将通过医疗成本、流动性需求以及预期寿命等方面的变化来影响家庭的投资决策。房产作为非流动性资产的典型代表和中国居民金融资产的最主要组成部分，家庭成员的健康状况会对投资性房地产的持有状况造成显著负面影响。

　　为了避免群众"因病致贫""因病返贫"，政府应让金融市场更加充分地发挥作用，促进居民财富水平和消费水平提高，真正扩大"内循环"。金融保险市场应加大力度为中国居民提供品种丰富、定价合理、收益稳定的保险产品。

　　金融机构（银行、保险业）应适时考虑与相关医疗机构合作，允许病患家户以房产抵押来贷款看病，避免落入"卖房求医"的窘境。

　　要依托数字经济和"互联网＋"技术的蓬勃发展，发挥好数字平台的众筹功能，在加强监管的同时扩大社会募捐，调动社会资源来帮扶病患家户，用新技术来实现风险在更广大范围内的分散和共担。

一、引言

　　改革开放四十多年以来，伴随着金融市场的不断发育和完善，中国居民对家庭理财和资产多元化配置的需求渐趋旺盛，家庭资产的组合形式日益丰富和多元，既包括安全性较高的银行存款和政府债券，也包括为追求收益而需承担相应风险的股票、基金等有价证券，以及为对冲掉负向冲击的影响而购买的保险产品等，也逐渐成为居民投资的形式。除此以外，近年来，随着房地产市场的迅猛发展和楼市的强劲涨势，房产开始兼备保值和增值功能。与传统的金融资产不同的是，一般的金融资产可以在二级市场自由便利地交易，而房产购置的一次性投入大，转手难度相对高，在高收益的同时存在着流动性差、交易费用高等特征。

　　投资学原理指出，将资金分散地投向不同属性（风险、收益、流动性、期限等）的资产上是明智之举，因为这可以满足投资者对资金在时间和不同状态上的需求。而当疾患等负向冲击带来对财富流动性的需求变高时，人们对于资产变动的敏感程度增加，投资心理也有所改变。此时，人们对于流动性相对较好的传统风险资产和流动性较差的房产投资到底会持何种偏好、给出何种应对、做出何种调整，是值得从学术研究和实践等多个角度去理解和探究的课题，也是本文力图从理论机制和实证分析来回答的核心问题。

良好的健康状况是劳动和获得收入的基础，也在家庭决策中占据着重要的地位，影响人们的消费及投资选择。现代经济学研究表明，健康是一种重要的人力资本。健康与消费之间存在替代或互补的相互关系：健康状况变差会减少家庭的可支配收入及资产总量，从而使得家庭出于预防性储蓄动机而倾向安全资产；疾病给家庭未来人力资本和收入流带来不确定性，从而让家庭转向更安全的资产。

本文的理论分析表明，家户不仅关注流动性账户和非流动性账户里财富的绝对量，更重要的是要跟踪两者的相对比值。在给定的健康状况下，当非流动性财富相对流动性财富过多或过少的时候，家户必须及时调整两者的持有比例，而当两者的比值处于中间位置时，家户则应该选择不去交易非流动性资产以避免交易费用带来的损失。

更进一步地，本文研究健康状况对上述最优投资决策规则的影响。如图 6-1 所示，健康状况恶化使得家户的流动性账户必须保持足额水平以应对减少的收入和日益增长的医疗支出，同时预期寿命的降低也缩短了资产配置的规划周期（Planning Horizon）。在这两个效应的共同作用下，健康状况不佳的家户对非流动性资产的持有会显著下降，而流动性资产所受的影响则会相对较小。

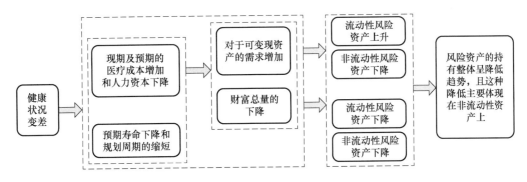

图 6-1 健康状况变差对两种资产影响的途径

基于模型的分析，本文使用中国健康与养老追踪调查（China Health and Retirement Longitudinal Study，CHARLS）2011—2015 年数据，考察了健康状况对家庭资产配置决策的实际影响。实证研究表明，以投资性房产作为典型的非流动性资产，其持有对于健康状况非常敏感，健康状况差的家户无论在拥有投资性房产的概率，还是资产价值，或者是资产占比等方面都显著更低。进一步分析表明，这一效应会通过医疗成本、流动性需求以及预期寿命等方面的变化来影响家庭的投资决策。同样的结论虽然对流动性风险资产的持有也成立，但显著性和稳健性均较弱。

二、理论模型的主要发现

我们的理论框架假设投资者需要将财富配置在两类可交易的风险性资产上，两者的交易价值由外生的不确定性因素驱动。我们的模型将健康状况纳入投资者资产的配置决策，以考量健康状况发生变化后资产配置的变化。模型假设在生命初期，投资者处于"健康"状态，随时间推移会不可逆地进入到"不健康"状态。"不健康"状态会降低投资者的预期寿命，并带来额外的医疗支出。符合常识的假设是，投资者的日常消费以及医疗支出等必须从流动性财富账户来支付。因此，额外的医疗开支使得不健康群体对流动性的需求变得更高，也更需要在流动性财富账户中留足现金。

健康状况变差将导致投资性房产的持有显著下降。在健康状况变差时，预期寿命的下降和医疗支出的增加使得总资产下降，并提升了人们对于资产的流动性需求，这两种效应同时使得非流动性资产持有下降，投资性房产作为最主要的非流动性资产，其持有概率和比例也应当随健康状况的恶化而显著下降。

健康状况变化前后，流动资产持有的变化相对较小。对于流动性资产而言，健康状况变差带来的医疗支出直接使得流动性资产骤降。与此同时，疾病加大了人们对于未来财富流失的预期，从而使得人们对于流动资产的需求上升，非流动性资产向流动性资产转化，流动性资产回升。在几种作用的相互抵消下，流动资产的持有比例随健康状况的变化将相对较小。

三、实证研究的主要发现

我们的基准实证结果发现，健康状况好的家庭比健康状况差的家庭投资性房产的持有概率显著更高，投资性房产套数也比至少一人不健康的家庭更高。相比之下，流动性风险资产所受的影响较小且边际效应不显著，即投资性房产作为典型的非流动性风险资产，其持有决策受健康状况显著的负向影响，而流动性风险资产的持有决策所受的总体影响则较小。

从控制变量来看，较高的受教育程度会提升家户对于两种资产的持有可能性。相比于户主学历在小学以下的家庭，那些户主受过小学、初中或受过高中及以上教育的家户非流动性和流动性风险资产持有概率显著提高。这一结果可能来源于受教育程度越高的群体往往金融素养越高，而金融知识被证明能够显著提高风险资产市场的参与程度。此外，年龄对于家庭投资性房产持有比例也有显著的正向影响，而对流动性风险资产的影响则并不显著。家庭规模对于两种资产持有的影响刚好相反，家庭人数越多，购置投资性房产的可能性越大，购买流动性风险资产的可能性越小。

从动态的角度来看，相比于健康状况没有变化或变好的家庭，健康状况变差家庭的投资性房产持有概率降低，而流动性风险资产持有则仍保持为变化不显著。这也从变化动态的角度说明，健康状况变差将降低家庭对于投资性房产的持有价值，而流动性风险资产则所受影响不大。

考虑到部分城市的限购措施，本文在回归模型中对限购政策进行控制发现，限购城市与从未限购城市样本的结论相似并依然保持显著，即健康状况好的家庭持有投资性房地产的概率更高。这说明全样本的结果并未受到限购城市家庭行为的干扰。对于限购城市样本总体来说，健康状况与持有投资性房产的概率间的相关性有所降低。

从投资价值的角度来看，健康状况差的家庭持有的投资性房产的价值更低，在家户金融资产中的占比也更低。而流动性风险资产的持有价值和占比则仍然不受家庭健康状况影响。

四、影响机制研究的主要发现

前文的理论模型表明，一方面，医疗支出增加带来现期和未来现金流的下降，从而导致总财富的下降和对于资产可变现需求的上升；另一方面，疾病也会带来预期寿命和规划周期的下降。

从现期支出压力增加的角度，疾患增加了个体现期的医疗支出，同时限制了受访者劳动能力，降低现期的工资收入。本文研究表明，健康状况差的受访者近一个月的就诊支出比健康状况好的受访者显著更高，且健康状况较差的受访者服用特定药物的比例比健康状况好的个体要高，证明了疾病将带来现期乃至近期一段时间内医疗支出的增加。此外，不健康的个体受访前一周内参与工作的概率也较健康个体有所降低，一年内由于健康原因无法参加工作致使劳动收入降低的天数比健康个体多出约 11 天，未退休人群的年工资收入也比健康个体低近 20%。这些都证明，健康状况变差会带来工作状态的改变，从而带来收入流的显著降低。

此外，对资产流动性需求的增加源于未来财富流的不确定性。健康状况可能改变人们对于之后工作状态和工资收入的预期。本文对问卷的研究发现，健康状况差的人计划停止工作的年龄显著低于健康状况好的人，即在健康状况差的情况下，人们对于未来工作状态和未来工资的预期明显更加悲观。这也证明，健康不仅影响现期的财富，也对受访者未来的收入流预期产生负面效应，改变人们在资产配置上的流动性偏好，让不健康的家庭更加偏向流动性资产。

同时，健康状况将影响人们的预期寿命和规划周期。问卷研究发现，在绝大部分年龄区间，健康状况好的个体对于寿命的预期远比健康状况差的个体乐观，只有90岁以上的群体，其对于能否再活10~15年的心理预期和现在的健康状况无关。这一点是符合直觉的。因为90岁以上的老人对于寿命的预期更多地取决于之前疾病状况的累积和现期的生活态度，现期健康状况对他们的影响相对并不大。健康状况的恶化会降低受访者对于寿命的预期，并通过影响规划周期的方式影响家庭的投资组合。

五、结论与政策启示

本文的理论模型证明，疾病的发生将同时带来直接健康成本的上升、预期寿命的下降和对于未来资产流动性的需求。在这几种机制的共同作用下，不健康群体卖出非流动性风险资产，同时买入流动性风险资产的概率上升。总体效应表现为非流动性资产随健康状况下降显著下降，而流动性风险资产所受的影响相对较小。

本文的实证研究证明，投资性房产作为典型的非流动性资产，其持有状况对于健康状况的敏感性很强，健康状况差的家户拥有投资性房产的概率、资产价值及资产占比都显著更低。且这一效应会通过医疗成本、流动性需求和预期寿命的渠道显现，同样的结论对于流动性风险资产的持有也成立，但流动性风险资产的显著性和稳健性则较弱。这一结论通过各项稳定性检验。限购政策将使被限购地区投资性房产持有和健康状况之间的关系变弱，但限购城市样本的混入并不影响基准结论。

本文的研究表明，健康风险是影响和改变家户资产配置的重要因素。金融学理论指出，在一个完全市场中，疾患（尤其是重疾）这类个体特异性风险是能够在最大程度上被整个系统所分担，跨越不同人群实现风险分散的，因此个体在不同状态上的消费能够得到相应的平滑化。在这种理想的情况下，疾病或灾荒这样的负向冲击对个体所带来的消费波动应该是极其有限的。然而现实却远非如此，本文的研究提示我们：家庭持有的投资性房产和风险资产依然深受健康状况变差的负向影响。

要从源头上缓释健康风险对个人和家庭造成的财产损失，避免群众"因病致贫""因病返贫"，就需要多管齐下、多措并举，从供给侧和需求面同时下功夫。本文提出如下五条政策建议：①政府应当进一步加大对公共卫生的投入，完善公共卫生体系建设，提高社会整体的健康资本水平和居民生活质量。②提升居民在金融市场上的活跃程度，让金融市场更加充分地发挥作用，促进居民财富水平和消费水平提高，真正扩大"内循环"。③本文的研究结果说明中国医疗保障的风险分担效果可能尚不明显，仍无法较好地抹平因疾病等健康问题带来的资产组合差别。如何为中国居民提供品种丰富、定价合理、收益稳定的保险产品，还有待金融保险市场的进一步发展。④房产本身是良好的抵押品，金融机构（银行、保险业）应适时考虑与相关医疗机构合作，允许病患家户以房产抵押来贷款看病，使他们摆脱落入"卖房求医"的窘境。⑤要依托数字经济和"互联网＋"技术的蓬勃发展，发挥好数字平台的众筹功能，在加强监管的同时扩大社会募捐，调动社会资源来帮扶病患家户，用新技术来实现风险在更广大范围内的分散和共担。

推动基本医疗保障均等化 促进银发经济高质量发展

龚六堂⊖

观点概览

党的二十届三中全会强调要发展银发经济，预计到 2050 年，银发经济规模可能占 GDP 的 30%。老龄化是全球性问题，中国 65 岁及以上老年人口占比已超过 15%，对劳动力市场构成挑战。

健康状况是老年人消费决策的关键因素，健康水平的下降会导致消费边际效应减少，其中农民群体受健康偏好影响尤为显著。

推进基本公共服务均等化，特别是养老服务和医疗保障服务，对提升农村居民消费能力和生活质量具有重要意义。

建议增加政府公共支出改善老年人健康状况，推广医养结合模式，实现医疗、养老等服务的全面均等化，财政政策支持解决老年人问题，并关注影响老年人行为的其他因素。

一、银发经济的发展与老龄化挑战

党的二十届三中全会高度重视老龄化问题，强调要积极应对其带来的挑战，并明确了养老金融、绿色金融、普惠金融、数字金融等多个领域的发展方向，同时对基本养老服务进行了统筹规划。全会强调，要发展银发经济，创造适合老年人的多样化、个性化就业岗位。银发经济的核心议题在于如何有效激发老年人的消费潜力，进而提升他们的生活质量。有研究预估，至 2050 年，银发经济的规模有望达到 15 万亿元，可能占据 GDP 的 30% 左右，银发经济已成为社会各界广泛关注的热点话题。

老龄化不仅是中国面临的挑战，也是全球性的问题。预计到 2050 年，全球 60 岁以上的人口将达到 21 亿人，占总人口的 22%，人口老龄化已成为全球性的挑

⊖ 2024 年 10 月 25 日，光华思想力智库举办了"银发经济与养老金融"闭门研讨会。本次研讨会聚焦银发经济与养老金融的融合发展，与会专家从养老保险和养老金的管理、养老金融服务模式创新、养老产业的高质量发展等多方面展开交流，探究如何有效支持我国银发经济发展，共同应对人口老龄化挑战。简报内容根据会议发言整理。

战。日本、韩国等亚洲国家以及众多欧洲国家老龄化带来的问题更是严峻。近年来，我国人口已开始呈现负增长趋势，总和生育率已降至1.3%，远低于1.6%～1.8%的警戒线。人口增长放缓带来的直接后果就是老龄化加剧。具体来说，我国65岁及以上的老年人口占比已从五十年前的4%左右攀升至现在的15%以上，总人数超过2亿。

人口基数的变动对我国的社会经济结构产生了深远的影响，给我国劳动力市场带来前所未有的挑战。改革开放初期，我国劳动力增长率保持在3.5%～3.7%的高水平，构成了当时的人口红利。然而，随着人口红利的逐渐消退，2016年以来，我国的劳动力增长率已呈现负增长态势，2022年下降了1.5个百分点。这说明我国现已难以依靠传统的生产要素——资本和劳动来支撑经济增长，经济发展需要寻找新的增长点，发展新质生产力，以应对老龄化带来的挑战。此外，农民工群体也面临着老龄化的问题。尽管在新冠疫情期间，农民工数量略有下降，但总体来看，其数量仍保持稳定增长。然而，50岁以上的农民工占比，已从2016年的不到20%上升到现在的30%以上，考虑到农民工是我国劳动力市场的重要组成部分，总数约达3亿，这一老龄化趋势无疑加剧了劳动力市场的紧张状况。

二、健康对老年人消费行为的影响

（一）研究背景

人的行为通常受到个人偏好的驱动，而这些偏好的形成和塑造在很大程度上受到健康行为的影响。老年人的健康状况，作为影响其消费决策和偏好的一个关键因素，是理解并满足这一特殊群体独特需求的关键所在。鉴于此，本研究旨在深入分析健康行为是如何影响老年人的偏好的。在此过程中，我们不能忽视的是老年人面临的健康和资产配置的双重问题。这两个问题不仅关系到老年人的生活质量，也直接作用于其消费行为。因此，从多个维度综合考量，全面应对老年人在健康维护、消费选择及资产配置等方面遇到的挑战，显得尤为迫切。

（二）研究方法

本研究探究影响老年人行为的关键因素，尤其是在60岁之后，他们的消费偏好以及消费模式如何随健康水平的变化而受到影响。为了深入分析这一关系，我们利用CHARLS数据库（China Health and Retirement Longitudinal Study，中国健康与养老追踪调查）2018—2021年的收入数据，对老年人的健康状况进行了全面评估。本研究覆盖了超过8 000名个体，采用了六项日常生活活动能力评定（Activity of Daily Living，ADL）以综合衡量个体的日常活动能力。这六项活动的总和不仅代表了个体的整体健康水平，而且对每项活动的单独分析均展现出稳定且一致的结构特点。

为了进一步增强研究的准确性，我们还引入了其他多维度的健康指标进行验证，包括购物、烹饪等日常活动中遇到的问题，是否存在上肢、下肢活动困难、认知障碍等。多维度指标的引入确保了研究结果的稳健性和可靠性。为了将健康与不健康状态下的各种复杂影响因素综合为一个统一且易于理解的指标，我们进行了一系列高度数学化的计算和处理，为更深入地理解老年人消费行为和健康状况之间的关系提供了支持。

（三）研究结论

1. 老年人健康状况和消费行为的紧密联系

研究结果显示，中国老年人的消费行为深受健康状况的影响，呈现出显著的健康依赖性特征。老年人的 ADL 平均水平为 0.5，但存在较大的波动，标准差达到 1.16。健康水平的下降会导致消费边际效应减少 28.2%。

2. 农民群体的特殊性及医疗保障均等化的重要性

研究发现，健康对老年人消费边际效应的影响存在显著的群体差异，其中农民群体受健康偏好的影响尤为显著。通过反向冲击测试，我们发现若将农民的医疗保障水平提升至与城市居民相近的水平，健康对农民消费的影响将降低 39%。这一发现凸显了推进基本医疗服务均等化的重要性，特别是对于农民群体而言。

三、基本医疗保障均等化的重要性

在当前老龄化日益加剧的背景下，推进基本公共服务均等化，尤其是养老服务和医疗保障服务的均等化，已成为一项紧迫的任务。党的二十大对此做出了明确的指示，强调了这一目标的重要性。

本研究发现，健康状况对老年人的行为选择具有深远影响，而且城乡之间以及不同地区之间存在显著的差异，这些差异进一步凸显了推进基本养老服务和基本医疗服务均等化的必要性。

首先，城乡差异使得农村居民在享受医疗保障服务方面面临诸多困难。研究表明，如果将农民的医疗保障水平提升至与城市居民相当，健康程度对农民消费的影响将显著降低。这意味着，实现城乡医疗保障的均等化，对于提升农村居民的消费能力和生活质量具有重要意义。

其次，地区差异也不容忽视。后续研究发现，东部、中部和西部地区在养老服务和医疗保障服务方面存在巨大的差异。这种差异不仅影响老年人的生活质量，还可能加剧地区之间的不平等现象。因此，推进基本医疗服务的均等化，有助于缩小地区差异，实现共同富裕的愿景。

最后，要重视个体间的显著差异对推进基本医疗保障均等化的重要性。这种差异不仅体现在健康状况和偏好上，还可能因新技术的发展而进一步延伸。以养老金融为例，新技术的融入可能会改变老年人的选择倾向，使得他们在享受医疗保障服务方面面临新的挑战。因此，在推进基本医疗保障均等化的过程中，我们需要充分考虑个体的差异性，确保每个老年人都能享受到公平、优质的医疗保障服务。

四、政策建议

第一，增加政府公共支出，提前改善老年人的健康状况。我们应更加主动地关注老年人的健康问题，具体措施包括加强疫苗接种、预防流行病等，旨在从源头上保障老年人的健康，这一策略远比仅依靠未来治疗疾病更为有效。

第二，进一步推广医养结合的模式。我国可以借鉴在这方面做得出色的日本的经验，为老年人提供更加全面、细致的服务。

第三，在全国范围内实现医疗、养老等服务的全面均等化。在现实中，即使在同一城市内，不同机构或群体之间在养老待遇等服务上也可能存在显著差异，这反映出在全国范围内实现服务均等化的迫切需求。这种差异不仅影响了服务的公平性和可及性，还可能加剧社会不平等现象。因此，推动医疗、养老等服务的全面均等化，有助于确保每个人都能享受到高质量、公平的服务。

第四，财政政策的支持对于解决老年人问题不可或缺。无论是养老金问题还是医疗保障问题，都需要强有力的政策作为支撑。只有这样，我们才能为老年人创造一个更加公平、更加美好的生活环境。中央政府应不遗余力地增加养老保险和医疗保险等关乎老年人基本生活的支出，以减轻地方政府的财政压力，确保老年人能够获得更加稳定和充足的保障。

第五，关注其他可能显著影响老年人行为的因素。现实中，有些单位在养老保障方面的烦琐事项，例如养老卡的频繁更换等，都给老年人的日常生活带来了额外的负担，无形中增加了他们的生活成本。因此，不仅要聚焦于养老保险和基本医疗保障这些直接关联到老年人健康的核心问题，为了更全面地理解和改善老年人的生活状况，还应综合考虑各种可能影响他们行为的因素，并采取相应措施加以应对。

第七部分

低碳发展机制和绿色转型

推动经济社会发展绿色化、低碳化是实现高质量发展的关键环节。要将绿色低碳转型的要求融入经济社会发展全局，全方位、全领域、全地域推进绿色转型。

本部分从碳中和的战略意义出发，深入剖析了"双碳"目标下的经济管理挑战与转型路径，指出碳中和不只是技术问题，更是经济学、管理学问题，对经济增长、产业升级以及国际贸易有深远影响。

本部分还包括了北京大学光华管理学院碳足迹与碳中和行动报告，2022 年起，光华管理学院连续发布自身年度碳足迹报告，这是主动履行"双碳"社会责任的承诺和行动，是自觉接受社会监督的意愿表达。

北京大学光华管理学院的碳中和经济学管理学交叉创新团队围绕着"双碳"目标下的经济学和管理学重大问题，旨在提供一套系统的绿色经济理论框架，探索适合中国国情的"双碳"行动方案，为全球气候治理贡献中国方案。

"碳中和"目标下的经济管理研究

刘　俏　滕　飞

观点概览

推动实现碳达峰、碳中和具有重大战略意义，将给新发展阶段的中国经济学和管理学研究带来深刻影响。

碳中和不仅是技术问题，更是经济学和管理学问题，需要从经济学理论层面明确实现碳中和的短期、中期、长期之间的关系，思考如何在经济发展与减排增汇之间找到平衡点。

碳中和不仅是目标和目标分解问题，也是制度和公共政策问题、市场机制问题，最重要的环节是建立碳价格的形成机制，构建相应的财税制度。

碳中和不仅是宏观问题，也是微观问题，需要研究如何把经济生活的微观单元——企业和个人——纳入碳中和过程。

碳中和不仅是有为政府的问题，也是有效市场的问题，需要发挥市场机制作用，通过市场来引导碳排放权的优化配置。

碳中和目标下，"碳"变成除资本和劳动力之外另一个重要的生产要素，改变着生产函数和消费者效用函数。

碳经济下如何确定碳价格是关键科学问题。碳交易机制设计问题导向的研究背后对应着经济管理研究范式和自然科学及工程研究范式交叉融合、创新理论出现的可能性。

碳金融实践将推动金融学理论的创新与突破。提炼碳金融实践经验可能形成具有中国特色的金融学理论。

实现碳中和需要制定激励相容的公共政策和产业政策。

研究碳中和下重点区域及行业的微观商业场景和模式，给管理学研究带来新的研究问题和理论创新。

"碳本位制"将使国际汇率制度发生很大变化，与汇率相关的一切问题都有可能需要重新审视，这将带来国际经济学研究范式和研究问题的重大改变。

2030年前实现碳达峰，2060年前实现碳中和是我国实现可持续发展的重大战略决策和构建人类命运共同体的具体举措。在实现碳中和目标下，碳作为要素改变生产函数和消费者效应函数。基础理论假设的改变为经济学和管理学的发展带来一系列全新的研究问题，集中体现在增长理论、碳金融理论、市场设计、产业与公共政策、企业战略和商业模式创新、汇率制度等领域。对这些问题的深入研究不仅能推动碳中和目标的实现，也能带来经济学和管理理论创新和研究范式突破的可能性，产生的思想成果将成为辐射世界的中国经济管理理论的有机组成。

一、引言

我国的碳达峰与碳中和战略，不仅是全球气候治理、保护地球家园、构建人类命运共同体的重大需求，是我国国际责任担当的具体体现，也是我国高质量发展、生态文明建设和生态环境综合治理的内在要求。推动实现碳达峰、碳中和具有重大战略意义。

首先，推动碳中和，对我国长期高质量发展影响深远，它不仅能推动我国以更加可持续、对社会和环境更友好的方式实现经济长期、稳健增长，兼顾长期目标和短期目标，同时推动绿色发展、打造零碳经济也意味着我国经济增长方式和动能的巨大变化。

其次，实施碳中和战略，采用可再生能源去替代传统的化石能源，能够帮助我国克服能源进口依赖。我国目前的能源很大比例依赖进口，在国际环境发生深刻复杂变化的时候，对化石能源进口的过度依赖已经成为"卡脖子"问题。因此，碳中和是我们主动的战略选择。

此外，推进碳中和有助于我国提升国际影响力。在全球化出现逆转的情势下，在减排这件事情上与国际社会达成共识，是我国在新发展阶段参与打造人类命运共同体的一个重要举措。

碳中和目标的提出催生了一系列重要的基础科学研究问题，不仅涵括与减排和增汇相关的自然科学和工程技术问题，同时也包括服务国家碳中和战略的经济转型、产业和区域路径优化、碳价格形成机制、碳交易机制设计、碳金融、国际合作、气候治理等经济学、管理学问题。

推进碳中和势必给新发展阶段的我国经济学和管理学研究带来深刻的影响：其一，作为服务国家战略的经济学和管理学研究，需要对实现碳中和目标过程中涌现的一系列重要的科学问题和政策问题进行系统研究；其二，推进碳中和带来的深刻复杂的社会经济变革，带来经济学和管理学理论创新的机会，为我国经济学和管理学进一步发展提供方向和动力；其三，实现碳中和是一项复杂的系统工作，在新一轮科技革命和产业变革交叉融合大背景下，对重要科学问题的研究需要采用交叉学科、交叉专业的方法，这带给经济学和管理学在研究方法甚至范式上突破的可能。

2018 年诺贝尔经济学奖授予长期研究气候问题的经济学家威廉·诺德豪斯（William Nordhaus），他在接受诺贝尔奖时的演讲题目是《气候变化：经济学的最终挑战》（Nordhaus，2019）。在工业化进程中不断涌现的技术突破为人类带来了在物质生活上的极大丰富，然而，二氧化碳排放带来的气候变化给人类社会带来的负外部性（Negative Externality）开始威胁人类文明的进一步发展。

基于工业文明建立的现代经济学和管理学研究，面临着如何解决气候变化这一负外部性的"最终挑战"。同样，中国的经济学和管理学研究在助力中国经济社会实现四十余年高速增长，成功完成工业化进程之后，在新的发展阶段面临着如何面向碳中和解决一系列基础性和前瞻性重大科学问题的巨大挑战。积极回应这些挑战将极大地推动经济学和管理学在研究问题和研究范式上取得突破性进展。

二、主要内容

（一）碳中和对中国经济社会发展的重要意义

中国在碳达峰、碳中和上做出的国际承诺，对贯彻新发展理念、构建新发展格局、维护国家长远安全发展都有重要的意义。

1. 碳达峰、碳中和是贯彻新发展理念，构建新发展格局的重要内容

完整贯彻新的发展理念。在"五位一体"的总体布局⊖中，生态文明建设是关系中华民族永续发展的重要方面。中华传统文化一直强调将天、地、人统一起来，对自然界要取之有时、用之有度。伴随着中国现代化进程的深入演进，中国经济形态从农业文明向工业文明发展，能源使用从生物能源向化石能源转变，尤其是自然环境变成经济活动的约束之后，构建自然资源和经济发展的和谐共生机制，落实绿色发展理念显得更加重要。因此，碳达峰、碳中和不仅仅是具体的气候和环境问题，更是根本的发展理念问题，能够更加完整地牵引和推进中国未来的现代化。推动绿色低碳发展意味着我国经济增长方式和动能的巨大转变，推动中国经济社会朝着更加健康可持续的方向发展。

⊖　"五位一体"的总体布局，是指经济建设、政治建设、文化建设、社会建设和生态文明建设五位一体，全面推进。

碳达峰、碳中和将是一场广泛而深刻的经济社会系统性变革，对新发展格局的构建有重要的牵引甚至是倒逼的作用。在新的发展格局中的生产、流通、消费等经济循环的各个环节，都可以通过低碳发展战略牵引和推动，打造绿色低碳循环的发展格局和经济体系。在生产体系方面，倒逼工业绿色低碳升级，加快农业绿色低碳发展，提高服务业绿色低碳水平，加快构建区域产业集群的低碳循环和绿色供应链体系。在流通体系方面，倒逼相关环节的低碳改进，促进绿色低碳的物流体系建设，提升资源能源的回收利用率，建立绿色低碳贸易体系等。在消费体系方面，助推绿色低碳产品消费风尚的营造和生态道德培育，倒逼中央和地方政府制定法律法规，探索社会治理路径，引导简约适度、绿色低碳生活方式，构建能源节约型社会。

应对温室气体问题在理论上是经济发展过程中的负外部性治理问题，需要政府治理和市场机制双重机制发力。碳达峰、碳中和的实现是一个系统性工程，不仅推动思想观念的转变、发展格局的创新，而且必然推进政府治理和市场机制的完善。在政府治理方面，低碳治理涉及生产生活的方方面面，传导机制复杂多元，借此可促进政府治理的系统性构建，加强各条块部门的职能整合，促进地区之间要素禀赋的深度融合，实现区域低碳协同发展。在市场机制方面，在碳达峰、碳中和既定目标下，可以加快推动构建碳交易市场、完善碳价格形成机制以及相对应的财税政策，推动碳金融体系构建，加快市场标准的制定、低碳信息披露，绿色投资理念培育等方面的工作。

2. 碳达峰、碳中和是保障能源安全，推动技术创新的重要推动力

首先，现代化经济增长过程就是能源转换效率不断提升的过程，从生物能源到化石能源，从当前为欧美所主导的石油等高碳能源到未来的低碳能源，是国际大势所趋。低碳发展是第三次能源革命的关键，碳达峰、碳中和的目标，可以驱动中国能源新旧转换，减少煤炭资源的使用比重，降低石油等能源的对外依存度，提升国家能源安全度和供给的自主性。

其次，煤炭、石油等传统化石能源来自于采掘业，主要取决于国内矿产资源储量和国际贸易环境等；而以光伏、电池、风电等为代表的清洁能源来自于制造业，中国是制造业大国，有显著优势。碳达峰、碳中和恰恰是把能源供给依靠资源禀赋和外生环境切换到依靠制造业基础上。事实上，全球的光伏电池板、太阳能电池板，超过 2/3 是中国制造的；全球的锂电池，约 3/4 是中国制造的；全球电动汽车电池中的一半是中国制造的。推动全球能源供给和需求朝着低碳方向发展，对发挥中国制造业在清洁能源方面的潜在能力有着重要意义。

最后，碳达峰、碳中和目标的实现根本上需要依靠技术的进步。在充分发挥中国产业政策制定与执行的体制优势基础上，推动应对气候变化的技术攻关方向，包括在工业和建筑等领域的能效技术、可再生与清洁能源的减排技术、山田林草湖海的碳汇技术以及碳捕捉利用和封存技术等。在碳达峰、碳中和的刚性目标下，技术进步的方向和速度更加明确，能够在全社会形成共识，利用新的技术和产业实现"弯道超车"，重塑全球能源新标准和产业链。

3. 碳达峰、碳中和是维护国际多边规则，构建人类命运共同体的重要举措

构建人类命运共同体，要在共同认可和遵守的国际规则上共同采取行动，实现这一点很不容易，但应对气候变化和碳中和问题，是可以开展广泛合作的重要领域，是构建人类命运共同体的一个具体举措。中国作为目前最大的发展中国家，当前碳排放量占世界的近1/3，做出碳达峰、碳中和的承诺，是对全球气候治理非常重要的贡献，有助于维护国际治理多边规则，提升国际影响力和话语权。

推进碳中和还有利于中国争取全球治理议题设定和规则制定的主动权。气候治理有显著的外部性，一国的减排可以让别国受益，而在短期内则会制约本国经济发展；气候领域的举措与安全、贸易、投资、技术等国际合作和博弈的领域相互影响渗透，需要全球协同应对。因此全球气候治理的参与国众多、利益格局复杂多元。积极参与应对气候变化全球治理，对中国在重要领域规则的话语权主动权、全球治理议题的制定权方面将产生重要的积极影响。

碳中和目标的实现有利于推动绿色"一带一路"建设。发达国家的发展历程，是经济发展负外部性和高能耗经济不断转嫁到发展中国家的过程。目前，"一带一路"国家碳排放总量占全球比例超过1/3。中国作为应对气候变化的引领者，未来与其他"一带一路"国家开展广泛的气候合作，通过绿色基础设施建设，绿色金融合作，绿色技术交流，绿色项目建设，积极推广中国企业经验并积极搭建、推广"一带一路"国家绿色发展交流机制，可以在国际谈判中厘清真正全球意义上的责任担当，引领未来的全球治理规范标准。

（二）我国实现碳中和目标面临的挑战

我国提出实现碳达峰、碳中和的时间表，即二氧化碳排放力争于2030年前达到峰值，努力争取2060年前实现碳中和，明确将未来经济社会发展模式和阶段任务摆到议事日程之上。实现碳中和目标对经济社会的影响究竟有多大，目前学界对此的研究刚刚展开。其中一个核心问题在于，2030年碳达峰对应的峰值是多少？对峰值的估测，现有研究大多基于两个假设：2030年中国单位GDP碳排放强度下降程度和未来十年年均 GDP 增速。

基于 2035 年我国单位 GDP 产值的碳排放程度将比 2005 年下降 65% 甚至更多，以及至 2030 年我国 GDP 年均增速在 4.7%～5%（根据国家"十四五"规划的内容，我国 2035 年初步实现社会主义现代化之时的 GDP 总量需要比 2020 年时的翻一番，对应着年均大约 4.7%～5% 的 GDP 增速）这两个假设，各界对碳达峰时我国二氧化碳排放的可能峰值做了预测，大部分在 105 亿～120 亿吨之间。例如，中金公司基于中国碳核算数据库估测，到 2030 年碳达峰时，我国二氧化碳的净排放量将达到 108 亿吨（中金公司，2021）。总体而言，目前还缺乏较为清晰的核算。

对照我国具体情况，实现碳中和目标时间紧且任务重。从时间上看，从碳达峰到碳中和，美国有近 45 年的时间，欧盟大约有超过 70 年的时间，而中国计划用 30 年时间即完成从碳达峰到碳中和的跃迁，挑战是艰巨的。

此外，我国宣布碳中和目标时，人均 GDP 刚刚突破 1 万美元，是美国的 1/6，大约是欧洲主要国家的 1/5。未来四十年里，经济社会不断发展，保持 GDP 稳定、可持续的增长仍然是我国重要的战略任务。如何在经济继续增长和减排增汇之间找到平衡，同时实现经济的高质量发展和碳中和这两个目标？这是我们未来面临的一大挑战。

如果仅仅将碳达峰、碳中和理解为能源生产方式和消费方式的改变，理解为经济社会发展过程中又多了一个约束条件，那么实现碳中和目标更多意味着挑战，意味着在寻找一个各种约束条件下的次优均衡（Suboptimal Equilibrium）。但是，如果我们把实现碳中和理解为涉及领域广、影响深刻的革命性变革，理解推进碳中和过程中生产函数和消费者效应函数将发生变化这个逻辑，积极地在制度层面、政策层面、技术层面和产业层面进行更为彻底的改变，那么虽然挑战艰巨，但是我们有可能找到碳经济时代的一个新的经济均衡，而非更强约束下的一个次优均衡。

我们面临的挑战来自四个层面。

第一，我们必须明确，碳中和的推进不仅仅是个技术问题，它更是一个经济学和管理学问题。实现碳中和，我们需要从经济学理论层面明确实现碳中和的短期、中期、长期之间的关系，思考如何在经济发展与减排增汇之间找到平衡点。实现碳中和面临技术路线的选择问题、减少污染物和减排的优先顺序问题、构建清晰的碳排放总量指标和分解指标问题。然而，无论如何选择，最终都取决于成本和收益的测算与评估——不同的技术路径对应着不同的投融资总额、投融资结构、产业和区域影响，需要系统综合地考量。

第二，实现碳中和需要明确总量目标和按产业和区域确定的分解目标，但是，碳中和不仅仅是目标和目标分解问题，也是制度和公共政策问题、市场机制问题：即使构建出清晰的碳排放总量目标，也需要微观指标和数据去设置激励机制和约束机制，需要研究采用何种工具纠正碳排放的负外部性，需要公共政策的制定和碳交易市场的建立来实现社会成本的内部化。在这一过程中，最重要的环节是建立碳价格的形成机制，构建相应的财税制度。

第三，碳中和作为国家发展战略的重要部分，它不仅是宏观问题，也是微观问题。推进碳中和目标的实现，迫切需要研究如何把经济生活的微观单元——企业和个人——纳入碳中和过程，为微观主体积极参与碳中和提供动力，鼓励低碳、零碳商业模式创新，鼓励消费者建立低碳、零碳的生活方式。

第四，碳中和的推进不仅仅是有为政府的问题，也是有效市场的问题。应对气候变化带来的挑战，推进碳中和目标的实现，关键环节在于形成碳价格的定价模式和定价的底层逻辑，这迫切需要发挥市场机制作用，通过市场来引导碳排放权（碳要素）的优化配置。

以上四个层面的挑战，是对经济学和管理学的基础假设、理论框架和结论提出的挑战，为变革之下经济学和管理学学科发展提供源源不绝的研究问题以及范式和思想突破的可能。

（三）实现碳中和目标需要回答的经济学、管理学问题

中国发展模式不是一个固定不变的概念或是思维框架，它是一个随时间的推移而不断变化的思维探索和实践探索的集成。中国发展模式的普适性不在于它能够提供所有问题的答案，而在于它以开放的精神、实事求是的态度，直面发展中的第一性问题，并不断寻求以现实可行的方法去破解这些问题。

碳中和的实现是一场全新的革命性变革，对经济学和管理学提出全新的课题，给这两个学科领域带来理论原创突破的可能性。碳中和涉及国家层面的治理变革；实现碳中和对财税体系和投融资体系提出新的要求；实现碳中和更将催生出低碳技术、零碳技术、负碳技术等技术创新，并形成庞大的新的市场需求；尤其是，碳中和将会带来商业理念和消费理念的变化，未来碳中和会是中国经济社会发展的一次浪潮，会重新塑造企业治理、战略、投资决策、内部管理、工艺流程等。

围绕实现碳中和这一目标，经济学和管理学将面临一系列亟待回答的科学问题；回答这些问题，将带来经济学、管理学未来的重大突破；而提炼独具特色的中国实现碳中和目标的实践经验，将有助于构建辐射世界的中国经济学、管理学理论。下

面我们列举一些碳中和目标下因为新的研究问题的涌现而可能产生重大理论突破或是范式变革的领域，具体如下。

1. 碳经济下的增长理论

我们在谈经济增长时经常会提到诺贝尔经济学奖获得者罗伯特·索洛提出的"索洛模型"。在经典的索洛模型里，生产要素主要由劳动力和资本构成，而增长中不能被劳动力和资本解释的部分被称为全要素生产率。索洛模型自 1956 年被提出以来，迄今已经得到来自不同国家和不同历史阶段实证事实的验证，被广泛接受，成为现代经济增长理论的重要基准理论（Benchmark Theory）。20 世纪 80 年代开始，以保罗·罗默（Paul Romer）为代表的经济学家创立的"内生经济增长模型"（the Endogenous Growth Models）（Romer，1986），考虑了因知识进步所产生的正外部性对经济增长的内生影响，保罗·罗默因此获得了 2018 年的诺贝尔经济学奖（和威廉·诺德豪斯共享当年的经济学奖）。

知识对经济增长产生正外部性（Positive Externality）。气候变化或是碳排放作为全球性的公共产品（Global Public Good）带来的是负的外部性（Nordhaus，1992，1994）。在碳中和成为全球共同接受的目标，成为推动人类命运共同体建设的一个具体举措时，碳中和不应该被简单理解为经济社会发展新的约束条件。推进碳中和目标的实现正在改变生产函数和消费者效用函数。在碳中和目标下，"碳"正变成除了传统的资本和劳动力之外另一个重要的生产要素。当生产函数和消费者效用函数发生变化时，现代增长理论所描绘的增长动能、模式、路径、形成增长异质性（跨行业、跨区域、跨国家）的结构性因素、推动宏观经济增长的经济微观基础等都可能会呈现出不同的变化，未来的经济增长将会呈现出不一样的轨迹。

作为新的生产要素的"碳"，到底有什么特点、经济形态、经济运行规律，这些都值得我们深入探讨。而研究这些问题还将为经济增长理论和研究范式带来巨大的发展空间。

2. 碳交易机制与市场设计

碳作为生产要素进入生产函数，并作为重要的决定因素影响消费者的效应函数，以此形成碳经济。碳经济下，如何确定碳价格成为一个关键的科学问题。事实上，解决碳排放带来的负外部性，需要将碳排放带来的社会成本内化为微观经济单位，例如企业或是消费者的成本。设定合理的碳税（我们将在下文讨论碳税问题）是常见方法。另一种方法是设计碳交易的市场，通过市场交易形成的价格来实现降低碳净排放的效果。

关于后者，在阿罗–德布鲁（Arrow-Debreu）构建的一般均衡框架下，市场是完备的，市场价格将导致产品市场出清，社会福利得到最大化。然而，在市场不完备，特别是存在着因为碳排放产生的负外部性的情况下，需要有针对性地建立碳交易的市场机制。

在我国区域发展不平衡、产业特别是"碳敏感产业"存在明显的区域分布的情况下，市场和定价机制的建立是复杂且困难的。在经济发展和减排增汇之间存在一定程度的冲突时，理解市场参与主体（地方政府、企业、个人等）积极或是不积极参与碳交易的背后原因，设立激励相容的碳交易机制降低"赢家诅咒"的风险，激励企业与个人主动参与减排增汇，这些问题都需要仔细研究。而针对这些问题的回答将极大地推进市场设计（Market Design）理论和拍卖理论（Auction Theory）的发展。

2020 年的诺贝尔经济学奖授予两位应用经济理论解决实际问题的经济学家——保罗·米尔格罗姆（Paul Milgrom）和罗伯特·威尔逊（Robert Wilson）。在研究如何拍卖美国加利福尼亚州的电信波谱（Radio Spectrum）时，他们创造性地设计并引入多阶段动态拍卖机制去解决不同竞价者对不同频率波谱价值的估值不同所带来的难题，经济学和工程的交叉融合对于最终机制的设计起到重要作用。类似的拍卖机制或是市场设计有无可能被运用于"碳排放"权的拍卖？不同的地区或是行业对碳价格的估值存在很大差异，应该如何设计碳交易机制（拍卖机制）？问题导向的研究背后对应着经济管理研究范式和自然科学及工程研究范式交叉融合、创新理论出现的可能性。

3. 碳经济时代的金融学理论

金融的本质是把资金需求方和供给方以简单、直接、透明、有效的方式连接起来，服务实体经济。推进碳中和目标的实现将会引起金融体系的巨大变化，进而推动金融学理论的发展。现在估测，我国要在 2060 年实现碳中和需要近 140 万亿元的投资，资金来源于何处？这些资金应该被投向什么地方？如何保证投资是有效投放？在碳中和目标下，我国金融体系的结构将发生什么样的变化，金融服务的覆盖面应该惠及什么样的行业和地区，金融中介的效率将如何提升？

解决这些问题意味着我国金融体系在三个维度上可能会出现巨大变化：在金融产品和金融服务方面，会有更多更好的绿色金融产品，例如绿色债券、绿色贷款、碳期货等衍生品。在金融中介的服务操作、流程及背后的金融思维方面，碳交易市场和拍卖机制的形成和不断演进，将重塑金融中介的服务流程、具体操作及风险和收益的呈现形式，碳作为金融资产将有可能改变投资组合的定价逻辑和风险对冲逻辑，金融学的第一性问题（如何找到风险和收益之间关系的呈现形式）将可能出现新的突破。此外，与碳相关的资产应该如何计价，如何进入企业或是金融机构的资产负债表和损益表，其价值和风险该如何评估。在金融中介活动组织形式方面，推进碳中和目标的实现将催生新的金融活动组织形式的创新，绿色 PE/VC、绿色银行、绿色交易所等将有可能出现并在金融体系中扮演越来越重要的作用。

碳金融实践将推动金融学理论的创新与突破。具体到"中国金融学"，提炼碳金融实践经验，形成具有中国特色的金融学理论，为应对人类面临的共同挑战贡献中国智慧，对我国金融学研究人员来说，这不仅是亟待研究的重大课题，也是必须承担的重要使命。我们需要解决经济社会发展中第一性的问题，推动中国金融学进一步发展需要识别出发展中最重要的科学问题，而回答这些重要的科学问题是中国金融学发展的应有之义。

4. 产业政策和其他公共政策

实现碳中和需要制定激励相容的产业政策和公共政策。先讨论产业政策。在碳中和目标下，当生产函数（Production Functions）和消费者偏好（Consumer Preferences）发生巨大变化时，不同的行业受到的影响不尽相同，实现碳中和的产业路径和现有的区域协调也不一样。基于投入产出的定量研究，确定碳敏感关键产业，根据轻重缓急明确产业战略路径选择，制定碳中和目标下产业政策和产业监管体系。同时，基于区域经济特征，我们亟须研究碳中和过程中生产力布局、经济布局等区域协调问题。因此，在区域经济发展战略和具体政策制定方面有很大的分析空间，带来了这个领域研究突破的可能。

再讨论公共政策。如何通过激励相容的公共政策引导地方政府、企业、个体消费者以及其他利益相关方改变行为模式，积极主动参与到与碳中和目标一致的活动中来，是公共政策制定需要考虑的关键出发点。未来如何设计合理的税收体系，确定合理税率，制定财政转移支付规则来鼓励减排增汇？

5. 企业战略与商业模式创新

碳中和目标下，基于能源生产端和消费端的技术创新将推动相关经济微观单元在产品服务、价值主张、发展战略等维度的变革，传统产业的主导商业模式将发生改变，新兴行业也将陆续崛起。与此同时，低碳生活理念和方式对消费者消费偏好、习惯、消费结构等带来深刻影响，同样带来商业模式创新的无限可能。因此，研究碳中和目标下重点区域、重点行业形成的微观商业场景和商业模式，给管理学研究带来新的研究问题和理论创新。

6. 汇率制度

过去的一个多世纪里，国际货币体系经历从金本位制到布雷顿森林体系，从布雷顿森林体系向浮动汇率制的变迁。浮动汇率制下，美元是主要的国际货币，全球目前仍然处于以美元为锚的时代。碳中和目标下，未来会不会出现"碳本位制"——各国货币汇率以各国的"碳价"作为重要的锚来确定？减少碳排放、增加碳汇是全世界绝大部分国家抛去意识形态、文化传统、发展模式、宗教信仰等方面的分歧后所能形成的最可能、最大的共识，是各国构建人类命运共同体的具体举措。随着实现碳中和目标的推进，碳交易市场的价格发现功能逐渐显现，那么一个国家的碳价有没有可能变为本国货币定价的锚？若是如此，国际汇率制度将发生很大的变化，与汇率相关的一切问题都有可能需要重新审视，这会带来国际经济学研究范式和研究问题的重大改变。

推进碳中和是一个复杂的系统工程，碳中和不仅和能源的生产与消费有关，它还涉及更深层的变化：生产方式、消费方式、出行方式、分配方式等的变化。碳中和目标下，碳作为生产要素改变生产函数和消费者效用函数，这为经济学和管理学的进一步发展带来变革的方向和空间。推进碳中和目标下经济学和管理学的发展，不仅直接服务于"2030 年碳达峰、2060 年碳中和"目标的实现，期间产生的思想成果更有可能催生出辐射世界的中国经济学和管理学理论。

"碳中和" 愿景下的中国经济转型路径

刘 俏 张 琳 张佳慧 冯雨菲

观点概览

"双碳"目标对我国长期高质量发展有重要意义，有助于以更加可持续、社会和环境友好的方式实现经济长期、稳健增长；有助于我国克服能源进口依赖；有助于提升国际影响力，与国际社会达成一定共识。

我国实现碳中和时间紧迫、任务艰巨。相比欧盟、美国、日本等国家或区域，我国碳达峰后的减排速度要求更高，任务更加艰巨，需要在产业结构、能源结构、经济增长方式等方面进行全方位的变革。

需要厘清认知上的误区：实现碳中和不仅是技术问题，也是经济和管理问题；碳中和不只是涉及重碳排放行业，其关联产业同样值得高度重视；碳中和不仅需要聚焦生产端，也与消费端息息相关；不应盲目追求立即实行全球统一碳价，应统筹考虑区域发展的不平衡。

建议聚焦碳节点行业（生产型 + 消费主导型）设计产业政策和推动技术变革；形成差异性碳价，反映不同区域、不同行业碳减排机会成本上的差异。

2020 年 9 月，习近平总书记在第七十五届联合国大会一般性辩论上的讲话中提出，中国将提高国家自主贡献力度，采取更加有力的政策和措施，二氧化碳排放力争于 2030 年前达到峰值，努力争取 2060 年前实现碳中和。我们认为，"双碳"目标对我国长期高质量发展有重要意义。其一，有助于以更加可持续、社会和环境友好的方式实现经济长期、稳健增长，兼顾长期目标和短期目标，同时也意味着我国经济增长方式和动能的巨大变化。其二，我国能源的很大比例依赖进口，是"卡脖子"的问题。推进碳中和，有助于我国克服能源进口依赖，因而碳中和是我们主动的战略选择。其三，有助于提升国际影响力，与国际社会达成一定共识。实现碳中和是我国参与全球治理的积极表态，也是参与构建人类命运共同体的具体举措，意味着我国在更广泛的话题上与全球进行交流。

一、我国实现碳中和时间紧迫、任务艰巨

"双碳"目标提出后，社会各界普遍感觉到任务很艰巨、时间很紧迫。基于

2030 年我国单位 GDP 碳排放量比 2005 年降低 65%，同时力争在 2035 年实现经济总量翻一番这两个前置假设，很多研究机构就我国在碳达峰时期的碳净排放量峰值进行了测算，测算结果在 100 亿~120 亿吨之间，其中比较普遍的观点认为，碳达峰时期，我国净二氧化碳排放量约为 108 亿吨。⊖我国承诺实现从碳达峰到碳中和，即碳净排放量从 108 亿吨降至 0 的时间只有 30 年，而欧盟大多数国家已于 1990 年前后实现碳达峰，有大约 60 年的时间实现碳中和；美国有 43 年时间，日本有 37 年时间，如图 7-1 所示。相比之下，我国碳达峰后的减排速度要求更高，任务更加艰巨，需要在产业结构、能源结构、经济增长方式等方面进行全方位的变革。

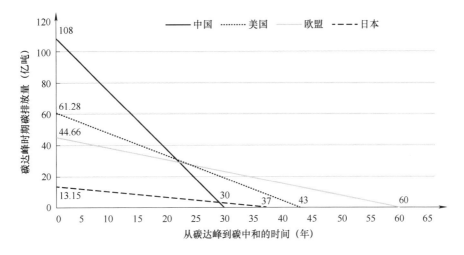

图 7-1　各国碳达峰后碳减排斜率测算

资料来源：经济合作与发展组织。

二、关于碳中和的认知误区

在实现碳中和目标的过程中，需要厘清认知上的误区，进而找出实现战略目标的最优路径。常见的认知误区有如下 4 个。

（一）误区 1：实现碳中和只是一个技术问题

实现碳中和不仅是技术问题，也是经济和管理问题。如图 7-2 所示，我国宣布碳中和目标时，人均碳排放量远远低于美国和欧洲国家同期，而人均碳排放量与人

⊖　资料来源：中国碳核算数据库、《BP 世界能源统计年鉴》、中华人民共和国生态环境部、清华大学气候变化与可持续发展研究院、中金公司研究部等。

均 GDP 紧密相关，我国人均 GDP 刚刚突破一万美元，是美国的六分之一，大约是欧洲主要国家的五分之一。未来四十年，经济社会不断发展，保持 GDP 稳定、可持续的增长仍然是我国重要的战略任务。如何在经济继续增长和减排增汇之间获得平衡，是我国未来面临的巨大挑战。此外，我国仍存在巨大的区域发展不平衡问题，如果用"一刀切"的方式实现碳中和，转型成本将对某些区域和产业带来更大的影响。考虑到碳中和目标对就业、GDP、TFP 的影响的区域分布，如何制定更合适的产业政策、如何在财政转移支付和碳税方面兼顾区域发展的不平衡，不仅仅是技术问题，更是经济问题，需要从经济角度做出更深刻的分析和思考。

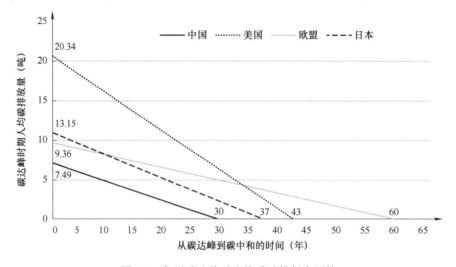

图 7-2　各国碳达峰后人均碳减排斜率测算

资料来源：经济合作与发展组织。

注：根据中国碳核算数据库、《BP 世界能源统计年鉴》、中华人民共和国生态环境部等机构预测，按照中国 2030 年碳达峰时排放量为 108 亿吨计算；根据联合国预测，按照中国 2030 年人口为 14.42 亿计算。

（二）误区 2：碳中和主要涉及二氧化碳排放占比高的行业

二氧化碳排放占比较高的行业是普遍关注的焦点，2017 年，电力（火电为主，44%）、钢铁（18%）、建材（13%）、交通运输（8%）、化工（3%）、石化（2%）、有色（1%）以及造纸（0.3%）这八大行业的二氧化碳排放量占比总和接近 90%。有观点认为把这八大行业的碳排放量控制住了，基本就解决了碳中和问题。但是，国民经济的各个行业是通过投入-产出关联在一起的，互为上下游，某一个行业的政策变化或技术变革会在生产网络内层层传递、叠加，产生"乘数效应"。所以，与碳中和目标联系紧密的行业将不止上述八个，我们需要评估经济生活中哪些行业对碳中和具有更加重要的节点意义，它们在很大程度上改变生产函数并决定我国碳中和的政策路径和技术路径，关注这些行业并制定相应的产业政策，实现相应的技术变革，才能起到事半功倍的效果。

（三）误区 3：碳中和主要涉及生产型行业，与消费主导型行业关系不大

人们普遍认为，碳中和只是与生产型行业连在一起。然而学界有大量有影响力的研究发现，家庭消费在全球温室气体排放量中占比很大。Ivanova et al.（2016）的研究估算出家庭消费的碳排放量占全球总排放量的 65%⊖，而 Hertwich and Peters 通过对 73 个国家和 14 个区域的最终消费商品和服务有关的温室气体排放量的研究，认为该比例约占总排放量的 72%，其中出行、住宅能源使用和食品构成了家庭消费中碳排放的关键领域，其占比大约分别为 17%，19% 和 20%⊜。按照全球气温上升控制在前工业化时期水平之上 1.5℃ 以内的目标来计算，到 2030 年人均消费的碳排放量要减少到 2～2.5 吨，到 2050 年将减少到 0.7 吨⊜。推进碳中和过程中，消费方式的转变在缓解气候变化中将发挥着重要作用，会从需求端倒逼供给端的变革，因此，我们需要根据我国的具体国情，估算出国内消费的重点碳排放行业和品类，引导低碳生活方式，激发微观主体的参与积极性。

（四）误区 4：通过全国性的碳排放配额交易中心形成统一的碳价格

2021 年 5 月 6 日，德国时任总理默克尔在第十二届彼得斯堡气候对话视频会议上呼吁制定全球统一的碳定价体系。也有观点认为，需要找到全球或中国统一的碳价格，并建立一个全国性的碳排放配额交易中心。但是，统一碳价没有考虑到区域和国别发展的不平衡，例如每吨 50 欧元的碳价格对欧洲国家和对发展中国家的经济影响的隐含意义是完全不一样的。此外，如图 7-3 所示，即使是全球最大的碳交易中心，也存在价格波动大、流动性严重不足的情况，所形成的碳价格难以起到引导碳资源有效配置的作用。实现碳中和目标需要评估其对经济社会影响和转型的成本，未来需要思考应通过什么样的方式形成兼顾降低碳排放和经济稳定增长的平衡的碳价格机制。

⊖ Ivanova D，Stadler K，Steen-Olsen K，et al. Environmental Impact Assessment of Household Consumption［J］. Journal of Industrial Ecology，2016，20（3）：526-536.

⊜ Hertwich E G，Peters G P. Carbon Footprint of Nations：A Global，Trade-Linked Analysis［J］. Environmental Science & Technology，2009，43（16）：6414-6420.

⊜ 资料来源：政府间气候变化专门委员会，2018；全球环境战略研究所等，2019；Ivanova 等，2020。

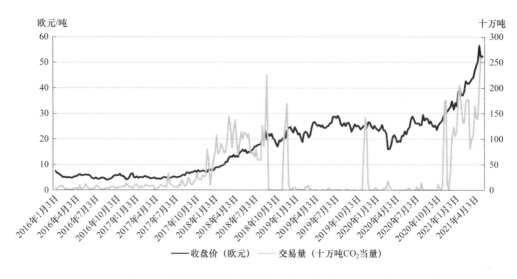

图 7-3 欧盟碳排放权期货收盘价（欧元）及交易量

资料来源：课题组根据欧盟碳排放期货历史数据绘制。

三、实现碳中和目标的政策建议

（一）聚焦碳节点行业（生产型 + 消费主导型）设计产业政策和推动技术变革

碳节点行业不仅包括碳排放量大的行业，还可能包括与高排放行业关联较大的上下游行业，以及在产业网络中处于节点或枢纽地位的行业。这些行业在生产和消费方面存在内部关联，其综合效应导致了大量的碳排放。建议在制定产业政策或推动技术变革的过程中，把国民经济的各个行业通过上下游关系和生产网络所形成的相互连接，以及政策变革、技术变革在整个行业体系内部层层传递、叠加并产生乘数效应的因素考虑进去，梳理出国民经济体系中的哪些行业是碳节点行业。

图 7-4 是基于《中国 2018 年投入产出表》绘制的我国 153 个行业生产网络图，其中重要节点行业在推进碳中和目标中扮演着至关重要的角色，这些行业内部发生的政策变化和技术变革将会给整体碳减排、碳捕集、碳增汇等带来更好的效果。重要节点行业既包括生产型行业，也应包括消费主导型行业。因此推进"碳减排"，要在把握和理解碳节点行业的基础上，区分生产型行业和消费主导型行业。针对生产型行业，要通过更恰当的产业政策和技术变革引导和推动行业实现减排；针对消费主导型行业，要引导低碳生活，改变消费者效用函数，让需求端形成对供给端的倒逼。

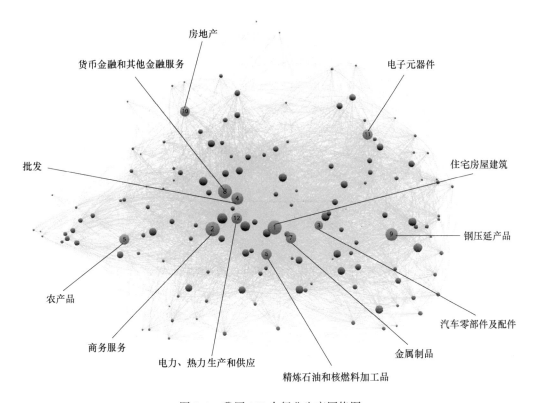

房地产

货币金融和其他金融服务

电子元器件

批发

住宅房屋建筑

农产品

钢压延产品

商务服务

汽车零部件及配件

电力、热力生产和供应

金属制品

精炼石油和核燃料加工品

图 7-4　我国 153 个行业生产网络图

(二) 形成差异性碳价，反映不同区域、不同行业碳减排机会成本上的差异

由于碳中和目标下经济转型成本在不同行业和区域之间的分布不均衡，以及目前碳交易市场产品单一、流动性极差、碳价格波动大、跨国家和地区碳价格水平差异巨大等问题，统一的碳价格很难引导碳资源更有效地分配。在我国实现碳中和时间紧、任务重且要兼顾经济长期发展的情况下，需要探索更加有效的碳价格再发现机制。

我们提出"碳价格三角形"分析框架，如图 7-5 所示，将碳交易体系、资本市场/股票市场和以碳资产为底层资产的证券化市场引入碳价格发现机制当中。在碳股票市场中，识别和碳排放相关的碳风险因子，通过碳风险的定价估算出碳风险对企业价值的影响，并推演出碳价格。在碳资产证券化市场中，推出以森林资源等具有碳汇功能的碳资产为底层资产的证券化产品，投资者在资产证券化市场为碳资产产生的汇碳减碳等现金流进行定价，推算出碳价格的信息（隐含碳价），整体提升碳的定价效率，更好地发挥市场的资源配置作用。林地等底层资产分布在我国的不同区域，其定价也能够实现差异化，有利于促进我国区域经济的平衡发展。

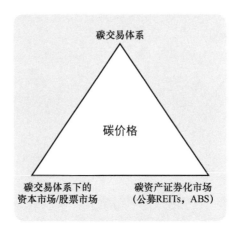

图 7-5　"碳价格三角形"分析框架

碳中和目标对中国的影响意义深远。它不仅是经济发展过程中的约束条件，也有可能改变我国未来的生产函数和消费者效用函数。碳中和时代的经济学从前置假设、供给体系到具体结论都会发生很大的变化。耶鲁大学经济学教授威廉·诺德豪斯是2018年诺贝尔经济学奖获得者，这也是迄今为止气候经济学领域第一次获得该奖项。他在接受诺贝尔奖的演讲中提出，气候变化是经济学的最终挑战。我们对碳中和经济学问题的研究才刚刚开始，如果这些研究能够契合到推进碳中和的实践中，回答碳中和过程中出现的重大问题，将会对整体经济社会产生重要影响。

生产网络视角下的碳税制度

陈诗源　任　菲　虞吉海

观点概览

征收碳税，不仅会通过减少被征税产品部门的产出降低经济体总碳排放水平，还会通过生产网络上下游联动影响各部门生产投入、产出及碳排放。因此，仅基于各部门直接碳排放量征收碳税对于降低整个经济体碳排放量的效率不是最高的，还要考虑碳税通过生产网络关联引发的间接效果。

"石油、炼焦产品和核燃料加工品""电力、热力的生产和供应"以及"金属冶炼和压延加工品"部门直接碳排放体量较大，且征收部门碳税对降低总碳排放量的效果最为明显；对"非金属矿物制品""煤炭采选产品""交通运输、仓储和邮政"以及"化学产品"部门征税减排效应也较为显著；对其他产品部门征税减排效果基本为零。

在前述7个碳减排效应显著的部门中，对"石油、炼焦产品和核燃料加工品""交通运输、仓储和邮政"以及"煤炭采选产品"部门征收部门碳税后，被征税部门产量下降单位比例对应的部门碳排放量下降比例更大，即碳减排效率更高。

在碳税减排效应和减排效率双重意义下，"石油、炼焦产品和核燃料加工品"部门均位于首位，在制定碳税政策时可以重点考虑该部门。

为应对全球性气候问题，推动经济社会发展绿色转型，2020年，我国在联合国大会上提出了碳达峰、碳中和目标，并提出了一系列相关发展规划与部署。为推动碳减排，许多国家和地区成功实现了碳税与碳排放权交易的协同发展。我国目前已全面启动碳排放权交易市场，但尚未开征碳税。本研究根据我国2020年投入产出表⊖与估算的产品部门碳排放数据，基于投入产出关联下的碳税模型，模拟碳税在生产网络中的传导，识别各部门的碳税减排效应和减排效率，为"双碳"目标下的碳税制度设计提供一个新视角。

⊖　我国的投入产出表是描述国民经济中各种产品的来源与使用去向的棋盘式平衡表，是产品部门×产品部门的二维表，表中列向表示生产过程中的投入结构，行向表示产品的产出及其使用去向。

一、研究背景

碳定价是指对温室气体排放以吨二氧化碳当量为单位给予明确定价的机制，主要包括碳税与碳排放权交易（简称"碳交易"）两种方式，是各国和地区应对气候问题所采用的重要政策选项。碳交易，是指将碳排放作为一种商品，允许企业在一定排放总量的前提下，购入或卖出相应的配额。2021年7月，全国碳交易市场正式开市，一经上线即成为全球覆盖温室气体排放量规模最大的碳交易市场，覆盖排放量超过40亿吨。在我国推进碳减排过程中，碳交易起到了一定作用，但目前作用有限。

碳税，是碳交易之外的另一种碳定价机制，是为单位排放量设定固定的价格，使排放成本内部化，是引导经济主体主动优化能源结构，降低温室气体排放，推动经济社会发展绿色转型的另一个重要的市场激励型政策工具，并且被认为是各类减排措施中最划算的方式。目前，碳税已在全球30多个国家和地区推广运行，并取得了积极的成效。中国开征碳税的可行性一直是相关研究的热门话题。

碳税主要有两种征收方式：一是生产性碳税，是指由能源生产企业作为纳税人，以能源生产部门的产量作为税基，根据不同能源产品的品种以确定不同税率进行征收的税收形式；二是消费性碳税，由能源消费主体（企业及家庭）承担，采用按排放量或按化石燃料使用量征税两种方式。消费性碳税通过燃料使用量估算二氧化碳排放量，实践中一般直接按燃料的销售数量征税，征管成本小，因而大部分国家采用对消费者责任方征收碳税的方式，纳税人主要是处在能源使用链条中的企业或居民。

相较碳税，碳交易的实施更为复杂，既需要建立配额交易的二级市场，又对监管部门和受管控实体都提出了更高要求，不太便于全行业大面积铺开，而碳税的实施可以依靠现有税收体系，更容易在广泛的部门实施。因此，本研究着重考虑碳税政策对经济体总碳排放的影响，为大范围减排方案提供思路。

二、机制分析与研究方法

（一）征收碳税对经济体总碳排放的影响

对能源消费企业征收碳税将改变被征税部门的生产成本，使其调整生产投入与产出，通过生产网络进一步带动上下游各部门的投入与产出变化，从而影响经济体总碳排放量。具体来说，首先，被征税部门会减少高碳排放中间品的使用转而使用更清洁的中间品，高碳排放中间品需求下降，使得其上游厂商产出与碳排放量下降；其次，被征税部门生产成本上升导致其产品价格上涨，于是，下游厂商生产过程中会减少对该部门中间品的购买，因而下游部门的产出和碳排放量也会降低；最后，碳税收入返还消费者，会刺激其对各部门产品的最终需求，需求增长又会反过来拉动各部门的生产和排放。

可见，生产网络中蕴含的直接与间接关联会对整个经济体的产出和碳排放带来复杂的影响，若错误施加征税部门，甚至可能引起总碳排放量的增加。因此，仅基于各部门直接碳排放量征收碳税对于降低整个经济体碳排放量的效率不是最高的，还要考虑碳税通过生产网络关联引发的间接效果。

（二）研究设计

本研究考虑对能源消费部门生产产生的直接碳排放征收碳税，并将税收所得全部返还给消费者，从生产网络视角切入，根据部门间投入产出关联下的碳税模型，估算 2020 年 42 个产品部门与 153 个细分产品部门碳排放以及生产网络中隐含的碳流动矩阵，计算各部门碳税减排效应，并模拟分析对某一部门征收 50 元/吨小额碳税对征税部门劳动投入、产量、碳排放量及经济体总碳排放量的影响，识别碳税意义下关键的减碳部门，探究中国征收消费性碳税对经济和环境的影响。

三、实证发现

生产过程中的碳排放源于对生产原料的加工使用，主要是化石燃料的燃烧。因此，消耗来自煤炭、石油、化工等部门的中间品越多，造成的碳排放量就会越多。征收碳税将改变征税部门的生产函数，随后通过生产网络的上下游关联，各部门调整自身生产投入，进而改变各部门产出、碳排放量与经济体加总碳排放量。

（一）征税部门碳排放量及经济体总碳排放量的变化

结果显示，对"石油、炼焦产品和核燃料加工品""电力、热力的生产和供应""金属冶炼和压延加工品"部门征税可带来明显的降碳效果。分别对其征收 50 元/吨碳税，经济体总碳排放量大约可以降低 6.52%、4.75%、2.30%。这些行业是生产网络中主要的原料供应行业和能源使用行业，征收碳税可以促使它们改进技术、优化能源结构，进而通过其上下游关联影响，实现碳税减排效果的有效汇聚，降低经济体总碳排放量。

需注意，由于生产网络隐含的间接影响，对各部门征税带来的经济体总减排效果与各部门直接碳排放量排序并非一一对应，直接碳排放量高并不意味着对其征税将引起本部门和经济体碳排放量下降幅度大。"石油、炼焦产品和核燃料加工品"部门的直接碳排放量（约 30 亿吨）虽然不及"电力、热力的生产和供应"部门（约 36 亿吨），但是由上下游关联引发的间接排放影响更大，相比于"电力、热力的生产和供应"部门，为更有效的征税部门。

此外，对"非金属矿物制品""煤炭采选产品""交通运输、仓储和邮政""化学产品"4 个部门征税，会使得经济体总碳排放量下降约 0.2% ~ 0.5%。对上述 7 个产品部门之外的其他直接碳排放量不足 1 亿吨的部门征收碳税基本不会降低经济体总碳排放量（减碳效果不足 0.1%），因此，在边际碳税意义下，应重点考虑对上述减排效应最大的 7 个部门征税，对其他部门征税可能只会扰动各部门生产投入与产出，不能实现有效的碳减排。

（二）碳减排效率

征收碳税将改变各部门生产过程中中间品与劳动力的投入以及部门产量，征税对各部门产量的影响越小，对经济结构的冲击越小，因此制定碳税政策时，除关注碳减排效应，也要兼顾碳减排效率，即征收部门碳税引起该部门碳排放下降与该部门产量下降的百分比。在上述 7 个有效征税部门⊖中，"石油、炼焦产品和核燃料加工品"的减排效应最大，减排效率最高。换言之，对"石油、炼焦产品和核燃料加工品"部门征税，能在小幅降低该部门产量的同时，大幅减少其自身和经济体总碳排放。此外，"交通运输、仓储和邮政"和"煤炭采选产品"部门的碳减排效率也比较高。

四、结论与建议

第一，基于生产网络结构的碳税政策比只考虑直接碳排放的碳税政策更有效。"电力、热力的生产和供应"部门的直接碳排放量高于"石油、炼焦产品和核燃料加工品"部门，但通过生产网络作用引发的经济体总减排效果却不及后者。

第二，在边际碳税意义下，征税有效的减排部门不多，若盲目对所有行业征税，可能仅仅会导致经济结构大幅度调整，并不会有效降低经济体总碳排放量。对"石油、炼焦产品和核燃料加工品""电力、热力的生产和供应"以及"金属冶炼和压

⊖ 有效征税部门定义为征收 50 元/吨碳税使得经济体总碳排放量下降 0.1% 以上的产品部门。

延加工品"部门征税减排效果最明显。

第三，在制定碳税政策时也要从征税效率角度考虑对部门产量的影响，避免对生产网络结构冲击过大引发过多的转型成本。对"石油、炼焦产品和核燃料加工品""交通运输、仓储和邮政"以及"煤炭采选产品"部门征税减排效率最高。

第四，在碳税减排效应和碳减排效率双重意义下，"石油、炼焦产品和核燃料加工品"均位于首位，在制定碳税政策时可以重点考虑该部门。

碳中和愿景下发现有效碳价格的机制研究

——碳排放权交易

王　翀　张　琳

观点概览

　　中国碳排放权交易体系的七个试点省市基本都采用以免费发放为主，以拍卖或固定价格出售等有偿发放为辅的配额分配方式，拍卖有效性仍值得讨论。

　　推进全国碳排放权交易市场建设具有重要意义，但当前碳排放权交易体系这一最有效的减排经济机制在实践中尚存在市场价格信号不明确、主体自主交易动力不足等问题。

　　对于特定应用场景（例如，移动通信频谱）的资产属性需要进行有针对性的、适合市场特征和实践环境的拍卖机制；对拍卖机制中关键决策因素，如定价原则、信息透明度、参与资格设定等需要进行实证研究。

　　随着气候变化形势日益严峻，碳排放造成的全球变暖不仅对人们的生存环境带来严重危害，并且造成了巨大的经济损失。研究表明，全球平均气温每上升1℃，将会造成1.3%的全球经济损失（UNFCCC，2010）。气候变化本质上是经济发展所导致的环境外部性，解决这一外部性的有效手段之一便是将温室气体排放造成的外部成本内部化，而碳交易机制正是应对这一问题最基本的经济手段，并逐渐成为全球社会应对气候变化的主要方式之一。

一、碳交易机制述评

（一）碳排放权交易概念

　　碳交易机制中应用最广泛的就是总量管制及交易制度（Cap and Trade System），它的目的是将环境要素成本化，通过碳排放权交易实现环境资源的有效配置，从而实现系统整体碳减排成本的最小化。

　　碳排放权交易的概念源于排污权交易，这是一种被广泛用于大气污染和河流污染管理的环境经济政策，其基本做法为：政府机构评估出一定区域内满足环境容量的污染物最大排放量，并将其分为若干排放份额。政府将排污权在一级市场上有偿或无偿出让给排污者，由排污者自行在二级市场上买入或卖出排污权。在碳排放权交易中，通过碳排放权总量控制和交易机制形成的碳价格，实质上反映了不同单位减排能力的强弱，价格信号能找到成本效率最高的减排区域，从而激励相应主体开展节能减排行动。

（二）　全球碳排放权交易体系现状

截至 2021 年 9 月，全球已经建立了 25 个碳排放权交易体系，如美国区域碳污染减排计划（The Regional Greenhouse Gas Initiative，RGGI）、澳大利亚新南威尔士州温室气体减排体系（The New South Wales Greenhouse Gas Abatement Scheme，NSW GGAS）、中国全国碳排放权交易市场等，覆盖了全球 15% 以上的温室气体排放，市场价值超过 540 亿美元。

（三）　中国碳排放权交易体系试点综述和比较

与欧盟自上而下的跨成员国排放交易体系不同，中国的碳排放权交易市场采取了"先试点后推广"的自下而上的发展思路。2011 年中国国家发展和改革委员会应对气候变化司发布了《国家发展改革委办公厅关于开展碳排放权交易试点工作的通知》（发改办气候〔2011〕2601 号），宣布在北京市、天津市、上海市、重庆市、湖北省、广东省及深圳市施行碳排放权交易试点，推动运用市场机制以较低成本实现 2020 年控制温室气体排放行动目标。

碳排放权是指企业依法取得向大气排放温室气体（二氧化碳等）的权利。经当地发展改革委核定，企业能够取得一定时期内"合法"排放温室气体的总量，这一分配的总量即为企业配额。若企业实际排放量较大，超过发放配额时，需要在碳排放权交易市场上向其他企业花钱购买配额；若企业实际排放量较小，则可以将结余的碳排放权配额在碳交易市场上出售。2013 年 6 月至 2014 年 6 月，各试点区域碳排放权交易陆续启动，共纳入控排企业和单位 1 900 多家，分配碳排放配额约 12 亿吨。截至目前，各试点履约率不断上升，试点范围内碳排放总量和碳强度出现双降趋势。

目前，七个试点省市基本都采用以免费发放为主，以拍卖或固定价格出售等有偿发放为辅的配额分配方式。除重庆外，试点省市在相关规范性文件中对有偿分配均作了规定，虽然在具体方式上措辞不一，但有偿分配基本都指拍卖方式。目前仅上海、湖北、广东、深圳进行了配额拍卖实践，其中广东进行的拍卖次数最多。在核心拍卖方式的选择上，这些试点省市都选择了统一价格的封闭拍卖方式，即在设立拍卖底价的基础上组织一轮封闭集中报价，在底价之上的报价均为有效报价。

以 2019 年度湖北碳市场政府预留配额拍卖为例，此次拍卖设定拍卖基价为过去两年间碳排放配额现货市场协商议价交易的日收盘价的加权平均值（27.56 元）。企业在拍卖交易中心采取公开转让方式中的价格优先方式进行拍卖，具体来说，企业可在拍卖当日挂单时间于系统上提交买入委托，收市时间系统撮合，按以下竞价规则成交：成交条件为买方报价大于等于拍卖基价，买方报价为成交价；成交顺序为价格优先，时间优先；买方报价后，不能撤单或修改申报数量，但可修改调高原报价；最低报单数量为 1 吨。此次拍卖第一批投放 200 万吨，共 29 家企业参与，拍卖总成交额为 3 083.11 万元，总成交量为 111 万吨。最高成交价格为 27.72 元，最低成交价为 27.56 元，平均成交价为 27.57 元。第二批共投放 188 万吨，共有 5 家企业与 8 家交易机构参与，拍卖总成交额为 1 849.42 万元，总成交量为 67 万吨。最高成交价格为 28 元，最低成交价为 27.56 元，平均成交价格为 27.57 元。这一拍卖结果相比 2018 年度湖北省碳市场政府预留配额拍卖，总成交量与总成交额都略有下降，但成交价格稍有上升。但整体来看，拍卖方式在各试点省市的实践仍较为有限，拍卖有效性仍值得讨论。

二、推进全国碳排放权交易市场建设的意义

从现实意义上看，气候环境属于公共物品，针对气候变化的治理行动需要世界各国的协商合作。从碳排放总量来看，中国从 2005 年起超越美国，成为全球碳排放总量最大的国家，2014 年碳排放量总量在全球占比达到 28.5%。从人均碳排放量来看，2001—2011 年间中国人均碳排放量上升较快，并于 2006 年起高于世界平均水平。2020 年 9 月，习近平总书记在第七十五届联合国大会一般性辩论上的讲话中提出中国碳达峰、碳中和的时间表，即二氧化碳排放力争于 2030 年前达到峰值，努力争取 2060 年前实现碳中和。

从发展意义上看，应对气候变化问题的核心在于转变经济发展方式，在追求经济增长的同时兼顾对环境资源的合理利用。当前来看，绿色低碳循环发展已成为中国社会主义新时代落实可持续发展的主要路径，加快构建绿色低碳循环发展经济体系的要点之一，在于全面完善绿色低碳循环发展的市场激励机制，加强绿色投融资机制建设。而推进全国碳排放权交易市场建设，并协调好用能权交易、排污权交易等相关市场构建，能够为绿色低碳发展建立更高质量的正确价格信号体系。

但目前来看，碳排放权交易体系这一最有效的减排经济机制在实践中尚存在

市场价格信号不明确、主体自主交易动力不足等问题。如何明晰碳排放权的资源本质、合理分配碳排放权初始配额、完善碳市场定价及交易规则设计等重大问题亟待更深层次的探讨，以更好地推动碳排放权交易市场的效率提升，建立稳定的碳排放权交易机制，从而在短期内实现碳中和目标，在长期实现绿色低碳循环经济发展。

三、构建碳排放权交易体系的设计

（一）有效碳权流通的解析

有关有效碳权流通的实现，具体包括三部分工作：碳排放权分配、企业自主减排以及碳排放权交易。碳排放权分配主要指政府部门在确定本履约年度总配额量的情况下，如何向各行业、各部门、各企业进行配额分配，以促进碳交易市场活跃度、激发企业减排动力等。在获得政府无偿或有偿出让的配额后，企业将根据自身情况进行减排技术等绿色投资，一方面通过降低自身实际碳排放量能够产生配额结余，另一方面通过实施一些自主减排项目可获得一定政府资助，同时产生经第三方认证后可用于履约或是交易的核证自愿减排量。而政府分配的碳排放权配额以及企业自主减排经核证后形成的自愿减排量，便构成了碳排放权交易市场上主要的交易物。

在碳排放权交易有效的前提下，即实现了碳排放权即时完全的供需匹配，碳交易市场的出清价格便揭示了碳资产的真实价值。这一价格为市场上所有主体提供了有效信号，各主体将根据这一信号传递的信息更新自身相关信念并优化行为决策，其中受影响的关键要素之一便是企业的自主减排意愿。进一步地，企业的自主减排意愿会改变企业对政府所分配的碳排放权的支付意愿，同时也会对核准自愿减排量的供给产生影响，从而改变政府对碳排放权配额的初始分配方式。

（二）碳排放权交易体系的五个环节（见图7-6）

第一个环节为碳排放权份额分配，包括无偿出让及有偿出让。政府主管部门首先会根据全社会的实际历史排放量以及追求的减排目标确定碳排放权总量，然后将一定比例的份额划为有偿出让交给拍卖平台，剩下的份额则进行无偿出让。无偿出让是指政府主管部门根据企业历史履约情况以及市场交易情况确定配额数量并向企业免费发放。有偿出让则指企业通过向拍卖平台拍卖来购买配额。通过无偿出让及有偿出让获得的配额总量即为该企业这一段时期内可用的法定碳配额。

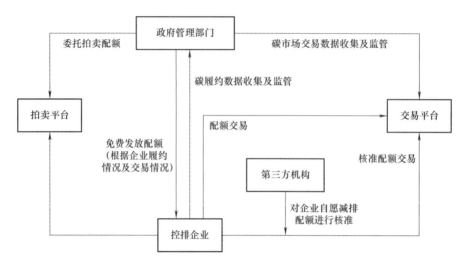

图 7-6 碳排放权交易体系结构

第二个环节即为配额使用与交易。一方面，这些法定碳配额可用于抵消企业运营过程中产生的碳排放，另一方面，多余的配额可在交易平台上与其他企业进行交易以获取额外收入。

第三个环节为法定碳配额交易的补充环节，企业可自愿开展减排项目，经具有资质的第三方机构认证后，其减排量可被认为是核准碳配额，这些核准碳配额能够在一定规则下与法定碳配额发挥同样的作用，核准碳配额同样可以在交易市场上进行交易。通过法定碳配额和核准碳配额的交易，企业能够获得额外收入。

第四个环节与第五个环节都属于一定时期内碳交易体系运行情况的总结阶段。第四个环节是政府从交易平台获取有关碳交易的相关信息，例如碳交易的市场结构、价格决定因素、市场活跃度、交易费用等。第五个环节则是政府依照各企业初始拥有的法定碳配额量对企业履约情况进行核查，不满足配额使用要求的企业将受到相应惩罚。

每个时期内的碳交易都由这五个环节支撑进行，每一轮的碳交易绩效都将影响新一轮碳交易的实施。当各环节能够形成良好反馈时，一个相对稳定的碳交易体系便能建立。

(三) 碳排放权拍卖机制初探

无论是在有偿分配还是交易中，拍卖都是极为重要的一种出让形式。当前典型的拍卖理论与实践，从两方面对碳中和提供了重要参考意义。

第一，对于特定应用场景（例如，移动通信频谱）的资产属性需要进行有针对性的、适合市场特征和实践环境的拍卖机制。由于当前生态环境对经济生产活动产生了限制，为避免气候变暖形势进一步恶化，碳排放权这一特殊的资产形式被人为建构形成。而减排行为固有的正外部性使得碳排放权的产权界定与价格发现都较为困难，因此如何通过市场机制、运用何种拍卖机制来合理配置碳排放权将是拍卖理论的有益探索方向。

拍卖机制主要分为静态拍卖与动态拍卖。其中静态拍卖主要包括统一价格拍卖、歧视性价格拍卖、第二价格拍卖；动态拍卖主要包括上升竞价拍卖与下降竞价拍卖。两类拍卖机制在特定场景都产生了较为丰富的理论成果和实践经验，为碳排放权拍卖机制设计提供了丰富的参考。碳排放权拍卖属于多标的物拍卖。同时，由于碳排放控制直接影响生产，具有显著外部性，因此碳排放权某种程度上兼具私有价值与共同价值，需要结合其特殊资产属性对现有拍卖机制进行调整和优化，同时考虑多种排放机制的有效结合来实现碳排放权拍卖的最优效果。

第二，对拍卖机制中的关键决策因素，如定价原则、信息透明度、参与资格设定等需要进行实证研究。实践中的拍卖机制设定在考虑理论效率的同时，需要关注机制的执行效率，充分调动拍卖参与方的投标热情，降低投标不确定性，防止合谋等现象的发生。碳排放权价值取决于整体社会经济生产活动的环境成本以及竞买企业的减排成本，而这又将与政府本身的减排目标设定及低碳政策相关，其定价原则与一般实物资产存在较大差异。基于实践经验与数据对拍卖机制设计的要素和关键效率指标开展研究，将丰富完善有关碳排放权拍卖制度的设想，从而推动市场机制下碳排放权的有效分配。

绿色信贷政策与企业对外直接投资

徐江旻　蔡　恒

观点概览

　　本文以 2012 年《绿色信贷指引》的实施作为准自然实验，运用双重差分（DID）方法，实证检验了绿色信贷政策对企业对外直接投资的影响。

　　相较于非污染性行业的企业，绿色信贷政策显著提升了污染性行业的企业对外直接投资的概率和规模。

　　信贷约束作为绿色信贷政策的激励约束机制，对企业对外直接投资的直接负面影响并未占据主导。

　　绿色信贷政策效果主要集中在行业竞争度高、行业科技含量高、管理层有海外背景的企业分组中。

　　绿色信贷政策提高了污染企业的利润率和海外营收规模，同时并未对污染企业的整体营收规模造成负面影响，这主要来源于绿色转型带来的竞争力提升。

一、研究背景及意义

　　为全面推进美丽中国建设，2023 年中央经济工作会议将"深入推进生态文明建设和绿色低碳发展"列为重点任务，2023 年中央金融工作会议将绿色金融列为金融"五篇大文章"之一，以期更好地为经济社会绿色低碳转型提供金融支持。同时，扩大高水平对外开放，也是 2023 年中央经济工作会议强调的高质量发展九大关键任务之一。企业"走出去"，是我国扩大高水平对外开放的必由之路。因此，探讨绿色金融政策对于企业对外直接投资的影响，具有重要的理论意义与实践价值。

二、研究方法和发现

　　本文使用 2007—2019 年 A 股上市企业数据，以 2012 年《绿色信贷指引》的实施为准自然实验，利用双重差分方法，实证检验了绿色信贷政策对于中国上市企业对外直接投资的影响，并进一步探究了其具体机制及经济后果。

　　2012 年 1 月 29 日，中国银监会发布《绿色信贷指引》，进一步明确了银行部门绿色信贷的标准和原则。根据《绿色信贷指引》及配套的《绿色信贷实施情况关键评价指标》，中国银监会明确了环境和社会风险类型标准，严格限制环境和社会风险类型为 A 类和 B 类的企业获得贷款。具体地，A 类企业包括属于核力发电、水力发电、水利和内河港口工程建筑、煤炭开采和洗选业、石油和天然气开采业、黑色金属矿采选业、有色金属矿采选业、非金属矿采选业、其他采矿业 9 个行业的企业；B 类企业包括属于棉印染精加工、毛染整精加工、麻染整精加工、丝印染精加工等25 个行业的企业。本文依此进行分组，如果企业为绿色信贷限制 A 类或 B 类企业，则将其放入实验组，反之则放入对照组。根据《绿色信贷指引》的实施时间，本文以 2012 年为界，划分政策实施前后的时间区间，并在回归分析中控制了企业规模、年龄、杠杆率、托宾 Q、现金流比率、账面市值比、两职合一、独立董事比例、机构投资者持股比例、前三大股东持股比例等变量。

在总计 17 836 个企业–年度观测值的样本中，有 23% 左右的样本存在对外直接投资行为。本文研究发现，相较于非污染性行业的企业（以下简称"非污染企业"），绿色信贷政策提高了污染性行业的企业（以下简称"污染企业"）对外直接投资的可能性和规模。在绿色信贷政策的推动下，污染企业对外直接投资的可能性大致提升了 4.4%，对外直接投资的规模大致提升了 12.3%。

三、研究结论和原因分析

（一）绿色信贷政策提高了污染企业对外直接投资的"意愿"

实证结果表明，绿色信贷政策实施后，相较非污染企业，污染企业的债务融资约束特别是银行信贷约束总体提升。因此，污染企业在国内经营的整体资金成本提升，成本优势有所降低，因而生产性投资也有所下降。这导致的结果包括：一方面，在国内市场生产经营竞争力的降低，可能会激励企业经理人拓展海外市场来弥补国内损失；另一方面，在国内市场生产性投资业务量的下降，也释放了经理人的精力，使其得以将更多的精力投入海外市场的拓展中。

（二）绿色信贷政策提高了污染企业对外直接投资的"能力"

"波特假说"认为，合理的环境规制政策可以驱动企业进行绿色创新，并通过"创新补偿效应"促进长期经济增长，从而有效缓解环境治理和经济增长之间的冲突。本文为"波特假说"的成立提供了实证证据。本文的结论还证实了绿色信贷政策能够推动污染企业进行绿色技术创新，从而提升了其在国际市场的竞争优势，推动了企业的高质量发展。

更进一步，本文还对企业的投资目的地进行区分。本文将加入"一带一路"倡议的国家或地区定义为"一带一路"沿线地区[⊖]。实证结果表明，绿色信贷政策主要推动污染企业向"一带一路"沿线地区进行投资，而非向美欧等发达经济体进行投资，并且还促使其向更多国家或地区进行投资[⊖]。在清洁生产、新能源等绿色技术领域，中国企业相较"一带一路"沿线地区具有很强的比较优势，而这一定程度上也说明了，绿色技术创新赋予的"能力"优势，是企业提高对外直接投资水平的重要因素。

（三）信贷约束对污染企业开拓海外市场的负面影响并未占据主导

实证结果表明，绿色信贷政策对污染企业进行绿色技术创新以及对外直接投资的激励效果，仅在冲击前融资约束较高的分组中体现。信贷约束的提升，并没有成为污染企业进行绿色技术投资和拓展海外市场的阻碍，反而成为其进行此类活动的重要激励。这一方面可能是因为企业在国内的生产性投资降低，因而可以将这一部分资金用于绿色技术投资以及对外直接投资；另一方面，也可能是因为进行对外直接投资，特别是对"一带一路"沿线地区进行投资的企业，可以获得其他渠道的融资便利。综上，与前述"意愿"与"能力"机制相比，绿色信贷政策对污染企业造成的信贷约束影响，并不占据主导地位。将这些因素综合来看，绿色信贷政策正向促进了污染企业对外直接投资。

（四）政策效果主要集中在冲击前行业竞争度高、行业科技含量高、管理层拥有海外背景的企业分组中

实证结果表明，处于竞争程度较高行业的企业，将会更有动力通过绿色技术创新从同质化竞争中脱颖而出，并且在国内市场份额高度分散的情况下，更愿意拓展海外市场来提高企业的经营绩效。

科技含量越高的企业，越有能力和动力通过绿色技术创新来缓解信贷约束，也越有可能凭借技术竞争优势来拓展海外市场。

当国内业务因资金成本提高而受负面影响后，如果管理层具有海外背景，污染

⊖ 截至 2018 年，"一带一路"沿线地区共包含 71 个国家或地区。

⊖ 本文将 G7 国家（美国、英国、加拿大、法国、德国、意大利、日本）、澳大利亚、北欧国家（瑞典、丹麦、挪威、芬兰）、以色列，以及其他主要西欧国家（荷兰、比利时、西班牙等）定义为美欧等发达经济体。这些国家在全球地缘政治格局中扮演着重要角色，并在科学技术领域有着很强的领先优势。

企业将更愿意通过拓展国际市场来弥补国内市场损失，同时也能够更好地将企业的绿色技术优势，转化为拓展国际市场过程中的竞争优势。

（五）绿色信贷政策实施后，污染企业提高了整体利润率，扩大了海外营收规模，但是其整体营收规模并没有发生显著变化

出现这一结果可能的原因在于，一方面，绿色信贷政策通过激励约束机制推动污染企业进行绿色技术创新，使污染企业拥有更强的国际竞争优势，因而不仅扩大了企业的海外营收规模，更提高了其总体利润率；另一方面，根据前文的分析，绿色信贷政策通过资金成本渠道，抑制了污染企业在国内市场的经营规模，因此，综合国内和国际两个市场来看，污染企业的整体营收规模并未发生显著变化，而企业的利润率有所提升，因而企业的整体经营绩效进一步得到优化。

四、政策建议

生态文明建设是关系中华民族永续发展的根本大计，而运用好国内国际两个市场、两种资源的高水平对外开放，则是推动构建新发展格局的必然要求。绿色金融作为连接经济效益与生态保护的关键纽带，能否以其作为资源高效配置中介的优势，推动我国实现绿色高质量发展与高水平对外开放间的良性互动，是本文探究的重点。本文的研究发现具有重要的政策含义，具体如下：

第一，进一步优化环境规制政策设计，从而更好地实现绿色低碳转型过程中环境效益和经济效益的统一。合理的环境规制政策，是"波特假说"中环境治理与长期经济增长相协调的重要前提。污染企业，既是环保政策限制的重点，又是我国绿色转型发展和扩大对外开放过程中重要的资金需求主体，同时还可能对就业等重要民生问题产生突出影响。因此，应避免信贷限制政策中的"一刀切"问题，针对确实有绿色转型发展需求，并且在转型后能带来显著生态、社会和经济效益的污染企业，应给予其必要的资金支持。

第二，发挥好我国绿色技术创新优势在扩大高水平对外开放过程中的重要作用。我国企业自身的国际市场竞争优势，是我国有效统筹国内国际两个大局、提升国际循环质量和水平的必要前提，而我国在生态文明建设和绿色低碳发展中形成的突出优势为此提供了根本保障。此外，这也有助于落实我国《"一带一路"绿色投资原则》，并推动我国以自身绿色技术优势，引领"一带一路"沿线地区绿色转型发展，助力发展中国家共同在全球产业链和价值链上实现跃迁。

北京大学光华管理学院碳足迹与碳中和行动报告（2023）

北京大学光华管理学院碳中和课题组[⊖]

观点概览

　　一个组织的温室气体排放（碳足迹）可以分为组织碳足迹（分为范围一和范围二）以及供应链碳足迹（范围三）。北京大学光华管理学院在范围一、范围二和范围三口径上的碳排放分别为 286.87 吨、2 848.21 吨、309.31 吨二氧化碳当量，共计3 444.39吨二氧化碳当量。

　　北京大学光华管理学院在 2023 年积极践行、有为推进碳中和行动方案，在碳中和经济社会影响领域研究、人才培养探索方面取得显著成效。

　　北京大学光华管理学院明确2024 年碳中和治理具体目标和发展规划，将持续为中国的生态战略目标贡献"光华力量"。

　　低碳发展和控制温室气体排放是世界各国的共识，也是全球治理面临的共同挑战，目前全球已经有近 200 个国家提出了"零碳"或者"碳中和"的气候目标。2020 年，中国积极落实《巴黎协定》，向全世界宣布了"二氧化碳排放力争于 2030 年前达到峰值，努力争取 2060 年前实现碳中和"的"双碳"战略目标，参与和推动全球气候治理。

　　2023 年，我国积极稳妥推进碳达峰、碳中和，发展方式绿色转型步伐加快。作为中国乃至亚洲领先的商学院，北京大学光华管理学院深明"双碳"目标的重大战略意义，积极参与"双碳"目标的研究、教学、实践全过程，推动学院社会责任的深度实践。

一、光华管理学院的"双碳"目标

　　"创造管理知识，培养商界领袖，推动社会进步"是光华管理学院的使命。无论在教学还是运营中，环境责任都是光华管理学院"做负责任的经济管理学研究和教育"目标的重要组成部分。本报告对光华管理学院2023 年度范围一、范围二、范围三排放进行汇报，通过对 2023 年碳排放情况与碳减排行动落实情况进行梳理，为

　　⊖ 本报告执笔人：张琳、赵子溢、王涵宜、冯雨菲、李显荣、张佳慧。

国内外商学院减碳实践提供参考。

自 2021 年起，光华管理学院每年发布自身碳足迹报告，既是履行"双碳"社会责任的承诺和行动，也是自觉接受社会监督的意愿表达。

面向光华管理学院"2025 年实现碳达峰、2035 年实现碳中和"的"双碳战略目标，光华管理学院坚持从各个方面加强作为，带动相关社会主体共同努力。我们希望这些努力将产生更大的涟漪效应，不仅重塑"双碳"时代的光华管理学院自身，也得以将先锋的理念和实践通过知识的创造、人才的培养，辐射到四万名校友和全社会关注光华管理学院的人们，进而凝聚和带动更多经济主体和社会中坚力量，最终汇聚成推动社会进步的磅礴力量。

我们期待在中国"双碳"目标战略道路上，光华的声音能够被更多人听见，光华的行动能够被更多人看见，也期待这份年度碳足迹与碳中和行动报告能够鼓励越来越多的社会资源与力量汇聚到碳中和事业中来。

二、光华管理学院的碳中和方略

光华管理学院根据自身现有二氧化碳排放结构，结合科研、教学领域的平台优势，为"双碳"目标的实现制定了六项碳排放治理方略，并致力于在每个方向中积极探索减碳可能性：

（1）经管原创理论突破，公共政策建言献策。

（2）低碳领域人才培养，探索企业低碳路径。

（3）倡导低碳生活方式，促进价值观念转变。

（4）统筹规划新型发展，运营模式低碳转型。

（5）低碳改造建筑空间，更新优化节能设施。

（6）开展负碳增汇行动，贡献生态碳汇储备。

三、碳足迹测算方法

（一）测算范围

碳足迹指的是在一段特定时间内，与一个组织、商品或服务相关的碳排放量。一个组织机构的碳足迹通常包含该组织办公场所的直接排放（例如，化石能源消耗产生的碳排放）以及购买电力资源相关的碳排放，也可以包括其他的间接排放，例如，组织价值链中的与生产、运输、分销相关的间接能源排放和其他间接排放。测算一个组织机构的碳足迹是一个负责而重要的过程，首先要确定分析范围，收集各种类型的数据，再结合排放转换系数计算出相应的碳排放当量。

根据温室气体协议标准（ISO14064-1），一个组织的碳足迹可以分为组织碳足迹（范围一和范围二）以及供应链足迹（范围三）（见图7-7）。

范围一：由组织控制范围内的活动导致的直接排放，包括各种燃料燃烧，空调制冷剂泄露等导致温室气体排放，制造工艺排放以及公司车辆排放等。

范围二：购买并使用的电、热等导致的间接排放，虽然其生产过程不由组织直接控制，但因组织的使用行为导致的排放。

范围三：与该组织机构相关的活动产生的、未包含在范围一、范围二中的全部排放，包括原材料提取和加工，购买的产品和服务，员工通勤和差旅等。范围三的内容较为宽泛，一般由组织机构自行确定。

根据温室气体协议标准，组织机构测算其碳排放量时必须包括范围一和范围二，而范围三由于其边界界定的复杂性和数据的难获取性，在口径选择上具备一定的灵活性。

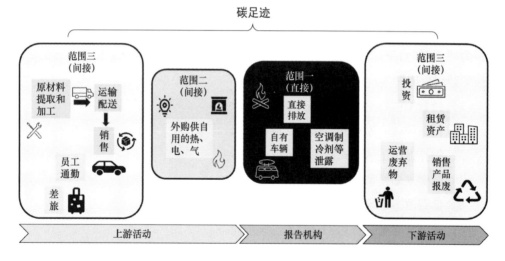

图 7-7　组织碳足迹测算范围

资料来源：报告撰写组绘制。

（二）测算方法

确定了组织机构碳足迹的测算分析范围后，下一步要确定测算范围内的全部温室气体排放来源，然后获取每一种排放的记录数据，并把输入的各种温室气体的物理排放量，例如，天然气（单位：兆焦耳）、汽油（单位：升），转换为吨二氧化碳当量（$MTCO_2Eq$ 或 MTCDE）。

由于不同温室效应气体对地球温室效应的贡献度不同，且二氧化碳是人类活动产生温室效应的主要气体，因此为了统一度量整体温室效应的结果，一般以二氧化碳当量为度量不同温室气体排放的温室效应的基本单位。一种气体的二氧化碳当量是通过这一气体的排放量乘以其全球变暖潜能值（GWP）后得出的，用这种方法可把不同温室气体的效应标准化。例如，甲烷的 20 年 GWP 值为 72，表示排放 1 吨甲烷在 20 年内捕获的热量是排放 1 吨二氧化碳的 72 倍。

$$某气体的二氧化碳当量 = 该气体排放量 \times 其相应 GWP$$

在实际测算中，能直接获取的是与碳排放相关的各类活动（或能源）的消费量，更直接的测算方法是通过排放因子转化为该活动排放的二氧化碳当量。其中，排放因子是指与该活动相关的单位活动二氧化碳平均排放量[⊖]。组织机构碳足迹等于其各类碳排放相关活动或消费产生的二氧化碳当量之和，即：

$$碳足迹 = \sum_{范围1,2,3} 各类消费量 \times 其相应排放因子$$

四、光华管理学院 2023 年度碳足迹

（一）测算范围

光华管理学院为履行碳中和行动承诺，在 2023 年度继续开展碳足迹测算工作。2023 年度光华管理学院碳足迹具体包括了学院在北京校区的教学科研办公场所及深圳、上海、成都、西安四个教学点的运营以及相关人员活动所涉及的碳排放。

根据温室气体协议标准并结合学院运营的实际情况，我们划定了具体的核算范围，并在对有关记录数据进行统计分析的基础上，将碳排放相关活动转换为可供计算的标准化统计量。

（二）测算结果

为了将上述碳排放相关活动与具体的碳排放量相对应，我们采用的相关能源消费和活动的排放因子，主要来自北京市生态环境部门公布的《北京市企业（单位）二氧化碳排放核算和报告指南（2017 版）》等文件。

经活动统计量和排放因子计算得出光华管理学院 2023 年度的碳排放总量约为 3 444.39 吨二氧化碳当量。其中，范围一 286.87 吨，范围二 2 848.21 吨，范围三

⊖　《北京市企业（单位）二氧化碳排放核算和报告指南（2017 版）》。

309.31 吨。各分项碳排放量的分布情况如图 7-8 所示。

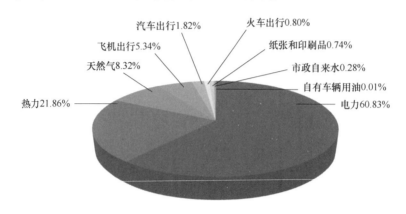

图 7-8   2023 年度碳足迹结构分布

（三）对比分析

2023 年度，学院的线下教学科研活动及学术交流活动全面恢复，并有序补充开展了大量之前推迟的活动。因此，电力和自来水用量都有所提升。但同时，自有车辆用油产生的二氧化碳减少了 44%，纸张和印刷品的碳足迹当量减少了 71%，公务出行的汽车和飞机产生碳足迹分别下降 86% 和 22%，火车出行成为更加普遍的选择，说明在可控的方面学院的碳减排行动在有效推进。此外，光华管理学院西安教学点对空间布局进行了大幅度调整优化，有效提升空间和能源使用效率，2023 年碳排放量较 2022 年下降显著。

为保证测算结果的权威性，课题组根据政府部门的发布，更新了排放因子。2023 年光华管理学院碳足迹测算使用的排放因子数据主要来自北京市市场监督管理局《二氧化碳排放核算和报告要求 其他行业》（DB11/T1787—2020），生态环境部环境规划院《中国产品全生命周期温室气体排放系数集（2022)》及权威期刊中发表的学术研究。

过去几年中，光华管理学院的减碳工作和减碳理念建设持续向好，不断改变和重塑着每一个光华人的工作和生活方式，不断激发和启迪光华人将深入的思考转化成更加迅速有效的行动。

五、光华管理学院 2023 年度"双碳"行动

2023 年光华管理学院一方面以研究、教学、实践行动来回应气候变化和可持续发展等全球性挑战；另一方面，通过与企业、产业、政府缔结"政产学研用"的合

作链条，进一步深化校企联动、产教融合，将研究成果转化为解决问题的具体措施和行动实施方案，构建一个更加关注人类福祉和明天，更加关注全球可持续发展的平台。

为了践行光华管理学院的使命与愿景，学院将从科学研究、人才培养、社会服务等多个层面出发，全方位推动碳中和进程，从而为高质量发展"蓄势赋能"。同时，学院将在日常运营与发展中更加注重业务模式的节能管理，积极综合利用可再生能源，并促进低碳增汇的行为转型，以实际行动助力碳中和目标的实现。

（一）碳中和经济社会影响领域研究

碳中和给传统经济学之于人类文明新形态的适配性带来了底层挑战和基础性变革。目前的经济学、管理学是基于西方工业文明时代而构建的，现有理论和政策分析不足以有效回应碳中和带来的时代要求。未来，如何在经济持续增长与低碳减排之间取得平衡，实现经济高质量发展和碳中和的双重目标，既是我国面临的巨大挑战，也是重要的发展机遇。这需要开展一系列扎实的理论研究和实践创新。

光华管理学院通过光华思想力智库平台，围绕"双碳"目标不断开展一系列有组织的研究。紧扣"双碳"目标的现实需求和第一性问题，提炼关键科学问题，通过系统理论构建、实证分析和实践探索推动面向碳中和的经济和管理理论发展。光华管理学院建设碳中和行为实验室，为"双碳"目标下的技术路径和政策工具的选择等问题提供破题思路和相关政策建议，通过研究成果的政策转化、社会发布等，最终为"双碳"目标的实现贡献光华力量。

（1）碳中和经济学与管理学交叉创新团队成立。该团队成员研究领域涵盖金融学、应用经济学、管理科学与信息系统、商务统计与经济计量等多个领域，其中包括多个国家级人才项目获得者。

（2）作为碳中和经济与政策方向的重要教学科研力量，光华管理学院积极参与北京大学碳中和研究院建设，致力于推动碳中和领域的学术研究与实践应用。

（3）2022年，国家社科基金重大项目"碳中和与稳增长协同推进机制及实现路径研究"立项。学院在2023年联合多个学术单位、政府部门和研究院所等开展交叉学科研究。

（4）学院承接能源基金会（中国）课题，在碳生产网络、交通行业低碳转型、企业"双碳"战略和行为等方面开展系统性研究。

（5）学院主办了"北大光华碳中和论坛——双碳目标下的能源与经济社会转型"，围绕能源与经济社会转型话题发布前沿观点，共绘"双碳"理论与实践创新交融的思想盛宴。此外，学院积极开展碳中和主题实地调研与考察。2023 年 7 月，学院多位"双碳"领域前沿学者以"识别双碳'目标实践路径的关键领域和节点，探索'双碳'目标下能源与经济社会转型的示范路径"为重点，赴江苏四市，对"双碳"重点行业产业发展路径、发展情况与传统行业碳中和转型状况进行了深入调研。

（6）在《光明日报》（理论版）、《中国社会科学》、《中国工业经济》、《营销科学学报》、*Fundamental Research* 等主流媒体和高质量学术期刊上，学院发表了多篇碳中和经济社会研究领域的论文和文章。

（二）碳中和领域人才培养探索

1. "青年思想力"之"碳寻者""双碳"研究项目第三期启动

"碳寻者""双碳"研究项目是光华管理学院发起并主办的经济金融社会热点类研究项目。该项目立足于当下的社会关注、政策导向和学术前沿，通过学术竞赛的形式，集结青年研究力量参与碳研究，借助强大师资团队的指导，深入挖掘"双碳"理论与实践知识，并以青年论坛的形式总结和分享赛事成果。

2. 针对不同群体推出相关课程

碳明未来："双碳"时代战略家。 学院立足自身在"双碳"领域的前沿研究，联合北京大学相关院系的顶尖技术力量，携手来自国家部委的政策制定者、产业领军人、金融投资家倾力打造"双碳"领域旗舰课程，旨在全面服务国家战略。2023 年 3 月项目首期班顺利启航，打造"双碳"领域专业模块化教学和校友专属生态，全面赋能低碳转型发展的企业家、关注低碳经济的科创企业 CEO、从事绿色金融的金融机构高管、探索双碳机遇的各行业领军者。

"北京大学碳中和大讲堂"。 学院与北京大学碳中和研究院合作开展了四期"碳中和大讲堂"，探讨了人类当前面临的全球气候治理、碳中和的技术体系、"双碳"背景下中国能源绿色低碳转型之路、展望气候治理、能源转型和"双碳"目标前景，以及世界主要经济体的竞争与竞赛等重要课题。

纵深中国产业研学系列课程——"碳行者"。 带领企业家们深度参访低碳标杆企业，亲身实地调研，学习标杆企业的前沿技术与优秀实践，探寻低碳商业模式的变革之道。

六、光华管理学院 2024 年度碳中和行动方案

根据 2023 年碳排放核算数据，结合六个治理方略，光华管理学院明确了六项

2024 年"双碳"行动方案，以期切实有效地推进"双碳"目标的实现。

（一）发布碳足迹报告，接受社会公众监督

光华管理学院将持续测算并发布自身运营的碳足迹报告，广泛吸纳社会公众的监督与建议，并持续不断推进自身的碳中和进程。光华管理学院希望通过此项承诺和进程，以先行者身份更好地推动社会各界持续关注碳中和议题，共同履行减碳社会责任。

（二）探索学术前沿，智库赋能政策实践

光华管理学院将继续立足中国碳中和转型中的丰富实践，开展有组织的科研。以社科重大课题为抓手，推动面向碳中和的经管理论发展。与相关政府部门、企业和社会组织密切合作，将学术研究成果转化为低碳转型的具体措施和行动实施方案，形成一批可供参考的政策建议，解决真实世界的、最为紧迫的问题，为我国的碳中和事业持续提供智力支持。

（三）加强人才培养，引领低碳领域发展

当前阶段，碳中和领域的经管人才和相关研究需求与供给之间尚存在落差，光华管理学院将持续深耕这一领域，紧密服务国家经济社会发展需求，探索升级优秀人才的培养机制，积极配合北京大学碳中和研究院的学科建设，努力培养一批具有专业学识和全局视野，在各条阵线、各个领域推进绿色经济发展和碳中和转型工作的高层次人才。

（四）建设云上光华，数字化推动低碳化

光华管理学院将继续以数字技术为引领，探索构建商学教育的新模式和新场景。通过多样互动工具打破育人事业的时间、空间、人群限制，不断增强学习体验，为全社会提供更加快捷、轻便、灵活和普惠化的商学教育服务，并投入更大力量、发挥创新优势，不断减少教学活动的碳足迹。

（五）营造公益氛围，绿色低碳价值引领

为推进碳中和目标的实现，光华管理学院推进和落实教职员公益假制度，引导鼓励教职员工积极参与"双碳"目标的研究、教学和实践，积极参与各类负碳增汇活动，自觉履行低碳社会责任的承诺和行动。通过"沃土计划"思政实践、"青年思想力"研究项目等，向在校生和校友传递绿色低碳价值和理念，以此带动更广大群体参与到减碳活动中。如今"光华双碳林"的计划已经在孕育中，我们期待更多在校师生和校友的参与。

（六）低碳组织建设，加速驱动节能转型

光华管理学院将完善建筑运营中的节能管理，以节能照明、室内采光优化、屋顶光伏等设计方式，将低碳理念贯彻到降低建筑物能耗的具体实践中。面向全院师生员工倡导无纸化办公、"空调调高一度"、绿色出行、远程会议、高铁出行等低碳生活方式，促进人人有责、人人参与的运营模式减碳事业。

第八部分

企业发展战略和创新创业

企业是市场经济的主体，也是创新的重要主体。

本部分聚焦于企业在快速变化的市场环境中如何制定有效的战略和推动创新。首先探讨了战略制定的起点与终局之间的关系，构建了以"终局"为出发点的战略决策模型，强调在复杂环境中洞察产业终局的重要性。其次，结合国际国内发展实际讨论了企业 ESG 标准体系建设的问题，给出具体建议。本部分还分析了企业家精神的培养与激励机制，强调了政策制定在推动经济稳定发展中的重要作用。

战略：始于初始条件分析，还是产业终局洞察？

刘　学

观点概览

经典的企业战略决策过程是站在"起点"分析、预判未来，决断公司战略。这种基于初始条件分析的战略决策过程在外部环境相对稳定时是有效的，但当一个产业可能遭到颠覆性技术冲击，或产业游戏规则发生重大变化，因而使产业未来格局发生巨变时，这种战略决策过程就会受到巨大挑战。本文基于实例构建一个以"终局"为出发点的战略决策模型，为企业在大变局时代制定战略提供支撑。

大变局时代制定战略需要"洞察终局、审视自我、战略定位、选择路径、提早布局、顺势而为"。其中，洞察终局、战略定位与选择路径是交互影响的：当自身是终局的重要塑造方时，终局常常因为自身战略定位不同而不同。同样，对终局的判断与定位不同，达成愿景的路径就不同。

影响产业终局基本架构的变量包括：潜在市场规模、市场需求增长速度、利润空间；产业竞争格局；产业主导的商业模式；产品技术结构决定的供应链生态结构；功能结构决定的下游运营、服务体系的结构等。

终局洞察是一个动态的过程。决策者需要在假设的指导下决断定位，选择路径，采取行动；在行动中采集信息，证实或证伪假设；修正假设，再在假设的指导下选择路径与行动；通过不断迭代，逐渐趋近于对终局的正确认知。

战略是面向未来的。当决策者面向未来时，常常感到迷茫和困惑：影响企业发展的变量太多，变量之间的关系复杂，影响企业的机制模糊，而且无时无刻不处在急剧的变化之中。有人用四个英文词头的组合 VUCA（Volatility，Uncertainty，Complexity，Ambiguity）来描述我们这个世界：动荡、不确定、复杂、模糊。在这样的环境中，决策者想要对未来做出客观准确的判断，几乎不可能。最终的决策，常常是基于决策者的直觉和信念，以及关键时刻"赌一把、拼一把"的风险担当。

劳伦斯·弗里德曼（Lawrence Freedman）在其《战略：一部历史》一书中多次强调，"战略受制于起点，而非囿于终点"。现有的战略理论与工具，均把公司"现在"所处的环境、拥有的资源，及其未来的演化，作为战略分析的出发点和重点。

把组织的现在作为分析的起点，有助于认识战略的初始条件和约束条件。但将终局（Endgame）作为战略分析的起点，则有助于确定组织的方向和目标。事实上，已经有部分企业家在商业实践中感悟到，战略决策应"洞察终局、以终为始"，并引起了广泛的共鸣。

本文在梳理战略理论关于战略"起点"分析的相关文献的基础上，基于实例构建一个以"终局"为出发点的战略决策模型，对"洞察终局、战略定位、选择路径"三者之间的关系进行系统阐释，以求在理论上将"起点"与"终局"联系起来，为学术界和企业家应对这个复杂的世界，提供一个新的视角。

一、战略：受制于起点还是终点？

制定战略，重点研究起点（Starting Point）——组织制定战略时的约束条件（Constraints），还是终点（End Point）——组织的目标函数（Objective Function），似乎是一个不言自明的问题。几乎所有的战略理论和工具，都是从初始条件识别及其未来演化趋势预测出发。PEST 分析、SWOT 分析、波士顿矩阵、麦肯锡—通用电气矩阵等，均从现在影响企业发展的环境变量及其变化趋势中寻找未来战略的方向性线索，然后与自身的资源能力相匹配。不同之处仅在于对影响企业发展的初始条件及其未来趋势，能否做出准确的分析和预测。认为能够分析预测的，弗里德曼称之为"计划型战略"，包括明茨伯格所说的设计学派、计划学派、定位学派等。认为难以分析预测的，弗里德曼称之为"应变型战略"，包括学习学派、权力学派、环境学派等。如前所述，弗里德曼坚信，"战略受制于起点，而非囿于终点"。

在亨利·明茨伯格等所说的 10 个战略管理学派中，企业家学派是最接近于关注"终局"的学派。"这一学派最核心的概念就是愿景（Vision）。愿景常常表现为一种意象，而不仅仅是一份用文字或数字来详细阐述的计划。这就使战略非常灵活，领导者在制定战略时就能够充分地运用其经验，这说明企业家战略在总体思路和方向上是经过深思熟虑的，在具体细节上则可以随机应变。但赫兹伯格等也批评："战略形成过程在企业家学派眼中，继续被看作是一只被掩埋在人类认知过程中的黑箱。"

互联网时代，继续把愿景构建、战略形成作为"黑箱"的处理方式已经不合时宜。愿景构建对以下几个方面变得异乎寻常地重要：①创业者招揽优秀人才，内部形成凝聚力、振作士气；②外部获取投资和合作伙伴支持；③在位者适应外部环境变化，实现战略转型。而愿景的本质就是将公司在产业终局中的定位以独特清晰且有吸引力的方式表达出来。伟大愿景的形成，则以对产业终局的洞察为前提。

洞察终局对在位者适应环境巨变，保持持续成长，同样非常重要。互联网、AI、大数据的发展，使得商业竞争从竞争优势局部、渐进的创造，转变为生态系统、产业格局的颠覆和重构。只有看清终局，才能发现终局架构中的空缺，或终局中有利且可到达的地位，从而发现战略机遇点和关键控制点，在此基础上形成公司的战略定位。

互联网已改变了商业竞争的形式与内涵。今天的商业竞争更多的是跨界的商业模式间的竞争。同时，竞争依赖的资源基础发生了变化：从实物资源、人力资源、知识资产的比较，转为数据资产、智能资产、人力资产的抗衡。领先者一旦构建起强大的生态系统，形成网络效应和数据资产的动态聚集，追随者将很难超越。另外，竞争的节奏发生了变化，路径依赖+速度竞争，使得组织初始的战略路径和基因决定了未来的成败。在战术上可以试错，但重大战略选择上一旦失误，常常导致机会不再。所以，部分思维敏锐的学者和企业家意识到，战略决策仅从"起点"出发是不够的，还要"洞察终局、提早布局、顺势而为"。

二、基于终局的战略决策的核心架构

本文从以下两个案例中提炼以终局洞察为基础的战略决策的关键要素。

（一）"隆中对"

"隆中对"一直被视为古往今来最为经典的战略决策：未出茅庐，便定三分天下。诸葛亮首先洞察未来天下格局，然后审视刘备的资源能力，确定其在第一阶段终局中的定位（三分天下之一）与路径："将军既帝室之胄，信义著于四海，总揽英雄，思贤如渴，若跨有荆、益，保其岩阻，西和诸戎，南抚夷越，外结好孙权，内修政理"。实现最终愿景（终极定位）的路径则要相机而动："天下有变，则命一上将将荆州之军以向宛、洛，将军身率益州之众出于秦川，百姓孰敢不箪食壶浆以迎将军者乎？诚如是，则霸业可成，汉室可兴矣"。

（二）亚马逊的崛起

1995年，贝佐斯预见到网上购物的无限潜力，开始了创业历程，两年后在给股东的信中披露了公司的战略洞察与决断。

1. 产业终局

网上零售将冲击甚至颠覆传统零售行业，而且网上零售将是一个强者恒强，甚至赢者通吃的行业。

2. 战略定位

成为网上零售业的领导者。一切围绕股东长期价值（It's All About the Long Term），而股东长期价值在于不断加强行业领导地位："行业领导地位能带来更高的收入、更高的利润率、更好的资本流动性和投资回报率。"

3. 路径

从标准化的图书、音像制品切入市场，不仅通过品类扩张颠覆传统产业，还通过增强娱乐功能、交付效率和技术功能，构建全场景、全渠道的数字化体系，随时随地满足消费者的个性化需求。

从上述两个案例中可以提炼出战略决策的核心要素：洞察终局、战略定位、选择路径。三者之间的关系如图 8-1 所示。

洞察终局：战略决策的基础。所谓"终局"是一个相对的概念，是指决策者能够预见到的最远的、相对稳定的格局或状态。看清终局，才可能决定组织在终局中想要达到的地位，从而确定组织的愿景。在洞察终局基础上的战略定位与愿景形成，是同一问题的两个不同方面，本质上是统一的，虽然二者的顺序可能不同。有时候是先有愿景，再确定定位；有时候则反之。

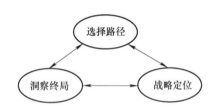

图 8-1　战略决策的核心要素及其关系

战略定位：在未来的终极格局中，企业应居于何种地位？企业应以何种理念、何种方式为关键利益相关者创造价值，即企业应选择何种商业模式？企业应成为一个具有何种特色的组织？当组织自身是终局的重要塑造者时，合理的战略定位极其关键。而对自身资源能力形成客观、可靠的认知，并非易事。从企业角度看，战略定位有三个层次：一是在不同产业路径或应用场景中的定位；二是选定产业方向后，在产业格局中的定位；三是企业确定在产业格局中的地位后，从营销的视角来看，产品在消费者心智中的定位。

选择路径：达到定位目标的关键路径或战略安排。主要刻画按照实现终局定位的需要，必需的资源能力开发、整合战略；达到战略定位的业务发展路径或优先序安排；为构建未来主导的商业模式，需要提早进行的商业模式优化、调整、布局的关键安排；统筹协调关键利益相关者关系的策略等。

战略决策的三个要素——洞察终局、战略定位与选择路径，三者是交互影响的：

当自身是终局的重要塑造方时，终局常常因为自身战略定位不同而不同。同样，对终局的判断与定位不同，达成愿景的路径就不同。战略制定后，战略实施层面的具体行动则需要顺势而为，灵活应变。

三、洞察产业终局：看什么？

产业终局绝非无迹可寻。将以下几个变量做出判断，基本可以刻画出产业终局的基本架构。

（一）潜在市场规模、市场需求增长速度、利润空间

产业格局相对稳定阶段的市场规模有多大？潜在市场转化为现实市场的速度有多快？或者说，推动市场需求增长至潜在规模需要多长时间、多少成本？

（二）产业（市场）结构

这是一个赢者通吃、一枝独秀的市场，还是许多公司并存、繁花锦簇的市场？如果赢者通吃（通常是平台型公司），生态系统的结构是什么样的？核心参与人及其关系是什么样的？

（三）产业主导的商业模式

所谓主导的商业模式，是市场中最为客户所接受的，相对于最佳替代模式具有显著竞争优势的商业模式。主导商业模式并不只有一种，比如网上零售平台，有B2C、C2C 等。在赢者通吃的市场中，产业主导的商业模式很少，极端情况下只有一种。但在高度分散的市场中，产业可以容纳的商业模式有很多种。

市场规模、成长速度、利润空间，决定产业的吸引力有多大。市场结构决定了有多少玩家能够成功参与游戏，以及市场机会在不同玩家之间的分配；玩家是否选择了主导的可持续的商业模式，决定其在市场结构中的相对地位，决定其战略定位的成败。

四、何种要素塑造产业终局？

新商业模式对应的潜在市场规模有多大、市场需求增长的速度，取决于潜在客户数量有多少、潜在客户转化为现实客户的关键变量是否可控（或者控制这些关键变量需要何种资源能力、多少资源能力，组织是否具备等）。这在某种程度上是可推断的[一]。市场结构主要是外生因素决定的。决定市场结构的关键因素，包括规模

经济、网络效应、客户需求的同质/异质性程度、对线下服务的需求、客户的集中度、客户转换成本等。产业领导者选择的主导商业模式相对于最佳替代模式优势的大小，也在一定程度上影响市场结构。

如果一个产业同时存在显著的规模收益递增；网络效应（包括同边效应和跨边效应）为正，而且强度非常高；客户需求高度同质；对线下服务需求较低，或者线下服务通过专业的第三方公司即可高效实现；客户转换供应商的成本非常高时，基本会形成赢者通吃或者高度垄断的市场结构。如微软的 Windows 操作系统作为应用程序开发商与电脑使用者互动的平台，同时具备上述关键特征，所以长期占据95%左右的市场份额。而手机操作系统，虽具备前几项特征，但客户转换平台的成本比较低，就形成了苹果 iOS 系统和谷歌 android 系统的双寡头垄断格局。赢者通吃的产业格局下，市场可以容纳的主导商业模式非常有限。行业领导者对主导商业模式尽早做出识别，并通过快速投资赢得先机，极其重要。

如果不存在规模收益递增和网络效应；客户需求高度差异化，满足不同客户需求需要完全不同的资源能力；线下服务是交易活动的核心，且客户高度分散，最佳服务半径较小；客户转换供应商的成本很低，就会形成高度分散的市场结构。市场结构分散意味着市场可以容纳众多不同的商业模式。创造相对于最佳替代模式而言，具有鲜明特色的商业模式，避免由于正面战而导致的消耗战，拼价格、拼成本、拼促销，拼到鱼死网破。

需要特别注意的是，市场的终局结构不是一成不变的。有时候市场高度分散是创新不足所致。所以，高度分散的市场中常常蕴含重要的创新/创业机会，创业者通过重大商业模式创新，就可能改变产业终局。

五、何种变化会重构产业终局？

在位者对何种变化会重构产业终局应保持充分的警惕。两种典型的变化会重构产业终局：一是颠覆性技术或商业模式的出现，二是游戏规则的重大变化。如网络媒体对传统传媒业的颠覆、电子支付对印钞业的颠覆，这样的例子比比皆是。但是，颠覆不是必然的。在位者如果能够及早洞察终局并快速做出有效反应，是可能降低冲击带来的负面影响的。

另外，游戏规则的重大变化，也可能重构产业终局。如2018年下半年由国家医保局主推的药品集中采购政策（4＋7），已经并将继续对医药产业的终局产生持久深远的影响。对医药产业而言最重要的权力有两个方面：一是产品准入控制权，由国家药监局药审中心和药品注册司掌握；二是药品采购决策权，过去主要由医院、医生掌握；付费的人——医保机构和患者，拥有的话语权很小。因此，近30年，中国医药市场是高度分散的市场：中国有7 000多家医药企业。

2018年3月，国务院机构改革，组建了国家医疗保障局（以下简称医保局）。医保局成立后，药品采购决策权从高度分散的医院，转移到非常集中的付费方——医保局。不付费的人与付费的人的采购决策标准存在根本不同。从长期看，游戏规则的重大变化必将逐渐改变医药产业的终局。7 000多家医药企业中，一大半会慢慢出局，真正从事创新药物研发的企业和依靠规模/质量控制占优的仿制药企业，将逐渐主导市场；而依靠关系营销、互惠交易的仿制药企业将难以为继，仿制药医药代表职业群体的规模将会被极大地压缩，甚至消失。

六、如何提高终局洞察力？

所有对未来终局的判断都是一种假设。决策者需要在假设的指导下决断定位，选择路径，采取行动；在行动中采集信息，证实或证伪假设；修正假设，再在假设的指导下选择路径与行动；通过不断迭代，逐渐趋近于对终局的正确认知。

洞察产业终局，不应该是企业家一个人的事情，也不应该是一个自发随机的过程。创业者个人在创业前期，构想出新的商业模式以后，在不暴露商业秘密的前提下，应与潜在投资者、合作伙伴、咨询机构等专业人员进行讨论，比较该商业模式相对于最佳替代模式的优势，对产业终局形成基本判断，从而形成创业战略。

在位者应该建立一种组织机制，定期研判和审视公司所在产业终局是否可能因潜在商业模式创新、技术创新的出现而变化，是否可能会因重大游戏规则的变化而变化。参与研讨的人员不仅应该包括现有业务板块的技术、市场负责人和其他关键人员，还应包括对公司所在产业非常熟悉的外部人员，如投资者、咨询人员、政策制定人员等。

总之，运用现代产业经济学和产业组织理论，是可以对产业终局做出预测的。根据决策者的雄心及资源能力，决断组织在终局架构中的定位，形成组织的愿景，确定达成愿景的路径，在资源能力方面提早布局，在步调节奏方面顺势而为，是在复杂动荡的环境中形成组织战略的一种重要方式。希望这种以终局而非以起点为中心的战略理论，能够对传统战略理论形成有益的补充，能够为企业家的战略决策提供有益的参考。

ESG 体系的演变、标准建设和监管问题

张闫龙

观点概览

ESG（环境、社会和公司治理）框架评估企业在环境保护、社会责任和公司治理方面的表现。良好的 ESG 管理能提升企业风险管理能力，吸引投资者，降低资本成本，提升市场估值。ESG 不仅体现责任，也是企业长期价值创造的重要途径。

国际组织提出了多种 ESG 评估方法，涉及数据收集、指标构建、评估和打分等步骤，旨在提供透明和可比较的信息。ESG 绩效已成为投资决策的重要参考。ESG 投资策略包括筛选策略、整合策略、可持续主题投资等，旨在实现社会和环境影响。

我国 ESG 标准体系建设面临评价标准不统一、信息披露不全面等问题。建议政府和监管机构提供清晰的 ESG 披露指导，推动评价标准的统一；通过公共教育和媒体宣传提升市场对 ESG 投资的认知度；培养专业的 ESG 分析师和管理人才，加强国际合作，推动我国 ESG 标准的国际化和现代化。

一、ESG 的概念和主要作用

ESG（Environmental，Social，and Governance，环境、社会和公司治理）是一套评估企业在环境保护、社会责任履行和公司治理方面表现的框架。这一概念自 2004 年由联合国全球契约组织首次提出以来，已经成为全球投资和企业管理的重要议题。

在 ESG 体系中，环境议题指企业在运营过程中对自然环境的影响，包括但不限于温室气体排放、资源消耗、废物处理、生物多样性保护等。企业的环境责任在于减少其活动对生态系统的负面影响，同时寻求可持续发展的解决方案。

社会议题涉及企业与员工、供应商、客户、社区等利益相关者之间的关系。社会责任包括提供公平的劳动条件、尊重人权、促进多元化与包容性、保护消费者权益、参与社区发展等。企业应在维护和提升其品牌形象和市场地位的同时，增进社会福祉。

治理议题得到的关注较少，主要指企业的管理结构和运作方式，包括公司治理

结构、董事会多样性、高级管理层薪酬、内部控制和合规性、股东权利等。良好的治理结构能够提高企业的透明度和问责制度，降低腐败和风险，增强投资者信心。表 8-1 为美国纳斯达克交易所 ESG 体系主要指标。

表 8-1　美国纳斯达克交易所 ESG 体系主要指标

环境	社会	公司治理
E1. 温室气体排放	S1. CEO 薪酬比率	G1. 董事会多样性
E2. 排放密度	S2. 性别工资比率	G2. 董事会独立性
E3. 能源利用	S3. 员工离职率	G3. 激励政策
E4. 能源密度	S4. 性别多样性	G4. 工会谈判
E5. 能源结构	S5. 临时员工比率	G5. 供应商行为准则
E6. 水资源使用	S6. 非歧视政策	G6. 道德与反腐败
E7. 环境措施	S7. 工伤率	G7. 数据隐私
E8. 董事会气候监督	S8. 全球健康与安全	G8. 环境、社会与公司治理汇报
E9. 管理层气候监督	S9. 童工与强制劳动	G9. 信息披露实践
E10. 气候风险缓解政策	S10. 人权	G10. 外部保障

研究表明，建立良好的 ESG 管理体系，能够提升企业的风险管理能力。这包括帮助企业识别和管理长期运营中的潜在风险，如环境法规的合规风险、劳动争议引发的声誉风险等。通过改善 ESG 表现，企业能够减少这些风险对财务表现的负面影响。

此外，越来越多的投资者将 ESG 作为投资决策的重要考量因素。具有良好 ESG 记录的企业更容易吸引和保持投资者的兴趣，从而可能获得更低的资本成本和更高的市场估值。

在宏观层面上，ESG 框架鼓励企业采取行动，减少对环境的负面影响，增进社会福祉，并确保良好的公司治理。这不仅有助于企业长期发展，也有助于实现全球可持续发展目标（SDGs）。

因此，ESG 不仅是一种道德和社会责任的体现，也是企业实现长期价值创造的重要途径。随着全球对可持续发展的关注日益增加，ESG 将成为企业战略规划和投资决策中不可或缺的一部分。

二、ESG 评级和 ESG 投资策略

为了更好地监督和衡量企业在 ESG 方面的表现，不同的国际组织提出了多种

ESG 系统评估方法。这一过程涉及一系列的方法论步骤,旨在为投资者和其他利益相关者提供关于企业 ESG 表现的透明和可比较的信息。

ESG 评级的基础是收集相关数据。这包括从企业的公开报告(如年报、可持续发展报告)、政府和监管机构、非政府组织、媒体以及其他公开可用资源中获取信息。此外,一些评级机构还会直接向企业发送问卷,要求企业提供具体的 ESG 相关数据。接下来评级机构通常会构建一个包含多个指标的指标体系,这些指标覆盖环境、社会和公司治理的各个方面。每个指标都会根据其相对重要性被赋予不同的权重。评级机构的评分标准定义了每个指标的评分范围,通常包括从低到高的多个等级。

根据收集的数据和制定的评分标准,评级机构会对每个指标进行评估和打分。这一过程可能涉及定性分析和定量分析的结合。打分结果通常会综合考虑企业在各个指标上的表现,以及指标之间的相互影响。为了确保评级的准确性和可靠性,评级机构会进行质量控制和验证。这可能包括对数据来源的审查、对评分过程的复核,以及对评级结果的独立验证。最终的 ESG 评级结果通常会以报告的形式发布,提供给投资者和其他利益相关者。这些报告不仅包括企业的总体 ESG 评分,还可能包括对企业在各个 ESG 领域的具体表现的详细分析。

ESG 评级的方法论在不同的评级机构之间可能存在差异,但上述步骤提供了一个基本框架,旨在确保评级过程的透明度、一致性和可比性。随着 ESG 投资的不断成熟,评级方法论也在不断发展和完善,以更好地服务于投资者和其他利益相关者。

企业在 ESG 层面上的绩效,已经被许多投资机构作为决策制定的一个重要参考维度。不同机构对于 ESG 的重视程度差异较大。总体而言,ESG 投资策略可以分为两大类:一是在构建投资组合时考虑 ESG 因素;二是提高被投资人的 ESG 表现。此外,还有影响力投资(见图 8-2)。

筛选策略主要包括:①负向筛选,即在构建投资组合时避开在环境、社会和公司治理因素方面表现低于同行的公司。②正向筛选,是选出 ESG 得分最高的前 20% ~ 50% 的公司,或是给入选设置 ESG 指标的门槛值。③标准筛选,是基于国际规范的最低商业标准,包括联合国、经合组织、国际劳工组织等机构关于环境保护、人权、反腐败方面的契约、倡议,例如《联合国全球契约》、经合组织的《跨国企业准则》等,对证券发行人进行筛选。

ESG 整合策略指的是投资经理将 ESG 因素纳入财务和金融分析,根据相关 ESG 信息来改变投资组合成分的权重,可以应用于各种主动和被动投资策略,包括量化策略、基本面策略等，以识别 ESG 投资机会及风险。

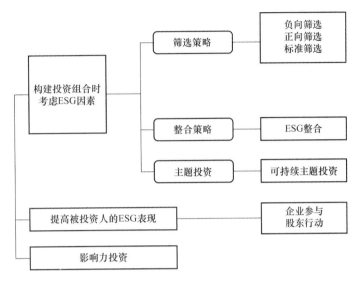

图 8-2 ESG 投资策略的分类

可持续主题投资策略指的是对有助于可持续发展主题的资产进行投资，例如可持续农业、绿色建筑、智慧城市等主题。

企业参与和股东行动是投资人利用股东权利来影响企业行为，包括提交或联合提交股东提案、投票支持 ESG 相关决议、召开临时股东大会等。

影响力投资指的是通过投资实现积极的社会和环境影响，其投资目的是在获得经济收益之外产生有益于社会的积极成果，帮助减少商业活动造成的负面影响，因此影响力投资有时也会被认为是回馈社会和慈善事业的延伸。

截至 2020 年，全球范围内应用最广泛的 ESG 投资策略为 ESG 整合和负面筛选，可持续主题投资策略的应用提升最快。

三、国外 ESG 体系标准建设的动向

欧盟在 ESG 监管方面走在前列，其修订的《非财务报告指令》（Non-Financial Reporting Directive，NFRD）将披露义务从原有的大型企业扩展到所有大型企业和上市公司，包括上市的中小企业。这意味着更多公司需要披露其 ESG 信息，从而提高了整体市场的透明度。NFRD 要求企业在其年度报告中包含更详细的 ESG 信息，包括但不限于公司对环境的影响、社会政策、员工权利、反腐败和反贿赂措施及公司治理实践等。为了提高报告的可比性和可读性，NFRD 鼓励企业采用国际公认的

ESG 报告标准和框架，如全球报告倡议组织（GRI）标准、可持续会计标准委员会（SASB）标准（详情见下文）等。为克服落实指令的困难，NFRD 要求欧盟成员国提供必要的指导和支持，帮助中小企业理解和实施 ESG 披露要求，以降低其合规成本。

美国在 ESG 监管方面也有所行动。2021 年，美国证券交易委员会（SEC）成立了气候和 ESG 特别工作组，加强对 ESG 和气候变化的关注，并制定行动计划以识别与环境和 ESG 相关的不当行为。此外，美国众议院通过了《ESG 信息披露简化法案》（2021 年），旨在提高上市公司 ESG 信息披露的要求。法案要求证券发行人每年向股东披露 ESG 指标与发行人长期业务战略之间的联系，这意味着公司需要明确说明其 ESG 实践如何与公司的长期目标和战略相结合。法案对 SEC 提出了要求，包括发布 ESG 指标的明确定义，以及要求所有上市公司披露 ESG 指标，旨在为投资者提供一致和可比较的 ESG 信息。

在国际层面，联合国自 2005 年起便开始推动全球 ESG 投资原则的制定。联合国责任投资原则组织（Principles for Responsible Investment，PRI）应运而生，致力于将 ESG 因素纳入投资决策中，以促进可持续发展。PRI 制定了一套共计六项的负责任投资原则，包括鼓励投资机构将 ESG 因素纳入投资决策，承担积极股东角色，推动投资对象进行 ESG 信息披露，并在投资界推广这些原则，协同合作、共同提升实施效果，并定期报告实施进度。PRI 为签署机构提供各种指导文件、工具和资源，帮助他们更好地理解和整合 ESG 因素。PRI 要求其签署机构定期报告他们在负责任投资方面的进展和成就，同时，通过分析这些报告来监测和评估签署机构的 ESG 整合情况，并提供反馈和建议，以帮助他们进一步提高负责任投资的实践水平。

全球报告倡议组织（Global Reporting Initiative，GRI）是国际公认的可持续发展报告和问责标准的制定机构。GRI 推动制定了被广泛认可的可持续发展报告标准，为组织提供了一套全面的 ESG 披露框架。随着环境的变化，GRI 不断更新和改进其报告标准，以适应全球环境和市场需求。它还鼓励组织在报告实践中进行创新和改进，并提供认证服务，帮助组织验证其报告的质量和符合性。通过 GRI 认证可以增强报告的可信度，提高组织在投资者和公众中的声誉。

可持续会计标准委员会（Sustainability Accounting Standards Board，SASB）是一个独立的非营利组织，通过提供行业特定的 ESG 会计标准来帮助企业披露与财务相关的 ESG 信息。SASB 标准的目的是提供清晰、可比较的 ESG 信息，帮助投资者理解特定行业内公司所面临的 ESG 风险和机会。针对 77 个不同的行业，SASB 制定了具体的 ESG 披露要求。它识别和定义了每个行业内对企业财务表现具有实质性影响的 ESG 议题，如温室气体排放、劳工实践、产品安全、数据安全等。其目的是确保不同企业在同一行业内提供的 ESG 信息具有一致性和可比性，以便利益相关者可以进行有效分析。

值得关注的是，随着全球对 ESG 议题的关注度不断提高，SASB 正与全球其他标准制定机构合作，推动其标准的国际认可和应用。例如，国际财务报告准则基金会（IFRS Foundation）正在推进成立一个全新的国际可持续发展标准委员会（International Sustainability Standards Board，ISSB），旨在开发全球统一的 ESG 披露标准。这一新标准的制定将与现有的国际财务报告准则（IFRS）相互补充，共同构成企业财务报告的完整框架。SASB 作为一个专注于行业特定 ESG 标准的机构，其在 ESG 披露方面的专业知识和经验对 ISSB 标准的制定至关重要。未来 ISSB 或许会将现有的 SASB 标准与其他国际标准（如全球报告倡议组织 GRI 的标准）进行整合。需要注意的是，ISSB 的成立和运作仍处于初期阶段，具体的整合方式和合作细节可能会随着时间推移而发展、调整。

四、我国 ESG 标准体系建设面临的问题和建议

当前，我国 ESG 标准体系建设面临一些挑战。首先，虽然近年来我国已经推出了一系列的可持续发展报告指引，但 ESG 评价标准尚未统一。不同评级机构可能会采用不同的评价方法和指标，这不仅影响了信息的可比性，也可能导致市场参与者对 ESG 评级结果产生混淆，还可能导致企业在进行自我评估时缺乏明确的方向，难以准确衡量和报告其 ESG 表现。

其次，ESG 信息披露不全面、不深入，以及披露频率不一致。对于中小企业而言，由于资源有限、缺乏专业知识或对 ESG 的重要性认识不足，导致其在 ESG 信息披露方面的表现尤为不足。这限制了投资者和利益相关者对企业 ESG 表现的了解和评价。若没有明确的法规要求，企业可能不会将 ESG 作为优先事项，也不会投入必要的资源来改善其 ESG 表现。

再次，市场对 ESG 投资的认知度不高，可能导致企业和投资者无法充分认识 ESG 投资的长期价值和风险管理的重要性。这种认知上的不足可能会阻碍 ESG 投资策略的采纳和实施，限制了 ESG 相关产品和服务的创新和发展。

最后，ESG 领域的专业人才短缺，可能导致企业在制定和执行 ESG 战略时缺乏必要的专业知识和技能。

针对这些问题，我国 ESG 标准体系建设需要在以下层面继续努力。

为了提高企业 ESG 信息的透明度和可比性，政府和监管机构需要为企业在环境、社会和公司治理方面的具体披露要求提供清晰的指导，同时积极推动相关评价标准的出台。统一的标准有助于减少企业在披露时的随意性，同时也方便投资者和其他利益相关者进行跨企业、跨行业的比较分析。

提升市场对 ESG 投资的认知度是推动 ESG 发展的重要环节。政府可以通过公共教育活动、媒体宣传、投资者研讨会等方式，普及 ESG 投资的知识和实践案例，强调其在促进可持续发展和风险管理方面的作用。同时，教育机构也应在相关课程中加入 ESG 内容，培养学生的 ESG 意识和分析能力。

为了支持企业建立和完善 ESG 管理体系，需要培养一批专业的 ESG 分析师和管理人才。这可以通过设立专业认证、提供继续教育课程、举办行业培训等方式实现。同时，鼓励企业内部建立 ESG 专业团队，负责制定和执行 ESG 战略，监督 ESG 项目的进展和效果。

在全球化背景下，加强国际合作对于推动我国 ESG 标准的发展至关重要。政府和行业组织应积极参与国际 ESG 标准的制定，与国际组织如联合国全球契约组织、国际财务报告准则基金会等进行合作交流。通过分享我国的 ESG 实践经验，我们可以在国际舞台上提升我国的影响力，同时也可以从国际最佳实践中学习和借鉴，推动我国 ESG 标准的国际化和现代化。

为激发和弘扬企业家精神营造良好社会环境

——基于中国企业家调查系统相关调查数据的分析

彭泗清　王　锐

观点概览

激发和弘扬企业家精神需要一个能让企业家安心经营、放心发展、用心创新的社会环境。良好的政策环境、营商环境、法治环境、社会文化环境是企业家精神发展的必要条件。

在企业家精神的培养中应遵循和谐共生的发展观、协调发展和长期主义的发展观、统筹兼顾的建设观、强化法制的治理观、造福社会的民本观与共商共建的合作观的精神指引。

优化企业家精神成长环境，培养充满生机与活力的、多层次多形态的企业家精神，要着重建立完善六种机制：多样-协同机制、容错-纠错机制、激励-规范机制、信任-监管机制、先富-共富机制、共创-共治机制。

企业家精神是企业家创业创新的精神资源，也是企业可持续高质量发展的动力源泉。企业家精神是一种具有创新、开拓、变革等特点的精神财富，需要在良好的社会环境中才能得到充分的发挥和发展——良好的政策环境、营商环境、法治环境、社会文化环境能够让企业家安心经营、放心发展、用心创新，是企业家精神发展的必要条件。

本研究根据习近平总书记关于企业家和企业家精神的重要论述，从培养和弘扬企业家精神的六大理念指引入手，提出相应的六种机制与有关措施，并结合中国企业家调查系统调查数据，为我国优化社会环境、夯实企业家精神的根基、激发和弘扬企业家精神提出切实方向与建议。

一、企业家精神培养与和谐共生的发展观

（一）企业家精神的培养需要和谐共生的发展观

如习近平总书记所指出："民营经济是我国经济制度的内在要素，民营企业和民营企业家是我们自己人。"只有构建企业家与政府和社会各界和谐共生的良好生

态，才能真正兼顾企业家尤其是民营企业家的利益与社会各方的利益，形成共生共赢的合力，实现中国企业和经济的高质量发展。要贯彻和谐共生的发展观，一方面要引导全社会认可和尊重企业家的贡献和价值，加强对民营企业和企业家的保护和培养，另一方面要健全机制，引导企业家注重社会责任，注重合作创新和共同发展。

（二）基于和谐共生发展观构建多样-协同机制

基于和谐共生的发展观，应将生态多样性的理念也应用到企业家精神的培养中。中国地域辽阔，经济社会发展水平不平衡，市场上存在种类繁多、水平不一的市场主体，相应的，中国企业家的来源和构成也非常丰富。在此背景下，现阶段的中国企业家精神也必然呈现多层次多形态的特点。基于和谐共生的发展观，企业家精神也应该是百花齐放，不能以单一的标准来要求，更不能脱离实际、以过高的标准来要求。企业家精神的生长需要不同的人才、不同的思想和不同的创新模式，需要尊重和包容不同的观点和想法。多样-协同机制一方面尊重多样性，另一方面倡导不同层级、不同类型市场主体之间的协同合作，可以为企业提供多元化的环境，从而促进企业家精神的生长和发展。

基于对企业家调查系统课题组 30 年调查对象基本情况的比较分析，可以发现我国企业与企业家队伍的构成变化明显，且均呈现出多元化趋势。面对如此多样性的企业生态，只有落实多样-协同机制，才能培养出健康发展的企业以及不同特点的企业家。

二、企业家精神培养与协调发展和长期主义的发展观

（一）企业家精神的培养需要协调发展和长期主义的发展观

不顾长远发展的短期行为对企业家精神伤害极大。2022 年的企业家调查中，对于"企业家觉得最难以应对的挑战"，有 27.8% 的企业家选择了"社会上短期行为较多，影响长期做实业的积极性"。要落实协调发展和长期发展的发展观，需要营造市场化、法治化、国际化的营商环境，尤其是要建设公平透明的竞争环境，避免对中小企业和民营企业的不公平影响。同时，应该将协调、可持续的核心价值观融入区域经济和企业文化的建设中，实行长期主义，改变短期导向的行为，制定长期发展规划，将资源分配到有利于长远发展的方向上，实现经济效益和社会效益的统一，推动区域、城乡、经济和社会、物质文明和精神文明的协调发展。

（二）基于协调发展和长期主义的发展观构建容错-纠错机制

鼓励探索和创新是企业家精神的核心，在探索和创新的过程中不可避免会出现

错误和失败。应基于协调发展和长期主义的发展观，建立容错-纠错机制，在倡导宽容和包容的同时，也强调及时有效纠正错误。这种机制可以为企业提供一个安全的环境，让员工敢于尝试新的想法和创新模式，同时也能及时发现和纠正错误，避免损失和风险的扩大。如《中共中央 国务院关于促进民营经济发展壮大的意见》（以下简称《意见》）中所指出："培育尊重民营经济创新创业的舆论环境。加强对优秀企业家先进事迹、加快建设世界一流企业的宣传报道，凝聚崇尚创新创业正能量，增强企业家的荣誉感和社会价值感。营造鼓励创新、宽容失败的舆论环境和时代氛围，对民营经济人士合法经营中出现的失误失败给予理解、宽容、帮助。建立部门协作机制，依法严厉打击以负面舆情为要挟进行勒索等行为，健全相关举报机制，降低企业维权成本。"

三、企业家精神培养与统筹兼顾的建设观

（一）企业家精神的培养需要统筹兼顾的建设观

党政部门需要统筹兼顾各方面的因素来建设培养企业家精神的社会生态环境，要深入一线，及时了解新情况、新问题，听取和结合企业家、普通群众等多方面的意见和建议，使制定的政策更加符合实际、符合群众意愿。正如习近平总书记所强调，各级党委和政府要把构建亲清新型政商关系的要求落到实处，把支持民营企业发展作为一项重要任务，花更多时间和精力关心民营企业发展、民营企业家成长，不能成为挂在嘴边的口号。政府作为市场规则的制定者、市场公平的维护者，要用优质的公共服务"支持企业家心无旁骛、长远打算"。

（二）基于统筹兼顾的建设观构建激励-规范机制

企业家精神的健康成长，一方面需要得到有效的激励，需要充满生机与活力的环境，另一方面也需要道德和法律的规范，避免野蛮生长。企业家调查系统 1999 年的调查数据就已经表明，"健全企业经营者激励与约束制度"和"完善企业经营者选拔制度"，是大多数企业家对政府和社会的普遍期望。在高质量发展的新阶段，企业家期待激励与约束制度的改革继续深化。《意见》中有专门的条款来强调"完善落实激励约束机制"，内容包括"强化已出台政策的督促落实，重点推动促进民营经济发展壮大、产权保护、弘扬企业家精神等政策落实落细，完善评估督导体系。建立健全民营经济投诉维权平台，完善投诉举报保密制度、处理程序和督办考核机制。"

四、企业家精神培养与强化法制的治理观

(一) 企业家精神的培养需要强化法制的治理观

诚信环境、保护企业家合法权益的法治环境、公平公正稳定透明的营商环境对于企业家精神的有效发挥影响很大。法治环境具有固根本、稳预期、利长远的重要保障作用,是企业家高度重视的创业创新基础。企业家调查系统 2022 年的调查发现,"不搞运动式、一刀切式执法""营造公平环境"和"保持政策稳定性和可预期性"等对政策法规公正、透明的呼吁超过三成。总体上,企业的高质量发展需要政府提供更公平的经营环境、更明确的市场主体权益、更透明的信用机制和更高效的法治环境。

(二) 基于强化法制的治理观构建信任–监管机制

信任尊重与法制公平皆是企业家精神生长的重要基础。对于企业家来说,成为社会各界认可和信任的"自己人"、与政府部门以"亲""清"关系为基础建立充分的信任非常重要。同时,对企业行为的依法依规监管也不可或缺,可以保证企业遵循法律和行业规范,维护社会的共同利益。

中国企业家调查系统课题组 30 年长期的追踪发现,随着改革的深入,现代企业制度变革的主要任务在不断向更高层次上的制度创新转变。在 2003 年和 2022 年的调查中,都涉及企业家对自身群体最喜欢/最不喜欢的特征选择。从"最喜欢的优秀特征"来看,前三位均为"信守承诺""守法经营"和"尊重员工";从"最不喜欢的特征"来看,"不守信用""违法经营""偷税漏税""自私自利""不尊重下属"都位居前列。这些数据都说明新时期的企业家群体更加注重诚信经营和合法经营,企业家群体参与社会治理、助推社会进步的意识也显著提升。

五、企业家精神培养与造福社会的民本观

(一) 企业家精神的培养需要造福社会的民本观

习近平总书记 2020 年明确提出了对企业家的五点希望:增强爱情情怀、勇于创新、诚信守法、承担社会责任、拓展国际视野。企业家精神的培养应将经济发展和社会发展相结合,兼顾企业利润和企业社会责任,利国利民。与此同时,企业家调查系统的调查数据也显示,如今已有越来越多的企业家以回报祖国、回馈社会作为企业家精神的重要内涵。企业家群体实现了从市场参与者向经济和社会建设者的角

色认知转变，在价值创造的同时以"造福社会"为己任。

（二）基于造福社会的民本观构建先富-共富机制

健全的先富-共富机制可以真正让企业家做到"富而有责、富而有义、富而有爱"，使得企业家精神的生长可以兼顾个人、企业、社会和国家多方利益，实现企业和社会各方面的共同发展，更好地实现共同富裕的目标。

调查表明，在高质量发展的背景下，企业家们积极响应了国家经济社会发展的整体部署。企业家调查系统2022年关于"近10年来，国家和社会对企业家群体的新期望、新要求"的调查结果显示，企业家对于企业社会责任相关的选项选择较多的有："坚持党的领导、加强党的建设""积极参与社会公益""确保中国经济可持续发展""重视环境保护""提供更多就业机会""贡献更多税收"等。企业家对于企业自身经营相关的选项选择较多的有："提供高质量的产品和服务""完善公司治理，确保企业可持续发展""提升国际化水平"等。关于"您做企业是为了什么"的历年调查数据显示，企业家对自我职业目标内涵的理解不断拓展、丰富。企业家的社会责任意识不断增强，希望通过做企业更好地帮助他人实现价值。随着身份认知的转型，企业家对使命的诠释体现在超越个人与企业本位的责任承担中，对于员工福利、环境治理、社会发展等问题表现出更加积极的态度。2022年调查数据显示，即使在近年来严峻的经营考验之下，企业家参与慈善的意愿也比2018年明显提高。

六、企业家精神培养与共商共建的合作观

（一）企业家精神的培养需要共商共建的合作观

在当今的逆全球化趋势下，全球经济格局尤其是供应链的调整对中国企业在国际市场的发展有着很大影响。要应对国际市场的新挑战，中国企业需要不断提高国际化水平，打造国际竞争的新优势。其中，优化国际交流合作的环境，积极参与全球共商共建具有至关重要的作用。

（二）基于共商共建的合作观构建共创-共治机制

在社会经济发展中，共商共建也意味着新时代的企业管理和社会治理需要企业与社会之间有更加丰富、更高水平的共创和共治。政府可以为企业提供更好的环境和政策支持，同时也需要听取企业和社会的声音，制定更加合理和公正的政策，在有效的共创-共治机制下，企业家精神可以获得更强劲的动力和更广阔的空间，不仅

有利于企业发展，也有利于社会治理。

企业家调查系统的调查表明，企业家已经逐渐认识到高质量可持续发展是企业经营的核心。企业家对体现个人价值的方式有更多层次的理解，除了社会地位、美好生活、家庭幸福等个人追求，企业家个人对于服务和回报社会、参政议政等价值追求也不断提升，2022年相较于2007年上升了10多个百分点。

参军经历、退役政策与创业行为

陈方豪 张晓波

观点概览

本研究结合具有全国代表性的家户与企业家微观调查数据，就参军经历对后续创业行为的影响及其机制展开探讨。

研究发现，参军经历对创业的影响具有很大的异质性。服役时间较长的退役军人具有较好的公共部门工作机会，创业概率较低，而短期服役者则创业概率较高。总的来说，参军经历从整体上显著提高了退役军人成为私营企业主的可能性。

一方面，参军经历塑造了退役军人的企业家精神，使得退役军人相对于雇佣更偏好创业；另一方面，参军经历带来的公共部门就业优势提高了创业的机会成本，却也因此对军人退役后选择创业产生了一种筛选机制，致使决定创业的退伍军人所创立的企业整体而言拥有更大投资规模。

一、研究背景

商界一直流传着一个说法："军队是最好的商学院。"在海内外，商界都活跃着一大批退役军人企业家的身影，其中代表人物有中国华为的创始人任正非、美国沃尔玛的创始人山姆·沃尔顿（Sam Walton）等——他们往往个性鲜明、进取果敢、坚韧不拔，从他们的经营风格和言谈举止上可以看出早年军营生活留给他们的深刻烙印。这些观察使人很自然地猜想商业世界的成功似乎与参军经历存在因果关系。

然而，这些耀眼的案例能否代表最为广大的退役军人群体？据中国退役军人事务部的统计，截至 2018 年 7 月，中国人民解放军自成立以来已累积退役军人 5 700 多万人次，但却鲜有研究与报道深入追踪或统计过军人退役后的社会经济情况。参军经历是否促进了创业行为？其中的机制又是怎样的？针对这两个问题，本研究借助具有全国代表性的大型微观数据，对参军这一职业经历对创业行为的影响进行探究，旨在进一步推动创业鼓励政策的制定与实践，为评估与完善中国的军人福利政策提供参考。

二、实证研究与机理探讨

结合心理学、组织行为学、经济学等领域对参军经历与后续商业成功间关系的研究发现，本研究从理论与实证角度，分析个体职业偏好与资源禀赋在职业选择中的作用，并对参军经历对后续职业选择的影响与机制进行识别和探讨。⊖

本研究采用中国家庭追踪调查（CFPS）与中国企业创新创业调查（ESIEC）数据。考虑到个体特征可能对其参军决定和/或后续创业行为带来一定影响，我们利用数据集中丰富和全面的个体微观信息，对样本中个体的成长省份、出生年代、身体素质、受教育年限、家庭政治背景、父母受教育年限、城乡差别、年龄、是否为少数民族、是否有城市户口和参军时军队规模等个体特征进行控制，并通过概率回归和工具变量回归对数据进行分析。⊜

（一）参军经历与创业行为

研究对参军经历对于男性从事公共部门职业、个体户、私营企业主相对于私营受雇的影响进行了分析。⊜整体而言，参军经历对退役军人后续决定创业的决策有一定激励作用，该作用在短期参军者中尤为显著。

从简单概率回归来看，退役军人的就业选择具有一定的层次性。退役军人相对于普通男性都更容易进入公共部门工作，长期参军者中尤为显著。⑭这体现了退役军

⊖ 本研究建立了一个职业选择理论模型作为其分析的理论框架。该模型描绘了一个个体在将自身偏好和所拥有的各类资源进行综合考量后，最终在私营受雇、私营创业和公共部门（如政府机构、国企和事业单位等）就业三种职业类别中做出最有利选择的过程。在模型中，每个个体的资源可被分为三个方面：一为其个人禀赋（如性格、能力、家庭背景），二为实物资本（如资产），三为政治资本（如政治人脉或更高的组织信任度）。每类资源在不同职业类别中的重要性有所不同：例如，在私营创业中，实物资本比政治资本更重要，在公共部门就业中则正好相反。与此同时，不同个体对不同职业类别的偏好也有所不同，例如，有些个体相比于私营受雇更偏好私营创业，而有些个体偏好公共部门就业多过私营受雇和创业。这些个体的职业选择是对自身资源与偏好两方面因素的综合考量。

⊜ 想对参军经历给后续职业选择的影响进行研究，一个很大的难点在于实证推断的内生性问题：若只看每个样本是否参军与他们后续职业选择间的关系，那究竟是参军经历影响了职业选择，还是某些其他因素（如性格、家庭背景）先推动了个体是否参军的选择、继而又将他们引向了最终的职业选择，抑或是有企业家精神的人更有可能在年轻时参军？若是后两者，那哪怕参军经历与某种职业选择间存在一定统计性关联，也不能推断是参军经历导致了这个选择。为此，本研究采用计量经济学中常被用来对内生性问题进行控制的工具变量方法，选用入伍前后军队征招强度作为工具变量：该变量与个体是否参军高度相关，但不会直接影响其后续的创业行为。使用代理变量可以排除纯自选参军的群体特征所带来的内生偏差，仅关注因受到外生军队征招强度影响而选择参军的群体，因此可以更准确地识别参军经历在影响创业决策方面的因果关系。

⊜ 在中国，个体户和自雇者多为生存型创业，而私营企业主则为营利的动机所驱动，主动承担风险。显然，只有后者更加符合经典文献中对于企业家的定义。

⑭ 长期参军者在本研究中定义为符合转业安置条件（服役长于 10 年且于 2011 年之前退役，或是服役长于 12 年且于 2011 年之后退役）的军人。

人特别是长期参军者相对于普通人的政治资本优势巨大。若排除公共部门就业刺激的影响，参军经历使得短期参军者成为私营创业的概率较私营受雇提高了二成以上，但这一现象在长期参军者中并不明显。但由于短期参军者占据退役军人的主体部分，可以得出，在私营经济中，退役军人相比于普通人成为企业家的概率更高。工具变量回归结果显示，退役军人后续成为私营企业主的概率要比普通人高出近三成。

从理论层面来看，这是因为参军经历可以改变个体所拥有的资源。在中国，参军经历与个体的政治资源可能有较大正向联系——我国的军人享有较高的社会声望，其身份会释放"能力"与"值得信任"的筛选信号，有利于形成与积累其政治资本。具有中国特色的退役军人的就业分配政策也使得他们在公共部门就业具有比较优势。[○]该影响可能在不同军人间也存在异质性：服役年份较长的军人，更有可能是满足转业安置政策的军官，政治资本更为雄厚，因此比一般退役军人有更大的概率进入公共部门。因此，相同条件下，参军经历使得退役军人相对于私营受雇，选择私营创业、公共部门就业的概率都较大；其中，长期服役（享受转业安置政策）的退役军人选择公共部门就业的概率更大。

（二）影响异质性分析

自新中国成立以来，中国面临的国防安全环境、经济社会环境乃至军人退役安置政策都发生了巨大变化。每个时期筛选入伍的人员具有不同的背景与动机，最终导致了参军对退役后职业影响的复杂性。

1. 城乡出身差异

本研究的分析表明，在农村出身的群体中，参军经历显著提高了成为私营企业主的概率；但在城市出身的群体中，参军经历却降低了成为私营企业主的概率。城乡的差异可能反映了城市和农村出身群体参军的动机差异。通常来说，城市出身的群体具有更好的家庭背景、社会关系和政治资本，参军更有可能是为了建立这种在公共部门就业的优势。而农村出身的人群则不具有相同的优势，因而有更低的创业机会成本，同时参军经历则为其补充了投身创业所必需的各种主客观条件。

○　此外，国外的过往研究也发现，政策扶持与军队背景可以间接或直接地帮助退役军人克服创业过程的困难。世界的大多数国家都为退役军人提供了丰厚的优惠待遇，以奖励军人为国家的奉献。在中国，自主就业的退役士兵可以获得一次性退役金，金额随其服役时间的延长而提高；对从事个体经营的退役士兵，国家会按规定给予税收优惠和小额担保贷款扶持。

2. 时期差异

此外，研究发现，参军经历在更早期的出生队列中（1980 年之前出生）对创业的正向影响更为显著。这可能与社会环境的变化有关：在改革开放之前，中国的国防环境一直承受外部压力，此时参军入伍意味着有更大概率直接加入战争，面临生命危险，这降低了参军的潜在收益，反向筛选出政治资本较低的群体入伍参军。而在改革开放之后，中国面临的战争威胁逐渐弱化，此时具有政治背景的家庭会更愿意让其子弟参军入伍，以助提升其日后的政治资本。

从理论层面来看，个体创业行为的决定因素存在复杂性——决定创业不仅受个人动机的驱使，还受到外部动机的影响。随着退役军人的政治资本得到增强，公共部门的就业优势会对创业行为产生挤出作用。因此，相同条件下，在政治资本较低的群体中，参军经历的创业促进效应更强。

（三）作用机制分析 1：军队经历与企业家精神

根据 CFPS 与 ESIEC 中个体性格与认知特征相关的数据，本研究认为，参军在一定程度上培育了成为企业家所必需的性格品质，这促进了他们退役后向企业家的转变。数据分析中，退役军人在 10% 的统计显著性上表现得比一般人更为乐观（"对未来充满信心"）、更加强调个人奋斗（"不认同'运气对成功的重要性'"）、明显更加偏好风险（"乐于冒险"，数据中，军人的风险偏好程度要高于普通人一倍）。

从理论层面来看，这是因为参军经历可对个体偏好与行为模式产生影响。根据心理学与组织行为学的理论，由于人们大多在 20 岁左右时加入军队，军队的生活与训练会对他们产生强烈的"烙印效应"。而军队所塑造的价值观与能力，如坚韧、自信、善于应对挑战、危机处理能力、团队精神、更高的内控倾向、执行力等，均与企业家精神息息相关。因此，参军经历会塑造退役军人的企业家精神，使他们在退役后更加偏爱创业而非受雇。

（四）作用机制分析 2：创业退役军人更易获得信贷支持

本研究发现，退役军人在初次创业时获得银行贷款的概率较普通人提升了 30% 左右。从金额来看，退役军人在首次创业时获得的银行贷款金额高于普通人 14.73%，退役军人企业家无论是在初次创业还是在接受调查的 2018 年年末，都相对于一般创业者有更大的投资规模。

从理论层面来看，这是因为退役军人在公共部门的就业优势提高了其创业的机会成本，故而对军人的创业行为产生了一种筛选机制。在公共部门就业优势较大的退役军人群体中，只有那些对创业偏爱足够强烈或资本实力较高的个体才会选择创业。这种筛选机制会带来创业者在创业行为中更高的投入。因此，当退役军人在公共部门的就业优势足够大时，相同条件下选择私营创业的退役军人企业更大概率会获得正规金融的融资渠道、具有更大的投资规模。

三、结论与启示

本研究通过建立职业选择模型并提供经验证据解释了退役军人活跃创业与公共部门就业并存的现象。一方面，参军经历塑造了退役军人的企业家精神，使得退役军人相对于雇佣更偏好创业；另一方面，参军经历带来的公共部门就业优势提高了创业的机会成本。本研究结果的政策启示如下：

第一，过强的公共部门就业激励可能稀释高素质人才的创业热情。当前中国各地的政策倾向是激励高学历、高技能的人才前往公共部门就职。这些政策的本意是提高基层的公共服务质量，但从激励创业以提高经济活力的角度来看，却有可能引发才能的错配。

第二，针对创业行为的驱动因素，本研究提出了一个足够灵活的理论框架，并首次从理论上提出及实证验证了职业经历可以从塑造价值观的角度来影响创业行为。这一影响机制也许可以被拓展到其他职业——如果一些职业可以更好地培养从业者的企业家精神，那么有针对性地对这些行业施行鼓励政策也许比补贴创业行为本身对经济活力有更好的促进作用。

第三，本研究的证据表明，军旅生活可以培养军人的人力资本，特别是与企业家精神相关的性格品质，为其退役后投身创业打下了基础。因而，有针对性地制定相关政策可以帮助军人在退役后更好地实现个人价值，改善他们的福利状况。

失联企业何其多

——基于中国企业创新创业调查的分析

权盈月　孙　妍　张晓波

观点概览

　　根据2023年中国企业创新创业调查数据，有35.2%的样本企业在调查时处于失联状态。

　　企业成功联系率可以作为弥合企业注册数量与从事正常经营企业数量差距的调节系数。

　　结合经济活动大数据，失联企业更可能从事危害社会经济的活动、更少从事正常经济活动。

　　相比于其他行业，在政府消费比重较高的高技术服务业中企业有更高的失联概率，这给政府产业扶持政策的精准实施提出了更高的挑战。

一、研究背景

　　注册企业数量是文献中衡量地区经济活力和企业家精神的重要指标，但该指标的成立依赖于两个假设：首先，注册企业均处于经营状态；其次，注册企业均从事正常的经济活动。在实际中，"注册"是企业成为合法市场经营主体、从事正常经济活动的必要条件，而非充分条件。这意味着，注册企业的统计中，可能存在很多注册但未经营或经营但未从事正常经济活动（甚至可能从事危害社会秩序的活动）的企业，这会导致仅通过注册企业数量来衡量经济活力或企业家精神存在一定偏误。

　　针对这一问题，本研究从"失联"企业这一角度入手，通过翔实的实地数据，对样本中的失联企业进行识别和统计，并通过样本中企业的经济活动大数据，尝试从正常经济活动和非正常经济活动（包括无实际经营业务的空壳企业和从事破坏性活动的企业）两个方面为失联企业画像。本研究旨在促进政策制定者更好地理解非正常经营企业背后的影响因素，从而为制定更有效的政策提供依据，以便更好地推动经济的稳定健康发展。

二、数据来源

　　本研究的数据来源主要分为2023年中国企业创新创业调查中的企业抽样调查微观数据与从公开渠道获得的企业经济活动大数据两类。

（一）中国企业创新创业调查

2023年中国企业创新创业调查（ESIEC）由北京大学企业大数据研究中心主持，北京大学中国社会科学调查中心实施。该调查样本覆盖中国六省市（辽宁省、河南省、浙江省、上海市、甘肃省、广东省）的107个区县，包含新抽样本及追踪样本共计49 948个。⊖每个样本的联系信息包括地址（注册地址、年报地址、招聘岗位工作地址）和电话（从年报或天眼查等途径获得的最多三个联系电话）两类。⊜

实地调研中，访问员首先需要根据项目组提供的联系方式尝试联系企业，成功联系企业后再劝说企业的指定受访者（创始人或高管）接受访问。失联企业在其中的定义为：同时满足无任何正确地址、无任何正确电话、无法联系上目标受访者三个条件的样本企业。最终，在纳入分析的近5万个样本中，有35.2%的样本处于本文定义的失联状态。

（二）企业活动大数据

本研究利用多种外部数据来捕捉调查样本企业在多个维度的经济活动，我们将这些经济活动分为三类：

第一类为危害社会经济秩序的活动，主要通过信用中国网站公布的企业黑名单识别。⊝样本中约有0.5%的企业被纳入了企业黑名单，其中以人民法院的失信被执行人担任法人的企业为主。

第二类为正常经济活动，观察维度为人员招聘（主要通过网络招聘数据识别）、市场拓展（主要通过政府招投标数据识别）和创新活动（主要通过商标和专利申请数据进行识别）三方面。

第三类为没有实际经营业务的"空壳"企业，主要通过企业登记注册的经营状态、注册资本、社保缴纳人数和裁判文书数据中的空壳案件数量识别。

三、失联企业的典型特征分析

本节通过将ESIEC中失联与可联络企业的经济活动指标进行比较，对失联企业

⊖ 新抽样本采用分层抽样的方式从中国企业工商注册数据库中随机抽取调研区县2015—2022年注册成立的私营企业和个体户，占比91%；其余追踪样本则来自往年的完访样本。

⊜ 所有信息类别中，除企业注册地址为法律要求提供外，其余联系方式均为企业选择公开信息。理论上，从事正常经济活动的企业需要尽可能地暴露在市场中，以便潜在客户、供应商和同行业经济主体等能联系到该企业。而在实际中，部分企业却由于主观原因（选择主动隐匿）或客观原因（停止经营、倒闭等）无法被联系上。

⊝ 黑名单企业包括人民法院的失信被执行人担任法人的企业、统计局的统计严重失信企业、重大税收违法失信主体等。

的特征事实进行分析。

（一）失联企业：较大行业、省份与注册时间异质性

1. 行业异质性

从行业类型来看，生产性服务业中的企业失联比例均高于均值，制造业和居民性服务业中的企业失联比例低于均值（批发零售除外）。单一行业来看，企业失联比例最低的是卫生和社会工作行业，企业失联比例最高的是金融业。

2. 省份异质性

在调查覆盖的六个样本省市中，广东省企业失联的比例最高（42.1%），之后依次为辽宁省（40.5%）、浙江省（38.2%）、甘肃省（33.8%）、河南省（30.7%）、上海市（24.5%）。整体而言，各省市市场监督管理局执法力度（以新注册私营企业中市场监督管理局抽查比例作为衡量）与企业失联率存在一定负相关关系。

3. 注册时间异质性

在样本中（该样本已剔除注销和吊销的企业），成立年份越迟的企业，越有可能失联，该特征突出呈现在近三年成立的个体户和企业中。⊖

（二）失联企业：更可能从事危害社会经济秩序的活动

将失联企业是否进入黑名单作为被解释变量，并将不同区县、行业和企业类型（企业/个体户）间的区别纳入考量后，研究发现，失联企业相比于未失联企业有更高的概率出现在企业黑名单中，即失联企业更可能从事危害社会秩序的破坏性活动。⊖

（三）失联企业：更少从事正常经济活动

利用网络招聘、政府招投标、商标申请和专利申请数据来分析企业在用工、市场开拓和创新方面的经济活动，并将不同区县、行业和企业类型间的区别纳入考量，研究发现，失联企业在各个经济活动维度上被数据捕捉到的概率都更低，说明失联企业更少从事正常经济活动。⊖换言之，绝大部分失联企业都不应被纳入经济活力或

⊖ 需要注意的是，该结果存在时间截断带来的偏差：企业的注销和吊销存在时滞，所以成立越迟的样本，其注销和吊销的可能性也越低，其更可能出现在抽样样本中。基于此，本研究根据不同年份注册企业的注销吊销比例，尝试对不同注册年份企业在 2023 年调研时失联的百分比进行调整。调整后，注册时间越晚的企业，失联的比例越低。

⊖ 在整体样本中，约有 0.5% 的企业被纳入了黑名单，包括 0.7% 的失联企业和 0.5% 的可联络企业。

⊖ 根据调查，6.3% 的样本企业（包括 5.2% 的失联企业和 7.0% 的可联络企业）曾在前程无忧、智联招聘和猎聘平台上发布招聘广告；1.8% 的样本企业（包括 1.3% 的失联企业和 2.2% 的可联络企业）曾中标政府和事业单位的项目；9.5% 的样本企业（包括 8.2% 的失联企业和 10.2% 的可联络企业）曾申请过商标；2.1% 的样本企业（包括 1.5% 的失联企业和 2.5% 的可联络企业）曾申请过专利。回归分析发现，在其他条件（如区县、行业、企业类型）类似的企业中，状态为失联使企业发布招聘广告的概率降低 2.2%，仅为样本企业发布招聘广告概率（6.3%）的 34.8%。根据相似计算，失联因素的估计作用与企业中标、申请商标和申请专利概率的比例为 48.1%、25.3% 和 56.9%，整体均为可观。

企业家精神的测度中。

（四）失联企业：更可能没有实际经营业务

没有实际经营业务的企业，可能是已经停止经营的企业，也可能是用于控股、避税等的企业。

考虑到企业从停止经营至注销和吊销可能存在时滞，本研究获取了调查结束半年后企业的注册状态，以进一步识别在调查时已大概率停止经营的企业。数据显示，此时，样本中5.8%的企业已完成注销和吊销。在将区县、行业和企业类型因素纳入考量后，研究发现，失联企业在半年内注销或吊销的概率比其他企业高0.6%，总体而言此差别并不显著。

进一步地，本研究采用业界反馈的空壳企业特征（认缴的注册资本规模偏大而办公人员和社保缴纳人数偏少）来验证失联企业是否更可能是空壳企业。研究发现，失联企业的注册资本规模比其他企业高14.1%，且披露社保缴纳人数的概率更低；在披露了社保缴纳人数的企业中，失联企业的社保缴纳人数统计意义上显著低于可联络企业。此外，研究也发现，当一个区县内企业失联的比例越高，其法院裁判文书中提及"空壳"的案件数量也越高。这说明，失联企业为空壳企业的可能性更大。

（五）企业成功联系率与地区经济活动测度

本文对失联企业特征分析证明，企业被成功联系与企业从事正常经济活动间存在高度相关性。这也验证了本研究提出的观点：失联企业从事正常经济活动的可能性更低。因此，在度量经济活动和企业家精神时，应关注注册企业数量与从事正常经济活动企业数量间的差异。对此，本研究提出，可以运用企业成功联系的百分比来修正注册企业的数量以更准确地测度地区经济活动和企业家精神。

四、影响因素分析

上述讨论中发现失联企业从事正常经济活动的可能性较可联络企业更低。下面从产业政策与营商环境的视角对企业失联的原因进行探讨。

（一）企业失联与行业中政府消费比重、高技术服务业的关系

为支持产业发展，中央和地方政府实施了诸多产业扶持政策。然而，由于信息不对称等问题，产业政策一定程度上给空壳企业、非合规企业"骗补"留下了可乘之机——例如，最高人民检察院2024年3月18日的新闻发布会上就指出涉税犯罪

与各地的经济发展水平和招商引资政策等有着密切关系。因此，本研究推测在与政府紧密相关的行业中，如政府消费占比较大的行业或被国家重点支持的高技术行业中，企业失联的比例会更高。

本研究通过2020年中国投入产出表中每个行业总产出中政府消费的比重来衡量该行业对政府消费的依赖程度，并将样本所在行业分为非高技术行业、高技术制造业和高技术服务业。实证分析发现，注册为高技术服务业的企业更可能失联。同时，在高技术服务业的细分行业中，政府消费比例越高，企业失联的比例也越高。

（二）企业失联与区县营商环境

2023年中国企业创新创业调查数据显示，在区县层面，参与政府招标的企业中，曾经有过陪标经历的企业比例越高，企业对当地政府评价的分数越低。因此，本研究将受访企业中参与陪标企业的比例作为刻画区县层面营商环境的指标：陪标比例越高，营商环境越差。实证分析得出，区县参与陪标的企业比例越高，该区县样本企业失联的概率也越高，即企业失联概率与企业所在区县营商环境存在负向相关关系。

五、总结

过去几十年间，中国经济快速发展，创业是经济发展的核心动力。注册企业数量始终是创业领域研究的重要指标。遗憾的是，并非所有注册企业都从事正常经济活动。本文通过2023年中国企业创新创业调查数据，发现有35.2%的样本企业处于失联状态。结合经济活动大数据，我们发现失联企业更可能从事危害社会经济的活动、更少从事正常经济活动——相较于能联系上的企业，失联企业出现在企业黑名单上的概率更高，其发布网络招聘广告、中标政府和事业单位项目、申请商标和专利的比例都更低。两类企业注销和吊销的概率没有显著区别。此外，失联企业更符合业界描述的服务于股权控制或者用来避税的空壳企业的特征——"认缴注册资本规模偏大"和"办公人员（尤其社保缴纳人数）少"。因此，本研究提出，企业成功联系率可以作为弥合企业注册数量与从事正常经营企业数量差距的调节系数。最后，相比于其他行业，在政府消费比重较高的高技术服务业中企业有更高的失联概率，这给政府产业扶持政策的精准实施提出了更大的挑战。

第九部分

企业组织能力和治理机制

本部分深入探讨了企业内部组织结构与治理机制的关键问题。首先分析了党的领导在企业治理中的核心作用。其次，探讨了团队组合对组织绩效的影响，揭示了团队多样性与协作的重要性，并研究了基于文化特征的合资伙伴选择问题，为跨国合作提供了新启发，还对企业管理者的心理及行为对企业发展的影响进行了分析。本部分旨在为企业管理实践提供理论指导，为提升组织效能和优化治理结构提供有效策略。

党的领导在企业治理中的作用

——基于社会责任承担的分析

刘晓蕾　李学楠　李松楠　冯业倩

观点概览

企业完全自治会导致企业社会责任承担不足；党组织的领导能够将社会福利目标纳入企业的决策目标函数中，从而促进企业承担社会责任。

党组织治理程度越高，企业社会责任承担情况越好；党组织治理具有促进企业承担社会责任的作用，在企业禀赋中对社会福利关心程度较低时更加明显。

中央党组织指明方向、基层党组织贯彻执行、企业管理者具体实施的组织体系可以实现社会福利最优。

本文研究结论为坚持和加强党中央的集中统一领导、全面从严治党以及加强基层党建提供了重要的理论与实证支持。

习近平总书记在党的二十大报告中指出："全面建设社会主义现代化国家、全面推进中华民族伟大复兴，关键在党。"中国特色社会主义最本质的特征是中国共产党领导，中国特色社会主义制度的最大优势是中国共产党领导。中国特色现代国有企业制度，"特"就在于把党的领导融入公司治理各环节，把企业党组织内嵌到公司治理结构章程之中，明确和落实党组织在公司法人治理结构中的法定地位。

本文基于马克思主义政治经济学中人民至上的视角以及资本追求利润的描述，探讨党的领导在企业治理，特别是企业社会责任承担中发挥的重要作用，进而为党的领导融入公司治理提供理论支持。企业作为国民经济的基本单位，其治理结构完善与社会责任承担在经济高质量发展和社会生态文明建设中发挥着重要的作用。在全面建设社会主义现代化强国的背景下，理解党的领导在完善企业治理、从而促进企业社会责任承担中所起的决定性作用具有重要的研究意义。

一、研究背景和思路

本文建立了一个竞争的市场模型，市场上的经济主体包括消费者和企业。企业在生产可供出售的私有品的同时，也会生产一定比例的公共品，且私有品和公共品的生产数量均由企业决定。公共品可以体现为社会捐赠、环境保护等"正面公共品"，也可以是环境污染、财务违规等"负面公共品"。私有品需要消费者付费购买，而公共品则是免费的。消费者的效用，即满足程度，由个人购买的私有品以及全社会提供的公共品共同决定。企业通过销售私有品可以直接获得利润，而公共品的生产虽然无法带来直接的经济收益，但可以通过影响消费者对私有品的需求函数来间接影响企业利润。本文假定，在企业完全自治的情况下，企业目标是利润最优。在利润目标的指引下，企业缺少为消费者提供公共品、以改善消费者效用的激励，从而导致公共品的供给数量并不能达到使全社会福利最优的水平。

党组织的治理作用是通过引导企业改变目标方程，从而改善公共品供给来体现的。党组织分为中央党组织与企业党组织（即基层党组织），其目标均是社会福利最大化。中央党组织与企业党组织各自拥有一定的信息优势：中央党组织准确掌握公共品在消费者效用函数中的具体形式，并且可以将这一信息传达给企业党组织，但对企业生产的特征信息掌握不足；企业党组织对公共品需求的认知不如中央党组织准确，但拥有企业层面的特征信息，并且可以通过党的领导，结合中央党组织传达的公共品需求信息，调整企业目标方程，以实现社会福利最大化的目标。

二、模型设计和实证检验

在基准模型中，我们首先分析企业完全自治情形下企业公共品供给的竞争性均衡，即在企业追求利润最大化、消费者追求效用最大化的设定下，模型实现的均衡结果，并通过求解实现最大化社会福利水平的私有品和公共品水平，来求解社会最优福利条件。分析表明，完全企业自治情形下的竞争性均衡会导致公共品供给比例低于社会最优水平。

在模型中引入党组织治理后，企业的运营目标不再只是利润最大化，而是综合考虑利润与公共品供给情况。分析表明，相比于企业完全自治，党的领导可以提高公共品的供给水平，而且党组织治理程度越高，公共品的供给越接近社会福利最优水平。本文的理论模型还进一步探讨了企业关心社会福利的初始禀赋差异，会如何影响党的领导在公共品供给中的作用发挥。模型结果显示，如果企业禀赋中对消费者福利的关心程度较低，那么其公共品供给偏离社会最优水平较多，因此党组织治理对于公共品供给的促进作用也就相对更大。

在模型拓展中，本文还讨论了中央党组织与企业党组织两层治理结构在信息不对称时，采用何种社会组织模式可以实现社会福利最大化。具体来说，本文假定党中央作为核心的党组织，能够准确把握提升社会福利的方向，即明确知晓消费者的满足程度函数；而企业党组织受限于组织的局部性，无法准确判断福利函数参数数值，但能够掌握企业的实际情况，表现为知晓企业成本函数的具体参数。这些假定体现了党中央对于社会整体宏观情况的了解优于基层，但基层对于个体微观情况的掌握优于中央。由于企业对全社会公共品需求信息掌握不足，因此完全去中心化的决策并不能实现最优；中央党组织仅掌握公共品需求信息，而对企业生产信息掌握不足，因此完全中心化的决策也同样不能实现最优。只有中央党组织将公共品需求信息传递至基层、基层党组织将这一需求信息与自身掌握的生产信息结合进行决策，才能实现社会福利最大化。因此，本文的模型得出结论：中央党组织指明方向、基层党组织贯彻执行、企业管理层具体实施的组织体系可以实现社会福利最优，而且中央与地方的信息不对称程度越高，基层党组织的作用越重要。

本文对基准模型中党组织的治理作用进行了实证检验。本文以2013—2019年沪深A股上市公司作为研究样本，通过国有企业"党建入章"以及国有、民营企业党建活动的开展情况衡量企业党组织治理程度。本文研究发现：企业党组织治理程度越高，其财务违规情况越少且社会责任履行质量越好，从而证实了基准模型中党的领导有助于改善公共品供给的预测。此外，本文还发现企业党组织治理的财务违规减少效应和社会责任质量提升效应在地方国企与民营企业中表现更明显，而在央企中表现相对较弱，这与基准模型中党组织的作用在企业对社会福利关心程度较低时更重要的结论相一致。

三、研究结论和启示

党的二十大报告指出，坚持党的全面领导是坚持和发展中国特色社会主义的必由之路，中国特色社会主义是实现中华民族伟大复兴的必由之路。全面建设社会主义现代化国家离不开中国共产党的领导，坚持加强党对经济工作的集中统一领导，是中国特色社会主义制度的一大优势，是做好经济工作的根本保证。

本文的理论模型揭示了党的领导在公司治理中的重要作用以及党组织发挥作用的机制与路径，有助于社会各界进一步理解党在社会主义事业中的领导核心地位。就企业社会责任承担的实现路径而言，本文的理论模型将中国共产党的领导模式与西方强调的通过价格传导机制进行市场监督的模式进行了对比，论证了党的领导模式是比市场监督模式更优地促进企业承担社会责任的途径。本文还在模型中加入了公共品需求相关的信息不对称，结果显示，在中央与基层各自拥有一定信息优势的情况下，单纯去中心化或者中心化的决策都不能实现社会福利最优，中央党组织指明方向、基层党组织贯彻执行、企业管理者具体实施的组织构架才是实现社会福利最大化的正确路径。因此，本文的理论模型为坚持和加强党中央的集中统一领导、全面从严治党以及加强基层党建提供了理论支撑。

具体来说，之所以要坚持和加强党中央的集中统一领导，是因为党中央对于社会整体情况的把握优于地方；之所以要全面从严治党，是为了保障党中央定下的决策目标可以被基层党组织正确接受；之所以要加强基层党建，是为了保障基层党组织得到的政策目标能够在企业决策中加以贯彻。因此，本文揭示了为什么中国模式，即中央党组织、基层党组织、企业管理层各司其职的社会组织模式能够实现社会福利最大化，进而为中国共产党领导中国特色社会主义建设的制度优势提供了系统性的理论基础。

本文的理论模型及实证结果具有重要的政策启示。其一，本文的研究结论意味着，督促企业承担社会责任，仅仅靠市场化的监督是不够的。目前主流观点认为，企业需要更多更好的社会责任报告披露，中国市场也逐步要求上市企业披露社会责任报告。我们的研究表明，即使不存在信息不对称的情况，市场调节也无法实现公共品的充分供给；而党组织治理通过在企业目标函数中加入社会福利权重，是更有效的做法。因此，我们的研究建议，重视企业社会责任，仅仅强调企业自身的信息披露以及市场监督并不足够，应该充分发挥党的领导作用。其二，鉴于党中央对大局的把握更精准，需要坚持和加强党的集中统一领导，且基层党组织需要正确理解和接受党中央定下的目标。其三，本文的研究发现，基层对社会福利的自主关心程度越低、与中央之间的信息壁垒越大，基层党组织治理的作用就越大。因此，企业党建工作应当不仅限于大企业和国有企业，还应当向小企业和民营企业进行推广。

什么样的团队组合才能促进组织绩效

张建君

观点概览

高效的团队组合应该具备三个特点：异质性、适当的权力差距、融洽的工作关系。上述三个变量都与组织绩效呈现正相关。

高管团队管理的精髓就是对内在张力的管理，即管理好差异性和相似性、冲突和团结之间的张力。

领导团队成员应当尽可能多元化，应确保领导团队成员之间保持一定的权力差距，应尽可能维护领导团队成员的相对稳定性。

董事长和总经理构成了中国企业中最基本和最显著的高阶梯队，二者之间的配置对高管团队的运作和组织表现有重大影响。高效的团队组合应该具备三个特点：异质性、适当的权力差距、融洽的工作关系。本文的研究样本包括1996—2009年在上海和深圳证券交易所上市的所有公司，基于这些数据，作者分析了上述三个变量对组织绩效的影响，结果表明它们都与组织绩效呈现正相关。

一、主要思路及假设

现有的高阶梯队理论认为，高层管理团队的异质性，即人员构成的多元化是影响公司战略和组织绩效的重要因素，其对于拓宽视角、丰富认知资源、增强综合解决问题能力具有积极作用。但与此同时，异质性也可能产生冲突和减少战略共识。因此，考察团队的权力结构和团队成员培养共识和融洽工作关系的过程至关重要。我们认为，高效的高管团队必须具备以下三个特点：

一是异质性。高层管理团队的特点可以在一定程度上预测组织的行为和绩效。背景多元和异质（包括专业、专长、经历、年龄、性别等）的高管团队成员在心智模式、技能、专业知识以及社会关系方面形成互补，能够提高决策质量，提高公司业绩。然而，异质性也会带来各种各样的负面影响，比如增加团队内部的冲突，减少战略共识，增加政治斗争，使信息交换变得困难。在某些情况下，异质性甚至可能产生彻底的不信任和敌意，因为团队成员可能有不同的价值观、目标、话语体系、习惯等。内部冲突和张力可能导致团队决策缓慢并削弱执行力。

二是适当的权力差距。一把手和其他团队成员之间适当的权力差距可减少潜在权力斗争，维护团队秩序。也就是说，一把手要有足够的权威。这个权威可由正式的组织结构设计来保证，但在中国的传统下，最好辅之以非正式的权力差距（比如由能力、道德、学识、资历、年龄等带来的威望）。许多组织受到权力斗争和内部政治困扰的一个重要原因就是一把手相对于其他团队成员没有足够的权威。因此，权力差距对维护高管团队秩序和组织有效性非常必要，权利差距和由此带来的团队秩序可使决策高效公平，执行迅速有力，从而提高公司绩效。

三是融洽的工作关系。同异质性一样，权力差距也是一把双刃剑。高权力差距会减少成员间的信息共享，甚至造成一言堂，减少创造性的想法和有质量的选项，不利于企业的战略选择。原因很简单，集权更容易造成专断和一意孤行。因此，团队成员间的融洽关系可在一定程度上降低群体思维、盲从权威和忽略弱势者声音等，从而提高决策质量和组织绩效。而融洽关系可以通过高管之间相对长期的共事经历（默契）和诸多途径来获得。比如，共事的经历有助于建立良好的合作关系、稳定适合的沟通协调模式、共享的价值观、相互的预期、适当的行为、高度的凝聚力和整合等。

简而言之，异质性带来了不同观点、技能和心智模式的互补，权力差距带来了秩序和统一指挥，融洽关系可以抵消异质性和权力差距的负面影响，使得团队更容易取得共识，有效合作。

二、政策启示

（一）领导团队的组建建议

高效的领导团队必须既有差异性又有相似性，既有活力又有秩序，既有建设性冲突又保持融洽关系。异质性使团队在心智模式、技能和专业知识，以及社交网络方面互补，带来建设性冲突和团队活力；权力差距遏制了功能失调的冲突和权力斗争，维护团队秩序，实现统一指挥；融洽关系使得团队更容易取得默契，有效合作。因此，高管团队管理的精髓就是对内在张力的管理，即管理好差异性和相似性、冲突和团结之间的张力。

首先，领导团队成员应当尽可能多元化，因此在组建领导团队时就应考虑由不同的年龄、教育和职能背景的人组成，以实现互补。

其次，应确保领导团队成员之间保持一定的权力差距，一把手必须在某些方面（特别是非正式权力）优于其他成员，以利于维持组织秩序，实现统一指挥。

最后，应尽可能维护领导团队成员（尤其是核心高管成员）的相对稳定性，领导成员之间长期共事的经历可以使工作关系更加融洽，从而提高组织绩效。

（二）中国文化方面的启示

关于异质性和权力差距的某些发现凸显了中国传统和特色：

董事长与总经理之间的年龄差距对于公司业绩有正向作用，揭示了中国传统社会规范的影响；不同于西方主流文献中强调权力差距的负面影响，我们发现了权力差距在中国情景下的正面作用。

另外，反映现代社会人力资本的重要变量的教育（专业差异和学历差距）和职能背景的作用在本研究中并不突出，揭示了代表人力资本的外在变量与实际能力之间某种程度的脱节，也可能反映了这些变量在高管后续职业生涯（相对于就职初期）中的衰减作用。

基于文化的合资伙伴选择

赵龙凯　陈　康

观点概览

本文以2002—2007年中国的合资企业为样本，选取跨国公司的国有资本选择这一视角，研究合资伙伴的选择是否受到出资国文化特征的影响。

和谐主义水平更高的国家的跨国企业更倾向于选择与国有资本进行合资。

出资国文化特征对国有资本的选择受到地区市场化程度的负向影响，当地区的市场化程度较高时，文化特征对合资选择的作用减弱，反之，在市场化程度低的地区和谐主义特征对国有资本的偏好更强。

基于文化因素的合资比例选择是企业的内生性考量，对合资比例选择模型的偏离会不利于公司的业绩。无论过多还是过少地选择国有资本比例都会对业绩有不利影响。

一、引言

我国改革开放上半阶段以"引进来"战略为主，积累了大量的合资企业，这些合资企业随着我国经济的发展也都获得了巨大的成功。其发展经验值得参与"一带一路"相关投资的我国企业借鉴。

跨国公司在外国投资时，一般需要决定其组织结构，比如是全资还是合资，如果选择合资的形式，则需要慎重地选择合适的合资伙伴。而在中国选择合资伙伴，需要面临一个很重要的选择，就是选择国有资本作为合资伙伴还是选择非国有资本作为合资伙伴。选择与国有资本进行合资一般有三个优势。首先，与国有资本合作能够降低企业经营面临的不确定性和信息不对称程度，减少了政策风险；其次，与国有资本合作通常也意味着能得到更多的资源倾斜、银行贷款等；最后，由于我国很多涉及国家命脉的重点行业大都集中在国有企业，因此与国有资本的合作也能接近很多稀缺的资源，从而在资源的配置上获得优势。但是，选择与国有资本合资也面临一些劣势，最主要表现在国有企业不是以利润最大化为原则来经营，需要兼顾社会的稳定，可能会增加委托代理成本；国有企业通常存在"软预算"，会降低管理者提高效率的激励。因此，是否选择国有资本进行合资，对跨国公司而言是一个很重要的议题,也是本文所要探讨的主题。在此背景下,本文选取合资伙伴选择这一视角,首次对外国公司在国内选择国有还是非国有资本作为合资伙伴进行了研究,并深入探讨了母国的文化特征在其中发挥的作用。

二、研究假设和实证结果

我们认为文化特征会对公司合资伙伴选择产生影响,并提出了相应的研究假设。为验证研究假设,本文选取 2002—2007 年中国的合资公司作为初始样本,构建了文化特征影响跨国企业选择合资方行为的计量模型和正确选择国企作为合资方对于合资公司业绩的影响检验模型。本文对全球 37 个国家和地区的 7 221 家样本企业进行了分析,样本中合资公司的外资资本占比的平均值约为 50%,说明外资资本在合资公司中有着很大的影响力。外资控制权指标的平均值为 0.42,在一定程度上表明绝大部分合资公司的控制权由当地合资方掌握,因此选择最优的合资方对跨国企业来说可能是一个非常重要的问题。跨国公司在选择当地合资方时,国有资本的比重平均为 0.14,且不同国家的选择差异很大,表明跨国企业在选择合资方时,对国有资本的偏好会因为母国的国别不同而不同。通过对 7 221 家合资公司的 21 877 个观测值的多元回归分析,本文得出如下结论。

(一) 出资国文化特征中的和谐主义会增加选择国有合资伙伴的概率,等级主义则对合资伙伴选择没有影响

本文主要考察两组维度对合资决策的影响,即和谐与专制,等级制度与平等主义。和谐主义水平更高的文化更注重适应现存的环境与自然,和谐主义水平更低的文化更强调控制自然和社会来实现自我满足。等级主义水平更高的文化更加认同等级地位的存在,认同组织领导者的控制力与决断力,而平等主义水平更高的文化则强调个人价值的平等性。对文化价值的回归结果显示,和谐主义水平高的国家对国有资本的偏好更强烈。平均来看,和谐主义水平增加 1 个单位能使国有资本的比例提高 2%,而等级制度的差异则对合资伙伴选择没有影响。

(二) 文化特征对国有资本选择的影响会随着市场化程度的增强而减弱

回归结果表明,文化特征对选择国有资本的影响程度会因为地区间市场化程度的不同而不同,市场化程度与和谐观念指标的交叉变量的系数显著为负。跨国企业在中国选择合资方时,对于在国有资本和非国有资本之间的权衡抉择的确受到文化价值因素的影响,和谐主义水平高的国家的跨国企业,对中国的国有资本表现出更

强的合作愿望。但这种影响会因为地区之间的发展程度不同表现出很大的差异，在市场化程度高的地区影响相对较小，而在市场化程度低的地区和谐主义特征对国有资本的偏好则更强。这是因为如果当地的市场化程度较高，资源更可能自由有效地得到配置，企业能得到更公平的待遇。跨国公司大多都来源于发达国家或地区，它们更熟悉和适应按照市场规律自主运行、配置资源的模式。相对于市场化程度更低的地区，跨国公司适应国有资本经营环境的难度更低，因此会弱化文化背景的影响。

（三）选择国有资本进行合资是企业考虑了文化特征之后的内生性选择，偏离文化特征模型拟合出来的国有资本会降低合资企业的业绩表现

选择国有资本的利弊依赖于公司的特征、机构环境以及国家文化特征等一系列的因素，跨国公司需要综合考虑所有的因素来决定最优的国有资本比例。研究表明，基于文化因素的合资比例选择是企业的内生性考量，对合资比例选择模型的偏离会不利于公司的业绩。在企业过多还是过少地选择国有资本比例的子样本研究中，我们发现无论是过多还是过少地选择国有资本比例都会对业绩有不利影响。当合资企业过多地选择国有资本比例时，选择的国有资本比例越高，越不利于公司的经营业绩；当合资企业过少地选择国有资本比例时，对国有资本比例的偏离并不会影响公司的短期业绩，但会降低公司的长期业绩。因此，在均衡的状态下，合资企业都应该有一个最优的国有资本比例水平。

三、研究结论

跨国公司在中国选择当地合资伙伴时，除了需要考虑公司层面、行业层面的相关因素以外，也不能忽视机构特征和国家文化特征在其中的影响。不同文化背景的企业在面临选择国有资本合资还是非国有资本合资时，会有不同的选择。特别是在中国，国有企业和非国有企业是两类各有特点、文化不同的经济部门，跨国公司在中国投资时，不可避免地需要面临国企还是非国企的选择，此时文化特征就是一个需要考虑的很重要的因素。

研究结果证实，来自于和谐观念更强的国家的跨国企业更倾向于选择与国有资本合作，而和谐观念弱的国家的跨国公司则更倾向于选择与非国有资本合作。出资国文化特征对合资伙伴选择的影响受到地区市场化程度的负向影响，当地区的市场化程度较高时，文化特征对合资伙伴选择的作用减弱。进一步的研究发现，国有资本水平对考虑了文化特征的决策模型拟合的最优值的偏离会降低合资企业未来的业

绩表现。本文的研究结果一方面有助于我们更加深入理解国家的文化特征对企业跨国经营的影响；另一方面也对我国企业在"走出去"时选择合适的合资伙伴具有借鉴意义，特别是"一带一路"周边国家有很多新兴经济体，很多国家的制度与发展环境与我国相似，学习在我国的合资企业的经验对我国企业在这些国家的投资具有现实意义。

以权谋私：领导者自私行为的研究与展望

刘　知　杨　晓　谭　乐　蒿　坡

观点概览

　　领导者自私行为是指领导者通过职权获取个人利益且损害组织或下属利益的不当行为。

　　领导者自私行为会削弱领导者自身的影响力，在团队层面上会破坏团队的创造力、亲社会行为和建言行为，在下属层面上造成员工的心理创伤和负面情绪，增加离职倾向。

　　研究发现：权力越大，领导者出现自私行为的可能性越大；领导者人格、领导角色认知和权力动机影响其自私行为；下属的反馈行为对领导者自私行为产生促进或抑制效应。

　　领导者是组织中最重要的角色之一，被赋予使用和配置组织资源的权力，以激励下属并最终实现组织目标。然而，领导者不仅是追求集体利益的公共角色，也是具有自身利益诉求的个人。当面临两种角色和利益冲突时，有些领导者可能会使用手中职权追求个人利益且损害组织或下属利益，这类行为被称为领导者自私行为。该行为会减少团队的创造力、亲社会行为和建言行为；造成员工负面情绪和心理创伤，引发其报复和离职意向、工作偏离行为和反生产行为；削弱领导者的可信度和影响力。本研究团队基于对近二十年在中外核心期刊上发表的三十多篇文献的剖析，辨析并重新界定了领导者自私行为的概念内涵，归纳了该行为的实验操作方式和测量量表，系统整理了该行为的前因、后果、心理机制和边界条件，并提出了未来研究方向和具体研究问题。

一、领导者自私行为内涵界定及理论基础

　　综合学界对领导者自私行为内涵界定的多种观点，本研究团队认为该行为的内涵包括五个要素：一是行为主体，即组织中拥有正式职位的领导者，如企业正式结构中的各级管理者；二是行为手段，即组织所赋予的职权，也被称为正式权力，包括但不限于获取、使用和配置资源的权力；三是行为目的，即获取个人利益，包括奖金、时间、信息等有形和无形的资源；四是行为对象，即组织或下属的利益；五

是行为性质，即损害。对损害的范畴的界定基于对共识的社会规范的违背，是领导者非伦理行为的一种。基于以上分析，本团队将领导者自私行为界定为：领导者通过职权获取个人利益且损害组织或下属利益的不当行为。

工作动机理论（Self-Concern and Other Orientation Model，SCOOM）是有效解释领导者自私行为的一个重要理论模型（见图 9-1）。

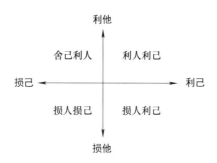

图 9-1　基于 SCOOM 的个体行为分类

SCOOM 认为个人利益导向和他人利益导向彼此独立，两者组合产生四类行为，即利人利己、舍己利人、损人利己和损人损己。领导者不同于社会中的普通个体，其行为具有特殊性。一方面，领导者作为组织赋予的角色，本身就应具有利他导向：实现组织目标和利益，且满足下属需求以产生激励效果。另一方面，领导者作为个体，也具有私人角色和相应的利己诉求。因此，常态的领导者行为是将领导角色和私人角色有效协调，做出利于组织和下属、利于自身的行为，即利人利己型领导者行为，如图 9-1 右上象限所示。理想化的领导者为了组织目标和利益可以牺牲个人目标和利益，即舍己利人型领导行为，如图 9-1 左上象限所示。自私型领导者则将私人角色凌驾于领导角色之上，违背组织角色规范和岗位职责，表现出损人利己的行为，如图 9-1 右下象限所示。这种情形下的领导行为具有双重不当性：一是目的不当性，为获得个体利益而损害组织或下属的利益；二是手段不当性，把利他的手段——职权，特别是其中的组织资源获取、使用和分配权用于谋取私利，这也是领导损人利己与普通个体损人利己的本质差别。主观上损人损己的情形一般不存在，此处不做讨论。

已有的实证研究通过实验操控法和量表测量法以观察领导自私行为。实验中，研究者使用独裁者游戏、沙漠求生游戏等模拟场景，让被试充当领导角色，观察其资源分配结果，判断自私与否。在企业开展的问卷调查中，研究者使用直接型和间接型的量表测度领导者自私行为。

二、领导者自私行为的后果及作用机制

领导者自私行为不仅会削弱领导者自身的影响力，在团队层面上会破坏团队的创造力、亲社会行为和建言行为，在下属层面上造成员工的心理创伤和负面情绪，引致其离职意向、反生产行为及对领导者的报复意向和偏差行为等（见图9-2）。

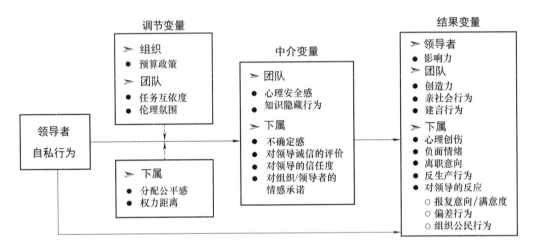

图 9-2　领导者自私行为的后果、作用机制和边界条件

（一）领导者自身影响力受损

根据归因理论特别是其中的削减原则，个体通常依据他人的言辞推测其价值观。若更具说服力或更强有力的外因能解释他人行为，其言辞则不太可能被看作其价值观的真实表达，人们不会对其真诚性产生怀疑。然而，在自私行为情形下，领导者的行为往往与其表面主张的价值理念相悖，下属就会认为其言辞不真实，获利才是本意，其可信度和个人魅力都将大打折扣，影响力也随之受损。

（二）破坏团队创造力，减少团队亲社会行为和建言行为

依据社会信息加工理论，领导者作为团队环境的重要信息源，其自私行为释放出成员的福利正遭受威胁、团队正被"渔利"的危险信号，导致团队心理安全感下降。依据资源保存理论，领导者作为资源的控制与分配者，其自私行为会使下属的资源受损并引致焦虑、沮丧和不安，损害心理安全感。依据社会学习理论，领导者是下属学习的对象，其自私行为会被下属模仿，从而在团队内形成自私行为规范，如向其他团队成员隐藏知识以避免个人损失等。团队心理安全感下降和知识隐藏行为的加剧均导致团队创造力遭受破坏。最后，领导者自私行为还会使

团队不愿进行亲社会行为，并阻碍其建言的动机。

（三）对下属的心理和行为造成不良影响

从社会交换视角看，领导者自私行为代表着过多地利用下属或侵占其利益，这打破了社会交换的平等法则，对下属造成心理创伤，并引致负面情绪。下属为维持交换平等，会降低对组织或领导者的情感承诺及对领导者的信任，并增加离职意向、反生产行为及对领导者的报复意向和偏离行为。从社会认知视角看，领导者自私行为会引起下属的收益不确定感；另外，下属将领导者归因为自私型个体时，会减少对领导者的组织公民行为和满意度，增加自身的离职意向。

三、领导者自私行为的前因及作用机制

本研究团队对领导者自私行为的影响要素及深层机制进行梳理，围绕领导过程的三元素——权力、领导者和下属，并结合组织环境，探索促使或抑制该行为形成的过程（见图9-3）。

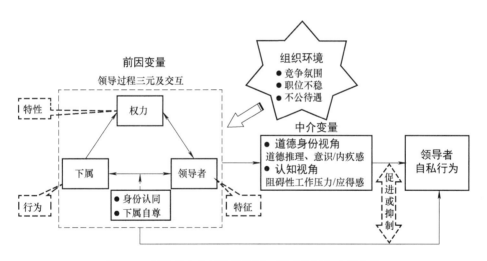

图9-3　领导者自私行为的前因、形成机制和边界条件

（一）权力越大，领导者自私行为越突出

在组织中，权力是领导角色的固有属性，被称为正式权力或职权。通过职权，领导者不仅指引团队业绩目标、激励和协调下属，还进行与资源相关的分配决策。然而，领导者在领导角色之外也有个人利益的诉求，双重角色使其面临集体利益与个人利益的分配冲突问题。组织赋予领导者职权以实现集体利益，也可能使其更倾向于获取个人利益。具体地，管理幅度或自由裁量权越大，领导者自私行为越突出。

其原因在于：一是权力使领导者更关注个人利益，对社会规范、他人评价及情境线索等外部信息的敏感度相对不足，自认为对团队投入较多，理应获得高回报，常常低估其利己行为。二是领导者控制着重要资源，自认为高度独立并刻意与他人保持社会距离，社会距离高在资源分配中易导致自私行为。三是权力使领导者容易自我欺瞒，认为利己分配决策合理，尤其是在有利己诱因的情形下。

（二）领导者人格、认知和动机影响其自私行为

领导者特征对其自私行为的影响主要表现在人格、认知和动机三个方面。在人格方面，自恋型领导者往往以自我为中心、对自尊有更强烈的需求，尤其是受到环境威胁时，更有可能借助利己行为以实现自我提升。马基雅维利主义者将他人看作达成目标的手段，善于盘剥他人以实现个人利益，易产生自私行为。在认知方面，当领导者对自身角色的合理和正当性有强烈认知时，会认为获得高收益是理所应当的。当面临个人与集体收益分配标准模糊时，领导角色在自我概念中占据中心位置的领导者，将参照同类领导者或有效领导原型的标准决定自身收益大小，若同类领导者的收益份额高或有效领导者原型是利己型时，其自私行为表现更为突出。在动机方面，相较于高声望动机的领导者，高支配动机的领导者在职位不稳时会刻意隐瞒有价值的信息，采取排挤或贬低等方式对待能力强的下属；但面临外部竞争威胁时，上述行为可能得以抑制乃至消失。

（三）下属的反馈行为对领导者自私行为产生促进或抑制效应

领导者实现团队目标离不开下属。因此，作为合作伙伴和实现目标的助手，下属的反馈相当重要。下属的反馈行为对领导者自私行为产生促进或抑制效应。下属的坦诚型反馈和奉承型反馈分别会产生抑制和促进效应。坦诚型反馈往往使领导者动态调整自我利益的分配份额，若下属反馈显示领导者自我分配的利益份额过高（或过低），领导者随后会倾向于调低（或调高）其份额；奉承型反馈会使领导者持续提高其自我利益的份额。当然，合理分配或自私分配利益的领导也可能会进一步引发坦诚或奉承型反馈。团队中唯一异议者的反馈会对领导者分配资源产生影响。研究发现，当坦诚型反馈下属众多时，唯一的奉承型异议者会使领导者自我利益配额持续增多；当奉承型下属众多时，唯一的坦诚型异议者会使领导者动态调整其资源分配比例，若坦诚型反馈下属反馈领导者自我利益分配比例过高（过低），领导者随后会降低（提高）该比例。如果领导者与唯一异议者拥有共同的重要身份背景，上述效应将得以增强。下属组织公民行为的人际维度

对领导者自私行为也具有直接和间接影响（组织公民行为是指有益于组织，但在组织正式的薪酬体系中尚未得到明确或直接确认的行为）。其中的人际维度是下属反馈行为的一种，会使领导者工作变得相对轻松，减少冲突并形成良好的人际关系。下属在人际维度的组织公民行为促使领导与下属的交换关系趋于平衡，增进双方的积极行为，能直接降低领导者自私行为；同时，该行为能够减少领导者的工作压力，使领导者对工作能量、努力程度和自我调节的要求降低、顾及他人的动机上升，从而间接地减少领导者自私行为。

综上，领导者自私行为在现实中屡见不鲜，在自身、员工个体、团队和组织等各个层面上产生了负面影响。深入理解领导者自私行为的内涵，从多元理论视角并运用不同的实证方法，探索其前因、后果、过程和边界条件，不仅具有重要的理论意义，还能够有效识别、预防与控制领导者自私行为，有助于组织避免潜在的经济与社会损失，也为相关机构开展反腐败、反舞弊等工作提供理论借鉴。

管理者的领导力潜能思维模式对人才评价与选拔的影响

刘 知

观点概览

　　研究发现，认为"很多人都有领导力潜能"的管理者会对男性和女性员工一视同仁，而认为"只有少数人才有领导力潜能"的管理者通常会对男性员工给予更高评价，并给予男性员工更多领导机会。

　　管理者的思维模式会影响对领导候选人的评估和选择。相信下属们普遍具有领导力潜能的管理者会更广泛地给予不同下属更多的机会，更充分地挖掘人力资源，从而更可能选拔出合适的未来领导者。

　　政府部门、公共服务机构、商业组织、非政府及公益机构等各类组织要实现其使命、目标和战略并维系日常的运营，都离不开高效的领导者。因此组织往往高度重视招聘和筛选有领导力的员工，关心领导梯队的培养和下属潜质的开发。员工也期望展示与提升自己的领导力，从而在职业上取得发展与进步。对潜在领导者的能力评价与选拔受众多因素的影响。该研究提出，一个重要因素是管理者对领导力这一特质或能力所持的观念和思维模式。有些思维模式是在管理者长期的个人经历中潜移默化形成的，有的甚至存在于管理者的主观认知之外，但却不由自主地影响管理者的判断和决策。

一、领导力潜能的思维模式：人人都有领导力潜能？

　　该研究提出领导力潜能普遍性–非普遍性思维模式这一概念。持有非普遍性思维模式的人（Non-Universal Mindset About Leadership Potential）会认为只有极少数人拥有领导力潜能，其他人无论拥有多少机会、得到多少支持或付出多少努力也无法成为优秀的领导者。持有普遍性思维模式的人（Universal Mindset About Leadership Potential）则认为很多人甚至大多数人都拥有领导力潜能，这个社会上只有少数领导者是因为没有那么多的机会和资源，如果拥有适当的环境和机会，许多人都会成为高效的领导者。

　　很多组织实践都折射着这种思维模式的差异。例如，海尔从科层制转型到扁平化的组织结构，取消了 12 000 名中层管理者；提倡"人单合一"的模式，各级员工都能成为企业内部的创业者和合伙人；"人人都是CEO"的理念使得每位员工都有机会发挥其领导力潜能，迸发出主动性和责任心，积极探索公司未来发展。马云曾表示，阿里巴巴的团队精神是"平凡的人在一起做一些不平凡的事"；阿里创始团队"十八罗汉"主要是师生、朋友、伙伴等，而非典型的外聘"精英"或职业经理人。这些例子似乎告诉我们，并非只有特定的少数人有潜能成为领导者，或许很多人都拥有这种潜能，有了合适的机会、平台、训练等外部条件，这种潜能就能显现。然而，也有很多现象似乎说明，领导力潜能是一种稀缺的能力，拥有这种能力的人不论在什么条件下都能脱颖而出，成为杰出的领导者。例如，我们看到一些领导者仿佛天生就具有这种潜质，甚至小时候就表现出卓越的领导才能；还有些人不论在什么样的环境和组织中都能带领团队走向成功；而社会各个领域的发展进步似乎也总是由少数领袖人物所引领和推进的。

二、领导力潜能思维模式与员工评选中的性别歧视

领导力潜能是否具有普遍性的思维模式，会如何影响管理者在员工领导力评价与筛选中的判断和决策呢？研究发现，人们在认知上往往会依赖个体所属的群体特征对其做出判断。例如，人们往往通过性别、族裔、地域、外貌、教育水平、家庭背景等将个体划分成不同的群体，并会形成一些刻板印象或"偏见"，认为某些人群普遍拥有某些特质，如更高的领导力潜能。以性别为例，研究发现，当人们描述女性时，更多使用情感丰富、乐于助人、友善、和平、温柔等较为温和的词语；在描述男性时，更多使用强势、野心勃勃、独立、自信、有支配欲等能动性较强的词语。而当人们描述领导者时，用到的词语与描述男性的词语高度重合，与描述女性的词语重合度却较低。根据角色一致理论，这种男性刻板印象与领导角色刻板印象的重合导致人们认为男性比女性拥有更多领导力，更可能也更适合成为领导。

依此推理，如果管理者认为只有极少数人拥有领导力潜能，则更有可能认为那些"少数人"应该是男性，在评估能力、素养、任职资格等各方面条件相同的男性和女性员工时，会给男性更高的评价。如果决策者认为很多人都拥有领导力潜能，对各方面条件相同的男女员工的评价则不太会受到性别刻板印象的干扰，领导者选拔中的性别歧视程度则会降低甚至消失。

三、实证研究与发现

为了验证领导力潜能思维模式对员工评估与选拔中的性别歧视的影响，笔者和

研究团队在各类人群中进行了五个子研究，探索具有这两种思维模式的决策者在看待男性和女性员工的领导力潜能时是否显著差别。

研究一的参与者为中国某省县处级政府工作人员。他们填写了思维模式的量表，提供了自己的下属名单、性别和对其领导力潜能的评价。结果发现，认为领导力潜能不具普遍性的领导给男性下属打分更高，而认为领导力潜能具有普遍性的领导给男性和女性下属的打分没有显著差异。

研究二的参与者来自于另一种文化背景（英国）。研究者首先测量了他们的领导力潜能思维模式，然后要求他们为某公司某部门挑选领导者候选人，具体任务是对 8 份简历进行评价。在预测试中已经证明这些简历所反映的候选人能力没有差别。但当研究者将 4 个女性姓名和 4 个男性姓名随机分配给这 8 份简历时，认为领导力潜能不具普遍性的参与者对男性候选人有更高的评价，更倾向于选择男性进入下一轮面试；而认为领导力潜能具有普遍性的参与者对男女候选人的评价和选择没有显著差异。

研究三和研究四的目的是建立思维模式和性别歧视间的因果关系，参与者分别来自于新加坡和中国。为了操纵思维模式，研究者请参与者阅读了一篇关于领导力潜能的科普文章。一组人读到的观点是领导力潜能具有非普遍性，另一组人读到的观点则是领导力潜能具有普遍性（研究四中还有一组人没有阅读任何文章）。所有人仍然要基于简历给候选人打分。那些被启动了领导力潜能非普遍性思维方式的参与者，给男性候选人的各项打分更高，也更倾向于选择男性候选人，而领导力潜能普遍性思维被启动的参与者对男女候选人的打分和选择没有显著差异。

研究五的参与者来自于新加坡某大学商学院。该研究进一步测量了人们所持有的性别刻板印象。结果发现，在性别刻板印象较弱的参与者中，不论其认为对于领导力潜能具有普遍性还是非普遍性，都不会表现出性别歧视；在性别刻板印象较强的参与者中，那些同时又认为领导力潜能具有非普遍性的参与者，表现出了明显的性别歧视；而认为领导力潜能具有普遍性的参与者则有效"屏蔽"了性别刻板印象的干扰，没有表现出性别歧视。

这一系列研究在不同国家和社会背景下（中国、新加坡和英国），在不同的人群中（政府领导、商学院学生和职场人士），针对真实和虚拟的下属，使用了不同的方法对思维模式进行了测量和操控，评估了员工多个维度，反复地得到同一个研究结论：认为"人人都有领导力潜能"的人会对男性和女性一视同仁，而认为只有特定人群才有领导力潜能的人则会对男性给予更高评价，并给予男性更多领导力机会。

四、领导力潜能思维模式对员工及组织的影响

笔者及其团队的研究提出了一个新的概念：领导力潜能思维模式，并发现管理者的思维模式会影响对领导候选人的评估和选择。具有领导力潜能非普遍性思维模式的管理者，在管理人才评估和选拔中除了更有可能表现出性别歧视，也更可能受其他刻板印象和社会偏见的影响（如教育背景、学科背景、家庭出身等），而具有领导潜能普遍性思维模式的管理者则更可能基于与能力相关的因素做出较为综合客观的判断。长期来看，各层管理者在思维模式和决策上的这些差异，会影响组织对人才的选拔与培养、公平文化的建立、员工发展的机会，最终影响组织的发展。

至于领导力潜能到底是稀缺的还是普遍的，科学上还没有答案。然而，对其持有什么样的观念、具有什么样的思维方式却会对人们的判断与决策产生真实的影响。

微软便是一个通过改变整个组织对能力的思维模式，从而推动组织变革与发展的典型案例。微软首席执行官纳德拉（Satya Nadella）自2014年上任以来一直致力于塑造"成长型思维模式"的企业文化。成长型思维（Growth Mindset）由斯坦福大学教授德韦克（Carol Dweck）提出。她认为，具有固定型思维的人会认为能力是天生的、一成不变的，外部的挑战可以考察人们的能力，而失败说明人的能力不足；具有成长型思维的人则认为，能力更多由后天努力决定，外部的挑战可以帮助人们成长。从企业发展的角度来说，具有固定型思维的企业文化体现在招聘时倾向于从外部聘请高管，更看重员工的过往成就，工作中更关注小部分"明星员工"等；具有成长型思维的企业文化体现在招聘过程中更多地从内部培养和选拔人才，关注员工的学习能力和兴趣，在日常工作中强调合作和创新等。

在总裁萨提亚的推动下，微软在管理过程中开始运用成长型思维模式。例如，他将微软对员工的要求从"知道一切"改为"学习一切"，并每月发布视频，介绍自己的学习进展；通过举办编程马拉松活动，将其中优秀的创意变为新产品，由参与活动的员工负责；考核方面，纳德拉和高管们每年抽出近一周时间与各部门的管理者探讨如何培养员工、挖掘他们的潜力。这些举措使得员工们有更多机会去学习、尝试，从而快速升职至管理层，而这样的企业文化也吸引了持有同样观点、勇于尝试的员工加入微软，从而推进了微软云等掀起行业改革风潮的产品，使得微软的营收于2018年首次迈过1 000亿美元大关。微软的成功验证了通过塑造企业文化，潜移默化地影响员工的思维模式，可以为企业注入新的活力，推动其增长。

　　由此可见，管理者对于员工能力的思维模式会影响整个公司的文化、制度、员工的动机和行为。笔者和团队通过严谨的实证研究揭示出，关于领导力潜能的思维模式便具有这样的影响。相信下属们普遍具有领导力潜能的管理者会更广泛地给予下属更多的机会，从而更可能选拔出合适的未来领导者。对于组织而言，需要使管理者首先认识到这种思维模式的影响，再在一定程度上鼓励管理者拥有更开放的思维和心态，并在制度和文化上推行这种思维模式。认为只有5%的员工有领导力潜能的组织与认为30%、70%、80%甚至几乎所有员工都有领导力潜能的组织，其发现人才、培养人才、并真正从人才这一"第一生产力"中受益的程度，将会有显著的差异。

特别鸣谢

本书由北京大学光华管理学院编著。即将付梓之际，谨在此向为本书提供指导的光华思想力规划委员会委员表示诚挚的敬意，向作者团队表达衷心的感谢，向为光华思想力智库提供支持的拉卡拉集团、为光华思想力重要研究课题提供支持的中国天楹、金光纸业致以诚挚的谢意。向所有关注并支持本书编辑和出版的社会各界致以诚挚的谢意。

如有疏漏和不足之处，敬请包涵指正。